ARCHITEKTEN ZWISCHEN KONZEPT UND STRATEGIE

EDUARD SANCHO POU

Edition **DETAIL**

Archi-tekten zwischen Konzept und Strategie

IMPRESSUM

Autor: Eduard Sancho Pou

Redaktion und Lektorat: Cornelia Hellstern (Projektleitung), Katinka Johanning

Redaktionelle Mitarbeit: Florian Köhler, Anna Zwenger

Übersetzung des spanischen Originals: Kirsten Heininger/Nicole Brodehl, Keiki Communication

Art Direktion und Gestaltung: Christoph Kienzle, ROSE PISTOLA GmbH

Reproduktion: Repro Ludwig Prepress & Multimedia GmbH, Zell am See (A)

Druck und Bindung: Kösel GmbH & Co. KG, Altusried-Krugzell

Die für dieses Buch zertifizierten FSC-Papiere werden aus Fasern hergestellt, die nachweislich aus umwelt- und sozialverträglicher Herkunft stammen.

Die Deutsche Nationalbibliothek verzeichnet diese Publikation in der Deutschen Nationalbibliografie; detaillierte bibliografische Daten sind im Internet abrufbar über: http://dnb.d-nb.de

DETAIL – Institut für internationale Architektur-Dokumentation GmbH & Co. KG
www.detail.de

© 2013, erste Auflage

ISBN: 978-3-920034-85-0 (Print)
ISBN: 978-3-95553-185-0 (E-Book)
ISBN: 978-3-95553-129-4 (Bundle)

Architekten sehen sich in den letzten Jahren mit einem gewandelten Markt, mit veränderten Aufgabenstellungen und neuen Anforderungen konfrontiert. Mit welchen Strategien können sie vorgehen, um Aufträge zu erlangen oder für ihre Projekte interessieren?
Basierend auf einer umfangreichen Analyse publizierter Beiträge in der internationalen Wirtschaftspresse seit den 1950er-Jahren präsentiert der Autor die Vorgehensweise und Strategien einzelner Protagonisten. Ausgehend von den Anfängen des Marketings in der US-amerikanischen Nachkriegszeit, überrascht er mit ungewöhnlichen Vergleichen, Anekdoten zum Zeitgeschehen und spannt dabei einen Bogen in die heutige Zeit.
Wandlungen in Gesellschaft und Politik, veränderte Ansprüche der Auftraggeber, aber auch die Finanz- und Wirtschaftskrise haben Einfluss auf das Berufsbild des Architekten. Stand früher das reine Bauen im Vordergrund, müssen Architekten heute gegenüber ihren Auftraggebern vielfältige Rollen einnehmen – vom Berater über den Vermittler bis hin zum Markendesigner. Das Buch soll Architekten dazu inspirieren, über neue Möglichkeiten nachzudenken und ungewohnte Wege zu gehen.

Cover: James Rouse (1914–1996), Stadtplaner, Projektentwickler und Stratege

Inhalt

VORWORT

EDUARD BRU

Die Aussage des Buchs ist klar: Um als Architekt arbeiten zu können, braucht man Aufträge. Um Aufträge zu erhalten, muss man sich auf dem Markt der immateriellen Güter bewegen (denn im Gegensatz zu beispielsweise Obst und Gemüse existiert bei einem Bauauftrag das Gut, das verkauft werden muss, in dem Moment, in dem es gekauft wird, noch nicht). Daher haben einige Architekten Geschäftsstrategien entwickelt – auch wenn sie dies nach Aussage des Autors nicht immer zugeben wollen.

Ein Bauwerk an sich spiegelt bereits seine Entwurfsstrategie wider. Welche Beziehungen gibt es also zwischen der Verkaufsstrategie und der Strategie, mit der etwas Materielles und Bewohnbares entsteht, in der sämtliche Parameter, wie Nutzung, Form, Technik und Materialien, koordiniert werden?

Ist die eine Strategie wichtiger als die andere? Wurde nicht früher die Verkaufsstrategie durch die Entwurfsstrategie bestimmt? Und ist es heute nicht genau umgekehrt? Was würde passieren, wenn nun beide Ansätze in eine einzige Strategie mündeten? Und wäre es überhaupt von Interesse, wenn es so wäre?

In der Tat lernt man das Know-how des Verkaufs, wie es der Autor formuliert, nicht im Architekturstudium, beziehungsweise wurde es dort nach seiner Auffassung bislang noch nicht gelehrt. Daher ist für uns auch seine These neu, dass heute das Angebot die Nachfrage bestimmt, was der eigentlich bisher allgemein gültigen Auffassung widerspricht, nach der die Nachfrage das Angebot bestimmt. Wie geht der Architekt unter diesen neuen Voraussetzungen mit kleineren und mittleren Budgets um, wie mit höheren? Wird in dem einen Fall nur wiederholt, was funktioniert – und in dem anderen Fall sinnlos entworfen, nur weil das Geld dazu da ist?

Die vorliegende Analyse bezieht auch den Kontext und die Grenzen ein, in denen sich die Helden – oder Antihelden? – des Autors bewegen. Koolhaas zum Beispiel versucht immer, aus allem ein System abzuleiten, angefangen von seinen beiden Unternehmen AMO und OMA, deren Namen einander spiegeln, bis hin zu den Aufträgen, bei denen er Gebäude mit einer großen Symbolkraft baut.

Es sind Ideen und Entwürfe, die Rem Koolhaas verkauft: Auf eine nachvollziehbare Weise werden sie der Nachfrage nach Symbolwerten gerecht, bewahren aber zugleich glaubhaft architektonische Prinzipien: Logik in der Struktur, Flexibilität, Wiederholbarkeit, Zirkulation, Verzicht auf triviale Ornamentik. Ich würde annehmen, dass sich für Koolhaas der Verkaufsgedanke als eine zusätzliche Komponente in das Projekt einfügt. Die Notwendigkeit des Verkaufens wird nicht negiert, sondern gezielt eingesetzt, um mit den anderen Variablen zu interagieren.

Nach seinen gründlichen Untersuchungen steht für Sancho Pou fest, dass der große Wandel in der zunehmenden Einbindung von Firmenkunden besteht, die nach Strategien verlangen. Aber ist dies wirklich ein großer Wandel?

Die klassische Moderne zeichnet sich in ihrer ursprünglichen Form dadurch aus, dass sie die Strategien ihrer Protagonisten – von Walter Gropius über Le Corbusier bis hin zu Mies van der Rohe – unermüdlich gegen alles verteidigt hat.

Der Feind sind nicht die von Sancho Pou analysierten Architekten, auch nicht die »Verkäufer« von Strategien; der wirkliche Feind sind Architekten, die sich mit sich selbst immer im Kreis drehen und keine Innovationen schaffen.
Dies lässt an Walter Benjamins »Angelus Novus« denken, der – seine Augen auf die rauchenden Überreste der Vergangenheit gerichtet – von einem Sturm unablässig in die Zukunft getrieben wird. Benjamins Sturm steht für den Fortschritt. Auch Sancho Pous moderner »Angelus Novus« bewegt sich durch eine chaotische Realität, findet einen Weg und ordnet sie, ohne dass wir es in diesem Moment unbedingt wahrnehmen.

PROLOG

»WENN DER WIND DREHT, BAUEN DIE EINEN MAUERN, DIE ANDEREN WINDMÜHLEN« *CHINESISCHES SPRICHWORT*

Einige Architekten wenden bewusst Strategien an, um an Aufträge zu gelangen, um Entwürfe zu verkaufen, um Bauwerke zu realisieren. Ihre Vorgehensweisen werden in dieser Publikation näher vorgestellt. Und wenn sie zum Teil wie reine Marketingstrategien scheinen – oder einige dies auch sind –, liegt das mit daran, dass nicht zuletzt wirtschaftliche Zusammenhänge jede Phase eines Projekts bestimmen, von den ersten Entwürfen bis zum Endergebnis. Verkaufsstrategien werden nicht an den Fakultäten für Architektur gelehrt, da man stets der Ansicht war, dass sich ein Architekt nicht verkaufen darf. Auch spricht man unter Kollegen nicht darüber, da kaum einer das Geheimnis lüften möchte, das hinter seinem Erfolg steht. Und so existiert zu diesem Thema nur wenig konkrete Fachliteratur, obwohl es immer auch Architekten gab, die ihre Ideen ausgezeichnet verkaufen konnten.

Für die vorliegende Untersuchung galt es zu analysieren, was in der internationalen Presse – mit einem Fokus auf der Wirtschaft – über Architektur publiziert wird, und dieses zu klassifizieren. In der Folge nach bestimmten Themen geordnet, stammen die ausgewählten Beispiele aus dem Zeitraum zwischen der Mitte des vergangenen Jahrhunderts und heute. Und

wie könnte es anders sein: Die Analyse beginnt mit den Anfängen des Marketings in Amerika. Bis zum Zweiten Weltkrieg richteten die Unternehmen ihre Produktion fast ausschließlich an der Nachfrage aus. Doch als der Krieg ausbrach, sahen sich die Unternehmen gezwungen, die Produktion bestimmter Güter auf unvorstellbare Quoten anzuheben. Nach Kriegsende zeigte sich jedoch, dass Produktionsüberschüsse entstanden waren.

Der Beginn des Marketings fällt in die amerikanische Nachkriegszeit, als sich die Unternehmen gezwungen sahen, Strategien zu entwickeln, mit denen sie Konsumenten für ihre Produkte gewinnen konnten. In diesem Kontext übertrugen Fachleute Wirtschaftswissen auf die Architektur. Sie begannen, Gebäude zu fördern, deren Amortisierung nicht auf ihrer Nutzung beruhen sollte – auch nicht durch Vermietung oder Verkauf –, sondern auf dem Effekt, den sie beim Konsumenten einer bestimmten Marke hervorriefen. In der Folge betrachtete man die Entwicklung eines Gebäudes als eine weitere Investition in die Werbung. Es entstand eine Art Verbindung der Architektur mit immateriellen Gütern wie Image, Marke, Macht oder Erlebnissen.

Die vorgestellten Beispiele sind praxisbezogen, ihre Auswahl lässt sich mit wirtschaftlichen und politischen Erfolgen rechtfertigen. Die gebaute Architektur selbst soll nicht beurteilt werden. Jedoch nicht, weil das Ergebnis unwichtig wäre, sondern da im Vordergrund die Strategie steht, die zu ihm geführt hat.

Jedes Kapitel behandelt reale Fälle und zieht Parallelen zwischen einem bestimmten Architekten des 20. Jahrhunderts und einem Protagonisten des aktuellen Architekturdiskurses. Dabei zeigt sich, dass Verkaufsstrategien kein neues Phänomen darstellen, sondern in jeweils angepasster Form einem Muster folgen.

Im Kontext biografischer Details der Architekten wird deutlich, in welchen Zeiten sie sich bewegt haben, von welchen Umständen sie ausgingen und wie sie erfolgreich wurden – oder auch gescheitert sind. Interessant ist der Moment, in dem sie ihre berufliche Laufbahn riskieren und auf eine Strategie setzen, über deren Richtigkeit in der Folge aber der Markt entscheidet.

Drei Gemeinsamkeiten haben sich erstaunlicherweise bei den hier vorgestellten Architekten, die mit Strategie arbeiten, herauskristallisiert: Sie bauen lieber, als dass sie entwerfen, sie sind geschickte Redner und stehen in irgendeiner Form mit der Westküste der Vereinigten Staaten in Verbindung: Frank O. Gehry (lebt in Santa Monica), Art Gensler (lebt in San Francisco), Charles Luckman (arbeitete in Los Angeles), William Pereira (stammt aus Los Angeles), Quingyun Ma (ist Dekan an der USC von Los Angeles), Jon Jerde (arbeitet in Los Angeles), Rem Koolhaas (rief, inspiriert durch seine Zeit in Los Angeles, AMO ins Leben). Kalifornien ist ein Ort der vielen Möglichkeiten, wo das Ergebnis mehr zählt als die Theorie. Hier arbeiten alle an Strategien, um erfolgreich zu sein.

Mit Steve Jobs (gründete Apple und arbeitete in Cupertino) oder auch Larry Page und Sergey Brin (Gründer von Google, Geschäftssitz in Palo Alto) lässt sich die Liste der Entwerfer realer Architektur um die der virtuellen und Softwarearchitektur erweitern. Auch wenn es überraschen mag – die Umwälzung, die sich in der Architektur vollzogen hat, rechtfertigt dies. Unternehmen geben nicht mehr nur ein Gebäude in Auftrag, das sie repräsentieren soll, sondern wünschen damit auch gleich eine Strategie, die ihre Marke, ihre Effizienz und ihre Verkäufe verbessert. Diese anzubieten gehört inzwischen auch zur Arbeit eines Architekten.

Wenn wir verstehen, wie der Markt funktioniert, wenn wir wissen, wem oder was wir uns aussetzen, können wir uns vielleicht »auf der Welle halten und auf ihr surfen«, wie Koolhaas vorschlägt. Mit anderen Worten: Die Spielregeln zu kennen ist die Basis dafür, um sich gekonnt fortzubewegen.

Die Herausforderung ist vor allem in unserer heutigen Welt sehr groß, denn die Krisen führen zu einer Veränderung des Berufsprofils der Architekten. Wir können uns nicht mehr nur im Architekturdiskurs bewegen, dessen Sprache nur wir selbst verstehen – wir müssen stattdessen auch die Sprache sprechen, die alle anderen verstehen: die des strategischen Diskurses.

Heutzutage entwerfen einige Architekten nicht mehr nur Gebäude, sie konzentrieren sich auch auf den Entwurf von Strategien. Wir sollten damit anfangen, diese zu erforschen – um zu entdecken, wie sie funktionieren und wohin sie uns führen. Zweifelsohne werden wir sie brauchen, um die Gesellschaft davon zu überzeugen, dass wir ihr immer noch von Nutzen sind.

EINFÜHRUNG

WO STEHEN WIR UND
WOHER KOMMEN WIR?

Wir befinden uns in einer Gesellschaft, in der Unternehmen oder auch Privatpersonen uns täglich etwas verkaufen wollen. Am offensichtlichsten wird dies in der allgegenwärtigen Reklame. Das Streben nach Quoten hat auf der Suche nach einem breiteren Publikum aus den Massenmedien auf unser Umfeld übergegriffen und auch die Gebäude erreicht.

Um dieses Phänomen zu verstehen, folgt man am besten eben dieser Methode und stützt sich auf Bilder. Jedes einzelne erspart uns viele Worte bei dem Versuch, das Konzept der Strategien bei der Vermarktung von Architektur zu verstehen. Zwei Beispiele sollen die Ausgangssituation sowie die heutige Situation verdeutlichen.

Das erste Beispiel ist eine Installation von Joseph Beuys, »Wirtschaftswerte«, aus dem Jahr 1980, die als Bild für die Architektur Mitte des 20. Jahrhunderts stehen kann. In der üppigen Warenauslage treten die Produkte nicht in Konkurrenz, obwohl sie reichlich vorhanden sind. Gleichsam hatte jeder Architekt ausreichend Raum zur Verfügung, um sein Projekt (sein Objekt) zu entwickeln und es in der Umgebung (im Regal) zu platzieren. Die Objekte sind, ebenso wie ihre Formen, verschieden, vermitteln aber ein bestimmtes Gefühl von Einheit und heben sich

Wirtschaftswerte, Installation
(1980), Joseph Beuys, S.M.A.K., Gent

Angebotsabgabe per Telefon für
99 Cent II Diptychon, Fotografie
(2001), Andreas Gursky

von den golden gerahmten Gemälden hinter den Regalen ab. Die Vertreter dieser Architektengeneration nutzten also alle dieselben Entwurfswerkzeuge und versuchten, bisherige Leistungen mit einer neuen Art von Architektur zu übertreffen.

Das zweite Beispiel hat den Titel »99 Cent II Diptychon«. Eine Fotografie von Andreas Gursky aus dem Jahr 2001, die hier für die Architektur zu Beginn dieses Jahrhunderts stehen soll. Der Wirkungskreis hat sich erweitert, es gibt noch mehr Warenauslagen. Es wird mehr Architektur entworfen, wobei alle danach streben, sich abzuheben. Bei der vorherrschenden Monotonie innerhalb der Waren zählt nur, wer das stärkste Gelb, die meisten Streifen oder die größte Schachtel vorzuweisen hat. Natürlich ist die Herstellung der Verpackung teuer, ebenso die Verführung der Konsumenten. Wer verkaufen will, muss jedoch Aufmerksamkeit auf sich ziehen. Dabei entsteht ein visuelles Chaos. Obwohl alles perfekt geordnet erscheint, fällt es schwer, die Packungen voneinander zu unterscheiden, denn es gibt so viele Dinge, die Aufmerksamkeit erregen wollen, dass in der Masse alle gleich wirken. Wie wenn wir uns von Leuchtreklametafeln leiten lassen müssen, um die richtige Pflegespülung auf Zitronenbasis zu finden, die gegen Schuppen hilft und nach Honig duftet – wenn wir die Ordnung des Systems nicht verstehen, sind wir nicht in der Lage, ein Produkt zu identifizieren. Das Produkt findet dann keinen Käufer.

Mithilfe von Verkaufsstrategien kann man ein Verständnis dafür entwickeln, wie man sich in einem so kleinteiligen kommerziellen Raum präsentieren muss und wie die eigenen Produkte – sei es eine Zahnbürste oder ein Gebäude – Bedeutung erlangen können.
Im Streben, herauszustechen und eine eigene gestalterische Sprache zu entwickeln, gibt es in der Architektur immer willkürlichere und verspieltere Formen. Man versucht, Gebäude zu bauen, die wir nicht brauchen. Designs sind gefragt,

die weit davon entfernt sind, Probleme zu lösen, und die nur dem Verkauf dienen. Man ist bemüht, den Kunden zu überzeugen und die Zuneigung der Öffentlichkeit zu gewinnen, tut dies allerdings in einem Maßstab und zu einem Preis, der sich in der Praxis als überzogen erweist.

VERKAUFSSTRATEGIEN: EINE DEFINITION ANHAND UNTERSCHIEDLICHER KONZEPTE

Hotel Puerta América, Außenansicht, Madrid (2005), Jean Nouvel

Das Hotel Puerta América in Madrid wurde 2005 unter großem Medienspektakel eröffnet. Der Grund für so viel Aufmerksamkeit in der Presse war der Urheber des Gebäudes, Jean Nouvel, dem die Struktur und die »Verpackung« zu verdanken sind. Für die Gestaltung jedes einzelnen Stockwerks wurde ein anderer Architekt oder Designer beauftragt. Somit gibt es jeweils eine von Zaha Hadid, von Norman Foster, von John Pawson, von David Chipperfield, von Arata Isozaki, von Mariscal, von Vittorio & Lucchino gestaltete Etage, und die Liste ließe sich mit weiteren bekannten Namen auf 18 beteiligte Architekturbüros erweitern, so viele Stockwerke hat das Hotel. Aus gutem Grund ist es unter dem Namen »Hotel de las Estrellas« (Hotel der Stars) bekannt.

Von einigen wurde das Hotel stark kritisiert – sie konnten nicht verstehen, wie sich ihre preisgekrönten Kollegen, die Großartiges gebaut hatten, dazu »herabließen«, als »Raumausstatter« zu arbeiten. Die Kritiker verstanden nicht, dass das Projekt seine Anziehungskraft gerade durch die Teilnahme dieser Stararchitekten gewann. Eine Verkaufsstrategie bestimmte also den Entwurf des Hotels.

Hotel Puerta América, **Zaha Hadid (1. Obergeschoss)**: Zimmer und Badezimmer

Sieht man sich dessen Aufriss genauer an, wird die schlichte Aufteilung von Nouvel deutlich: Ein zentraler Gebäudekern mit Fahrstühlen, 18 identische Stockwerke, textile Verschattungselemente, die die Fassade komplett abdecken können, mit einer Botschaft[1] bedruckt – es wirkt wie ein Container.

Wirft man einen Blick auf Gurskys Fotografie, entdeckt man Parallelen: die Produkte in den Warenregalen müssen sich ebenfalls in Form, Farbgestaltung und vor allem in den Empfindungen, die sie hervorrufen, unterscheiden. Gleichzeitig sollen sie das Unternehmen repräsentieren.

Bezieht man das Bild des Supermarkts auf das Hotel, verwandelt sich hier das Werk des Architekten in ein Produkt, das einen Regalboden füllen muss, nämlich ein Stockwerk mit Zimmern. Je typischer sein Design, umso leichter kann es sich von anderen Werbeträgern abheben.

Es gibt die unterschiedlichsten Gründe, weshalb Architekten an diesem Projekt teilnehmen oder ihren Namen dafür hergeben. Dem einen verspricht man vielleicht, dass er ein Hotel für dieselbe Kette in London bauen werde. Ein anderer willigt ein, weil seine Teilnahme an einem Wettbewerb in Madrid bedroht ist und er in den Medien erscheinen möchte, um im Gespräch zu bleiben. Der nächste, weil er seit langer Zeit nicht mehr in Spanien gebaut hat und der Ansicht ist, dass er über dieses Hotelprojekt den Glanz vergangener Zeiten wieder aufleben lassen

---

[1] Es handelt sich dabei um das Gedicht »Liberté« von Paul Éluard (1895–1952)

kann. Wiederum ein anderer nimmt teil, weil er eigentlich gar kein Architekt ist, aber in einem Zuge mit den großen Namen genannt werden möchte. Und es gibt das Gerücht, dass jemand bezahlt hat, um auf der Liste zu erscheinen. Auch wenn es in diesem Kontext nicht weiter wichtig ist, sei dennoch gesagt: Menschen waren immer bereit, zu zahlen, um auf Bestsellerlisten zu erscheinen. Das Verlagshaus, das Lagerbestände seiner Bücher kauft, um die Verkaufszahlen zu erhöhen, oder die Plattenfirma, die Jugendliche losschickt, damit diese die Musik einer Sängerin kaufen, deren Karriere angeschoben werden soll. Ist das zulässig? Finden wir das gut? Für viele, für zu viele, zählt nur, auf der Liste zu stehen.

Das Hotel Puerta América in Madrid ist ein gutes Beispiel dafür, dass ein Konzept, ein Design vorrangig einem Ziel dient: den Verkaufsstrategien. Selbst wenn Architektur schon seit Jahrzehnten einem Unternehmen zu mehr Aufmerksamkeit verhelfen konnte, hat sich die Situation in letzter Zeit doch verschärft. Der Auftraggeber setzt die Architektur zum Zweck der Vermarktung ein, ebenso wie er in Werbung investiert oder bereit ist, Sonderangebote zur Markteinführung eines Produkts zu machen. In der Jahresbilanz verbucht er die Architektur unter den Marketingkosten.

Welcher Architekt ist im »Hotel der Stars« in welchem Stockwerk? Der Auftraggeber erwartet für die von Zaha Hadid gestalteten Zimmer aufgrund ihrer extravaganten Formgebung die stärkste Nachfrage. Also verlegt er sie in den ersten Stock, denn dieser bleibt in einem mehrstöckigen Hotel meist leer. Er weiß, dass die Gäste eine schöne Aussicht haben und vom Straßenverkehr nichts mitbekommen wollen, also steuert er dagegen. Strategisch setzt er seine besten Pferde in die unteren Stockwerke und hofft, dass der Kunde zu allem – sogar zur Übernachtung im ersten Stock – bereit ist, wenn er dafür seinem Star nahe sein kann. So zeigt sich – ungewollt – eine Art interne Rangliste des Auftraggebers. Der erste Stock ist Zaha Hadid zugedacht, der zweite Norman Foster, beide sind Pritzker-Preisträger. Der dritte Stock wurde Chipperfield übertragen, dem ewigen Anwärter für hochdotierte Preise. Und ausgerechnet diese drei sind hier ganz weit unten – allein aus Gründen des Marketings.

Das Gebäude verkauft Gefühle: das Gefühl, in einem von einem Stararchitekten entworfenen Zimmer zu übernachten. Es verkauft die Möglichkeit, uns in von Zaha Hadid designte Bettlaken einzuhüllen und unseren Nachttisch mit einer ihrer Designerleuchten zu erhellen. Selbst der Flur, ebenfalls von Hadid, weckt plötzlich unser Interesse. Letztlich kaufen die Hotelgäste ein Eintauchen in das Hadid-Universum für einen bestimmten Zeitraum. Doch sollte ein Kunde der Kurven überdrüssig werden und rechte Winkel vermissen, trifft er direkt ein Stockwerk darüber auf den englischen Perfektionismus von Foster oder das anregende Schwarz von Nouvel. Es gibt für jeden Geschmack etwas.

Der Architekt ist also Teil des Angebots. Zieht man Verkaufsstrategien für sich selbst in Betracht, muss man zunächst herausfinden, was das Angebot sein könnte, mit dem man sich auf den Weg macht, eine eigene Marktnische zu erobern.

Hotel Puerta América, **John Pawson (Erdgeschoss)**: Foyer; **Marc Newson (Erdgeschoss)**: Tapas-Bar; **Arata Isozaki & Associates (10. Obergeschoss)**: Zimmer

Das Hotel Zouk ist ebenfalls einen genaueren Blick wert. Es wurde von einem unbekannten Architekten entworfen und ist bisher noch in keiner Designzeitschrift erschienen, doch sein Konzept ist interessant. Das Etablissement gehört zu einer mexikanischen Hotelkette, die sich auf sogenannte »diskrete« Hotels spezialisiert hat, die stundenweise Zimmer an Paare vermieten. In einem Gewerbegebiet zwischen Fabrikhallen gelegen, kann man schwerlich Bekannten begegnen, es sei denn, sie besuchen ebenfalls dieses Etablissement. In diesem Hotel kann man einchecken, ohne aus dem Auto auszusteigen. Die Reservierung und die Bezahlung werden über das Internet abgewickelt. Die Gäste kommen in einem Parkhaus mit Parkboxen an und lassen dort ihr Fahrzeug stehen.

Die Wege gehen nur in eine Richtung, sodass man niemandem begegnet, so auch bei Ausgang und Eingang zur Parkbox. Zum Zimmer gelangt man direkt von der Parkbox aus über eine Treppe. Oben angelangt, gibt es nur das reservierte Zimmer, keine Korridore. Hotels versuchen immer, die Korridore so kurz wie möglich zu halten. Hier gibt es für die Gäste gar keine, nur lange und verschlungene Flure für das Personal, das die Gäste niemals zu Gesicht bekommt. Der Zimmerpreis hängt von dessen Größe und Ausstattung ab – vom Whirlpool bis zum Swimmingpool in einem abgeschotteten Garten inklusive Wasserfall. Es gibt keine Zimmer zur Straße hin, keinen Ausblick, nur Oberlichter.

Man findet auch keine Kunstdekoration, kein überflüssiges Design. Das Gebäude hat nur zwei Etagen, mehr braucht es nicht. Die Parkboxen im Erdgeschoss sind abschließbar, damit keiner die verräterischen Nummernschilder sehen kann. Direkt darüber befinden sich die Zimmer. Das Gebäude nimmt sehr viel Fläche ein, was jedoch kein Problem ist, da der Gast mit dem Auto unter sein Zimmer fährt. Alle Zimmer haben eine innen liegende Dachterrasse, über die sie Licht erhalten und belüftet werden. Der so entstandene Innenhof lässt sich in Begleitung durchschreiten, ohne dass man gesehen wird.

Aus taktischer Sicht gibt es kaum Unterschiede zwischen dem Hotel Puerta de América und dem Hotel Zouk. Beide positionieren sich, indem sie sich das Potenzial des Innenraums zunutze machen und auf die Umgebung verzichten, außerdem bieten sie dem Kunden eine Auswahl von Angeboten. Ihre Konzepte gründen weder auf Überlegungen zur Funktionalität noch zur Form oder dem Kontext, sondern allein auf einem Geschäftsmodell. Folgende Definition lässt sich daraus ableiten, die es im Lauf der Untersuchung zu überprüfen gilt:

»Ein Gebäude basiert auf Verkaufsstrategien, wenn die Hauptkriterien für sein Design auf wirtschaftlichen Zusammenhängen beruhen.«

PROJEKT VERSUS VERKAUFSSTRATEGIE

Da es nun eine erste Definition gibt, stellt sich die Frage, wie deren Geltungsbereich und wie die Grenzen festgelegt werden, bis wohin Entscheidungen, die den reinen Entwurf betreffen, reichen und wo eine Verkaufsstrategie beginnt. Die Frage ist

Silodam, Amsterdam (2002), MVRDV

nicht leicht, zumal viele Architekten dazu neigen, je nach Gesprächspartner eine andere Sprache zu sprechen. Je nachdem, ob sie sich an einen Kollegen oder einen Auftraggeber wenden, variiert ihre Argumentation. Es hängt davon ab, ob sie lieber die Qualität ihres Designs erläutern oder ob sie es »verkaufen« wollen.

Das Amsterdamer Projekt Silodam des Architekturbüros MVRDV stellt die konzeptionelle Antithese zum Hotel Puerta de América dar. Es handelt sich um einen riesigen Block, den ein einziges Architekturbüro entworfen hat und in dem jeder Abschnitt und jedes Stockwerk eine andere Fassade haben. Das Ergebnis sieht aus wie ein riesiger Legostein mit mehrfarbigen Streifen, wo jeder Nachbar seine Wohnung wiedererkennt, selbst wenn er nicht die Stockwerke zählt. Durch seine Einzigartigkeit hebt sich das Gebäude von seiner Umgebung ab. Sicherlich soll das auffällige Design Nachbarn und potenzielle Käufer beeindrucken, womit sich auch Zusatzkosten für die unterschiedliche Gestaltung jedes Stockwerks begründen ließen. Trotzdem ist es unklar, ob sich dieses Geschäftsmodell als effektiv erweist. Führt man Silodam als gutes Beispiel auf, ließe sich in jedem auffallenden Gebäude eine Verkaufsstrategie sehen, dies ist aber nicht der Fall.

Wir befinden uns im Bereich des Subjektiven und der Interpretationen, wo es kein Schwarz oder Weiß gibt. Es ist eine Welt aus Grautönen, in der Entscheidungen, die dem Verkauf dienen, intuitiv sind. Sie werden entweder wegen des Architekten selbst anerkannt oder wegen eines besonderen Designs.

Bisher wurde es positiv wahrgenommen und als selbstverständlich angesehen, wenn ein Architekt seinen Stil »verkaufen« wollte. Diese Meinung ändert sich sofort, wenn der Architekt seinen Stil dem Interesse des Kunden anpasst. Dann wird er beschuldigt, kommerziell zu sein.

ZUSAMMENHÄNGE

Früher, als sich die Regeln des Marktes noch nicht in die Kunst eingeschlichen hatten, gewannen die Schriftsteller ihre Literaturpreise weder, weil sie auf Werbetournee gingen, noch fälschten die Maler Auktionsergebnisse, um die Preise ihrer Bilder in die Höhe zu treiben. Starköche waren zu dieser Zeit noch nicht bereit, Soßen mit ihrem Namen in Supermärkten zu verkaufen.

Wir sind immer mehr dazu bereit, anzuerkennen, dass wir den kommerziellen Erfolg suchen. Und sollten wir als Berufsgruppe gewisse Hemmungen haben, wird uns der Auftraggeber schon daran erinnern, wer das Bauwerk bezahlt. Die meisten Gebäude werden heute mehr oder weniger so entworfen, dass sie sich gut verkaufen lassen. Wir sind uns überhaupt nicht bewusst, dass die Entwicklung unaufhaltbar ist und dass dies die gesamte Architekturszene umwälzen wird.

Es lohnt sich, einen Blick auf die Welt des Schmucks zu werfen: Vor zehn Jahren noch konnten kleine, lokale Juweliergeschäfte gute Umsätze machen. Wer einmal etabliert war, hatte im Lauf der Jahre ein gutes Auskommen. Die Kunden kamen, weil sie ein besonderes Geschenk für einen familiären Jahrestag suchten, der Erwerb eines Schmuckstücks galt als eine sichere Wertanlage. Er war gleichzeitig Investition und Sparguthaben, hinzu kam die Freude an dem Besitz eines Diamanten, einer Perle, eines Anhängers, einer Uhr usw.

Derzeit schließt die Mehrzahl der kleinen Juwelierläden. Einen Ring mit eingefasster Perle zu tragen ist aus der Mode gekommen. Heutzutage zählt nicht der Wert eines Schmuckstücks an sich, sondern der Wert einer Marke. Armbänder aus Modeschmuckläden verkaufen sich dann, wenn es sich um ein Markenprodukt handelt. Statt eines echten Schmuckstücks erwerben wir lieber für denselben Preis ein Armband aus Leder mit vielen Glasperlen daran. Aber es darf nicht irgendeines ein, sondern muss von Dolce&Gabbana oder Tous stammen, die mit unglaublichen Marketingkampagnen die Leute vom Wert ihrer Produkte überzeugen. Wir kaufen keine echten Werte wie Gold, Silber oder Diamanten mehr, sondern fiktive.

Die Folge ist, dass sich die Modeschmuckboutiquen in Einkaufszentren häufen und die kleinen Juweliere in den Stadtvierteln im Verschwinden begriffen sind oder kaum über die Runden kommen, weil sie nur alte Uhrbatterien auswechseln. Diese Situation entsetzt die ungläubigen Juweliere. Sind sie doch eigentlich die Experten, die bestimmen können, was wertvoll ist – und vermutlich haben sie auch Recht damit. Doch durch Marketingstrategien werden sie von ihrem angestammten Platz vertrieben.

Überträgt man die Situation der Juweliergeschäfte auf die Architektur, lassen sich ähnliche Tendenzen feststellen. Die kleinen Architekten werden aufgeben, weil sie das Konzept des Markenwerts nicht verstehen. Sie verstehen nicht, dass ein Ent-

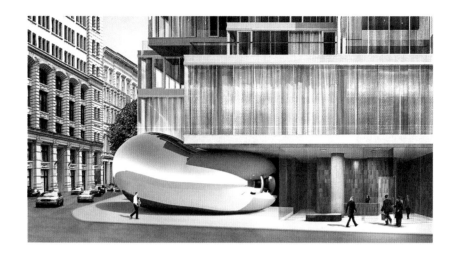

Intervention, Skulptur, Anish Kapoor, Entwurf / Rendering

wurf, ein Slogan oder einfach nur der Name eines ausländischen Architekturbüros den Wettbewerb gewinnt. Sie sind sich nicht bewusst, dass sich der Beruf geändert hat und dass potenzielle Auftraggeber nach neuen Werten suchen.

Das Problem ist auch hier, den Preis zu bestimmen und zu verstehen, dass der Wert eines Gebäudes weder davon abhängt, was es gekostet hat, noch von dem Wert, den wir als Fachleute dafür veranschlagen. Der Markt bestimmt den Preis. Das ist der Punkt, an dem Verkaufsstrategien Bedeutung bekommen – Werkzeuge, die es ermöglichen, den zukünftigen Wert eines Gebäudes zu bestimmen.

Betrachten wir einmal den Fall von Herzog & de Meuron, die ein Kunstwerk in ihren Wolkenkratzer 56 Leonard Tribeca in New York integrieren. Es mag anekdotenhaft, wie ein weiterer Blickfang des Gebäudes erscheinen. Aber das stimmt nicht. Anish Kapoor ist ein englischer Bildhauer indischer Abstammung mit großem Renommee, das er unter anderem seiner Installation im Turbinensaal der Tate Modern in London verdankt. Seine Skulptur »Intervention« im Erdgeschoss des Wolkenkratzers kostet den Auftraggeber mehr als die Honorare der berühmten Schweizer Architekten, die ihm das Gebäude mit 145 Wohnungen entworfen haben.

Der Auftraggeber bezahlt aber die Skulptur, weil er weiß, dass er ihren Wert anteilig jedem Stockwerk zuweisen kann. Er wird jedem potenziellen Käufer erklären, dass seine Wohnung, abgesehen von ihrem Wert als Immobilie, auch durch ihr Renommee in der Kunstwelt aufgewertet werden wird. Darin besteht die Macht der Verkaufsstrategien.

URSPRÜNGE UND VORGESCHICHTE

Die Definition ist formuliert, der Bereich ist eingegrenzt, die Anwendungen der Verkaufsstrategien sind beschrieben – es fehlt nur noch die Antwort auf die

Frage, wann sie zum ersten Mal vorgekommen sind und was ihr Ursprung war. Womit fing alles an?

Chicago im Jahr 1893. Damals fiel die Weltausstellung mit der 400-Jahr-Feier der Entdeckung Amerikas zusammen und war damit eine einmalige Gelegenheit, der Welt zu zeigen, dass Chicago nach der verheerenden Feuersbrunst von 1871 wie Phönix aus der Asche aufgestiegen war. So konnte sich die Stadt von Stereotypen freimachen, wonach sie als unwirtlich und vom Wind ausgedörrt galt oder wegen der vielen dort angesiedelten Schlachthöfe angeblich nach Blut roch.

Als verantwortlicher Architekt für die Bauarbeiten wurde Daniel Burnham beauftragt. Dabei stand eher seine Rolle als Führungskraft als seine künstlerische Tätigkeit im Vordergrund, hatte er doch die wichtige Aufgabe, die Investitionen so gewinnbringend wie möglich anzulegen. Er übernahm die Rolle des Mediators und koordinierte Dienstleister und Architekten bei der Ausführung ihrer Arbeit. Er suchte die Kooperation mit renommierten Architekten, wie beispielsweise Frederick Law Olmsted, Charles Follen McKim oder Louis Sullivan. Frederick Law Olmsted war zu dieser Zeit bereits ein berühmter Landschaftsarchitekt, der für Werke wie den Central Park oder das Vanderbilt House in New York stand. Charles Follen McKim hatte in seinem Beaux-Arts-Stil einige Vorzeigegebäude der Ostküste realisiert. Die Weltausstellung in Chicago fand kurz vor seinem Durchbruch als Architekt mit der Avery Library der Columbia University oder der Penn Station von New York statt. Louis Sullivan war später Impulsgeber für die Entwicklung der Wolkenkratzer und geistiger Vater von Frank Lloyd Wright. Außerdem engagierte Burnham die erste weibliche Architektin, Sophia Hayden, für das Design des Frauen-Pavillons als Versuch, auch den Frauenrechtlerinnen Anerkennung zu zollen.

Burnham gab zwischen den Pavillons den Bau von Kanälen in Auftrag, auf denen Elektroboote lautlos entlanggleiten sollten. Er wählte für alles einen weißen Anstrich, der Kohärenz und Einheitlichkeit vermitteln sollte, denn er arbeitete ja nicht umsonst daran, eine einzigartige und saubere Stadt zu präsentieren. Eine Stadt, die des Nachts in Edisons elektrischem Licht erstrahlte oder beim Spektakel von Buffalo Bill mit Indianern und Platzpatronen wieder auflebte. Alle Unternehmungen dienten dazu, Touristen und Besucher anzuziehen und die Vorurteile gegenüber Chicago zu zerstreuen. Und es sollte Paris übertroffen werden: Die französische Hauptstadt mit ihrer Weltausstellung von 1889 galt als Referenzprojekt. Wenn Chicago tatsächlich die Bewerbung gewinnen konnte, dann deshalb, weil keine andere Stadt – sei es New York, Washington, D.C. oder St. Louis – in der Lage gewesen wäre, die Weltausstellung in Frankreich zu übertreffen, weder in ihrer Pracht noch dem übertriebenen Machtbewusstsein, das der Eiffelturm als Symbol für Fortschritt, Technologie und Zukunft ausstrahlte.

Burnham hatte keinen Zweifel, dass er einheimische Architekten finden würde, die eine Idee hatten, wie man der Ikone Eiffelturm die Schau stehlen könnte.

Nachdem mehrere Projekte als unglaubwürdig, undurchführbar und unbezahlbar abgelehnt wurden, fand man die Lösung, die den Puls der Zeit traf. Es handelte sich dabei allerdings weniger um ein Gebäude als um eine Konstruktion, ein Ingenieurskunstwerk. Der Ingenieur George Washington Gale Ferris, Jr. schlug vor, ein »Ferris wheel«, ein Riesenrad, zu bauen. Es war ein gewaltiges, an einer Achse aufgehängtes Rad, wo die Menschen in zugabteilähnlichen Waggons saßen, die sich im Kreis drehten und in denen man vergnüglich die Aussicht genießen konnte – ein unvergleichliches Erlebnis.

In Chicago wurde also das erste Riesenrad der Welt gebaut – es erfüllte alles, was Burnham forderte. Ebenso vereint es alle Verkaufsstrategien, die in den Kapiteln dieser Untersuchung angesprochen werden sollen:

· Es steht in einem realen wirtschaftlichen Kontext, kostet Eintritt und generiert damit Einnahmen.
· Es ist ein Wahrzeichen, verwandelt sich in ein Symbol der Stadt und kann so erweitert und wiederholt werden.
· Es wird von den Massen angenommen; Tausende von Menschen erfreuen sich an ihm und es zieht auch heute noch die Besucher in seinen Bann.
· Es steht im Dienst der Politik: Diese profitiert vom Publikumserfolg, denn es stellt die Bürger zufrieden – und lenkt von Zeit zu Zeit von den eigentlichen Problemen wie Kriminalität, Gesundheitsgefährdungen oder fehlender Infrastruktur ab.
· Sein wichtigstes Ziel ist der Verkauf: der Verkauf einer Ausstellung, einer Stadt, eines Landes.

Burnham wollte ursprünglich ein bisher noch nie dagewesenes Gebäude. Er stellte die richtigen Fragen, besaß jedoch keine Mittel, um darauf eine Antwort zu geben. Über 50 Jahre sollten vergehen, bis das erste Gebäude entstand, das auf Verkaufsstrategien basierte.
Ein Bau, dessen Auftraggeber ganz bewusst die übermäßige Investition in das Gebäude mit der Erhöhung des Markenwertes eines Produkts verband. Und der wusste, dass sich die Kosten nicht über den Wert der Immobilie an sich amortisieren würden, sondern über eine Steigerung der Verkaufszahlen des Unternehmens und/oder eine Neubewertung durch die Kunden oder Verbraucher. Ausgehend von dieser Analyse baute er den ersten Wolkenkratzer der USA mit einer Vorhangfassade im internationalen Stil und wollte damit so sehr herausstechen, dass er in allen Zeitschriften und Fernsehnachrichten erscheinen sollte.

Dieses Gebäude ist das Lever House, 1952 in New York von Gordon Bunshaft von Skidmore, Owings & Merrill gebaut und von Charles Luckman, dem ersten Architekten, der ein Experte für Vermarktungsstrategien war, gefördert. Dieses Buch beginnt mit seiner Geschichte. »The show is about to begin.«

Marketing

WIE MAN NACH DEN REGELN DES MARKETINGS VERKAUFT

Mitte des vergangenen Jahrhunderts wandte Charles Luckman, selbst Architekt, die Methoden des Marketings auf die Architektur an. Er hatte bereits vorher in großen Unternehmen Marketingstrategien sehr erfolgreich umgesetzt. Dabei beschäftigte er sich eingehend mit den Bedürfnissen und Prozessen seiner Auftraggeber und trug so dazu bei, die gesetzten Ziele mit dem optimalen Einsatz der zur Verfügung stehenden Mittel zu erreichen.

Seine Vorgehensweise ähnelte der einer Unternehmensberatung: Er arbeitete in den Räumlichkeiten des Kunden, um die Arbeitsabläufe durch und durch kennen und verstehen zu lernen und ständig mit den Mitarbeitern im Gespräch zu sein. Auf diesem Weg ließ sich eine nützliche und effiziente Lösung skizzieren. Der Neubau eines Gebäudes war dabei das letzte Mittel. Vor einem solchen Schritt stand die gründliche Analyse aller Sanierungs- und Umbaumöglichkeiten der bereits bestehenden Bauten. Dieser Vorgang ermöglichte die Anwendung von Modellen, die bereits früher mit Erfolg umgesetzt worden waren.

In seinem Eifer, den anderen zufriedenzustellen, suchte Luckman nicht nach seinem eigenen Stil, sondern plante mit seinem Architekturbüro Gebäude, die dem Stil des Kunden Rechnung trugen und deutlich zeigten, dass dessen Ziele im Vordergrund standen. Er erschuf dadurch eine Architektur »ohne die Handschrift« des Architekten, gekennzeichnet durch folgende Merkmale: Lösung von Problemen, Einhaltung eines vorab festgelegten Budgets und Schaffung langfristiger Werte.

Ein Architekt muss die Mechanismen verstehen, auf deren Grundlage Entscheidungen im Vorstand oder unter den Aktionären getroffen werden. Er rechtfertigt jede seiner Entscheidungen im Verhältnis zu ihren Auswirkungen auf die wirtschaftliche Lage des Kunden. Mit diesem Ansatz ist der Kunde nun nicht mehr gezwungen, seine Investitionen in ein Gebäude durch Abschreibungen zurückzuholen. Dadurch eröffnen sich neue Möglichkeiten, einzelne im Budget für die Wartung und den Bau von Gebäuden vorgesehene Posten zu erhöhen.

Eine auf Kapitalverzinsung basierende Rechtfertigung eines Bauvorhabens impliziert, dass man das Gebäude als ein eigenständiges Werbemittel ansieht. Ein einzelnes Gebäude kann die Wahrnehmung des Konsumenten verändern und damit einen für viele Unternehmen erstrebenswerten immateriellen Wert schaffen, der letztendlich höhere Verkaufszahlen zur Folge hat. Dazu kommt die Nutzung des Gebäudes zur Optimierung der Arbeitsabläufe innerhalb des Unternehmens. Wenn sich die Qualität des Arbeitsumfelds verbessert, wird sich dies mittelfristig positiv auf den Krankenstand, die Loyalität gegenüber dem Arbeitgeber und die Produktivität auswirken.

Der Architekt geht weit über seine klassische Funktion hinaus und ist auch beratend tätig. Ob er seine Leistung in Rechnung stellt, hängt nicht mehr davon ab, ob ein Gebäude gebaut wird oder nicht. Sein Honorar erhält der Architekt, da er für das Unternehmen einen Mehrwert schafft und den Vorständen dabei hilft, strategische Entscheidungen zu treffen. Luckman ist ein Beispiel für diese Praxis. Vergleiche und Parallelen zu anderen Architekten werden abschließend im letzten Kapitel beschrieben. Es wird sich zeigen, dass Architekten wie Gensler oder Koolhaas bei ihrer Arbeit für Unternehmen deren Geschäftsstrategie deuten oder sogar Länder dabei unterstützen, ihre Identität zu definieren.

MARKETING UND ARCHITEKTUR – VON SEIFE ZU WOLKENKRATZERN[1]

1 So auch der Untertitel von Charles Luckmans Autobiografie: Twice in a lifetime. From soap to skyscrapers. New York/London 1988

Architektur und Marketing – diese beiden Disziplinen sind sehr eng miteinander verknüpft: Wer nicht überzeugt, kann nicht verkaufen. Deshalb muss ein Architekt einerseits entwerfen und andererseits verführen können. Eine Onlinesuche mit den Begriffen »Architekt« und »Marketingexperte« listet nicht Größen wie Norman Foster oder Renzo Piano – Schöpfer großer Projekte, die sich auch gut verkaufen können –, sondern eher Persönlichkeiten wie Benjamin Netanyahu oder Ratan Tata, mit denen man an dieser Stelle eigentlich nicht rechnet. Es überrascht, dass der israelische Premierminister einen Architekturabschluss am Massachusetts Institute of Technology (1975) erworben hat und über einen MBA der MIT Sloan School of Management (1977) verfügt. Auch Ratan Tata, ehemaliger Vorstandsvorsitzender von Tata Motors, einem der größten Konzerne in Indien, und Entwickler des Tata Nano Car, absolvierte zunächst ein Architekturstudium an der Cornell University (1962) und erwarb im Anschluss einen MBA an der Harvard Business School.

Die Verbindung von Architektur und Marketing birgt ein großes Potenzial und sprengt die Grenzen des Berufs des Architekten. Jeder Architekt hat seine eigene Methode zur Kundengewinnung. Auf der einen Seite stehen diejenigen, die eine traditionelle Herangehensweise bevorzugen und beispielsweise persönliche oder familiäre Kontakte nutzen, sich auf öffentliche Ausschreibungen bewerben oder die auf das Prestige von Auszeichnungen oder auf Kurse in Universitäten setzen. Auf der anderen Seite stehen Architekten, die neue Formen der Annäherung an potenzielle Kunden entwickeln. Ähnlich wie Cedric Price: Der englische Architekt wurde Mitglied in allen möglichen Verbänden, um Kontakte zu knüpfen und sich in der Gesellschaft zu etablieren. Selbstverständlich gehörte er zur Architectural Association, er schloss sich aber mehr als 20 weiteren Verbänden und Institutionen an, u. a. dem National Mouse Club, der National Lending Library oder dem Hot Staff Club. Seine Zugehörigkeit zu diesen Gruppen eröffnete Price einen Weg, die Gesellschaft zu verstehen und sie als »preliminary sieve« einzusetzen, also Projekte »vorzusieben«, für die ihn noch niemand beauftragt hatte. Die Initiative zu ergreifen – das war seine Art des Marketings.

Keiner verkörperte die Symbiose zwischen Architektur und Marketing jedoch besser als Charles Luckman (* 1909 in Kansas City, † 1999 in Los Angeles). Der Schlüssel seines Erfolgs – zunächst im Marketing für den Einzelhandel und später beim Verkauf von Architektur – liegt zweifelsohne in seiner Überzeugungskraft, die ihm in die Wiege gelegt wurde. Bereits in der Grundschule, und auch später auf der

High School, war er Schulsprecher. Auch zu seiner Zeit als Architekturstudent vertrat er die Studenten an der Universität von Illinois und war bekannt für seine unschlagbare Redegewandtheit. Er konnte vortragen und mit Argumenten überzeugen. Allerdings nutzte ihm das wenig, als er nach Beendigung seines Studiums im Jahr 1931 während der Großen Depression eine Arbeit suchte.

Nur mit Mühe und Not konnte er mit seinem spärlichen Gehalt als Bürogehilfe seine kleine Familie ernähren. Nachts machte er erste Schritte als Architekt und arbeitete als Illustrator für Werbekampagnen der Colgate-Palmolive-Peet Company. Dort hatte er Schwierigkeiten, seinen Vorgesetzten, der seine Arbeit systematisch unterschätzte, von der Einzigartigkeit seiner Vorschläge zu überzeugen. Doch Luckman ließ sich nicht einschüchtern und bestand stets darauf, gute Arbeit geleistet zu haben. Er argumentierte, dass es auf die Unfähigkeit der Mitarbeiter im Außendienst zurückzuführen sei, wenn sich ein Produkt nicht auf dem Markt etablieren könne. Daraufhin musste er, in Zeiten der schwersten Rezession, selbst zu den Händlern gehen, und an nur einem einzigen Tag gelang es ihm, sieben neue Kunden zu gewinnen.

»In Chicagos rauem Bezirk der South Side verkaufte Chuck Luckman seine Seife an sieben der ersten acht Geschäfte, die er aufsuchte. Später witzelte er (Luckman): ›Wenn ich es nicht schaffen würde, Seife in einem dreckigen Slum zu verkaufen, könnte ich ebenso gut gleich aufgeben.‹ Er arbeitete weiter und brach den Verkaufsrekord des Unternehmens.«[2]

In Wahrheit fußte Luckmans Erfolg nicht auf den von ihm illustrierten Anzeigen. Seine Taktik bestand darin, dem Inhaber eines jeden Geschäfts, das er aufsuchte, bei Abnahme des gesamten Produktpostens ein illustriertes Schild mit dem Geschäftsnamen als Geschenk anzubieten unter der Bedingung, dass das Logo von Luckmans Firma ebenfalls auf dem Schild erscheine. Er investierte viel Zeit in die Verhandlungen und gewann das Vertrauen der potenziellen Kunden, was sich deutlich in seinen Verkaufszahlen niederschlug.

Die Firma erkannte sein Talent und Luckman wechselte in die Marketingabteilung, wo er sehr schnell alle Rekorde brach: Mit 30 Jahren wurde er Leiter von Pepsodent und mit 37 Jahren Vorsitzender des multinationalen Konzerns Lever Brothers. Noch vor Erreichen seines 40. Lebensjahrs machte man ihn zum Vorsitzenden von Unilever.

Während dieser gesamten Zeit arbeitete Luckman nicht als Architekt, sondern lernte – oder besser gesagt, entwickelte – die Methoden des modernen Marketings. Mit der Hilfe von Arthur Charles Nielsen (der später die zielgruppenspezifische Fernsehnutzung mit der ACNielsen Methode vermarktete) band er Marktanalysen und Verkaufsquoten in seine Strategie ein und wurde Wegbereiter für Rabattaktionen in großen Einkaufszentren als ein Mittel, um die Mas-

Charles Luckman. Time vom 10. Juni 1946

2 »On Chicago's tough South Side, Chuck Luckman sold soap to seven of the first eight stores he visited. Later he (Luckman) quipped: ›If I couldn't sell soap in a dirty slum area I might as well quit.‹ He went on to chalk up an office sales record.« Old Empire, New Prince. In: Time, 10. Juni 1946

sen anzulocken. Er investierte große Geldsummen in Werbung und schaffte es, Bob Hopes Radioprogramm – zu dieser Zeit das meistgehörte – zu sponsern. Bekannte Seifenmarken waren die wichtigsten Werbekunden dieser Programme, worin auch der Ursprung des Begriffs »soap opera« liegt. Es war der Beginn des Reality-TV und der Musik von Bing Crosby sowie der Siegeszug des Radios als Werbemedium.

Charles Luckman hatte bewiesen, dass er die Geheimnisse, die für den Verkauf eines Produkts von Bedeutung waren, bis ins Detail kannte: seine Positionierung auf dem Markt, die Werbung für das Produkt oder das Sponsoring eines Programms, um ein Angebot bekannt zu machen. Und darüber hinaus war er in der Lage, die Bilanzen so aufzustellen, dass sie stets Gewinne auswiesen.

Überall wurde über ihn berichtet, und so beriet er schließlich das Weiße Haus und zeitgleich die Gewerkschaften, während er Verhandlungen über Reinigungsmittel, Öle, Zahnpasten und Fertigsuppen führte. Das Universum Unilever war bereits ein Handelsgigant in den zwei großen Geschäftsfeldern dieser Zeit – Margarinen und künstliche Seifen – und hatte sich als Marktführer im Bereich der Massenartikel positioniert. Langnese, Calvé, Knorr, Rama, Signal, Sunsilk, Timotei, Rexona oder auch Du darfst sind Marken oder Markenprodukte, die Luckman teilweise oder ganz entwickelt hat und die bis heute auf dem Markt sind.

»Unilever wurde zum weltgrößten Unternehmen außerhalb der Vereinigten Staaten. Es entwickelte sich zu einem geordneten Labyrinth von unvergleichlicher Komplexität; sowohl in Bezug auf die geografische Ausbreitung als auch auf die Produktvielfalt ist es komplexer als jedes andere Unternehmen der Welt. Unilever besitzt und betreibt 516 Unternehmen und beschäftigt nahezu 200 000 Menschen in allen Ländern der Welt, mit Ausnahme von Russland. Der US-amerikanische Zweig, Lever Brothers, machte sich das Managementtalent von Menschen wie Charles Luckman zunutze. Im Jahr 1946 wurden weltweit 1364 Milliarden Dollar umgesetzt und ein Gewinn von fast 48 Millionen Dollar erzielt.«[3]

Entschlossen, ein exzellentes Produktdesign zu bieten, engagierte Luckman den französischen Industriedesigner Raymond Loewy, Erfinder u. a. der Lucky-Strike-Verpackung und des Shell-Logos. Der Franzose verhalf zu Luckmans Zeit bei Lever nicht nur den Produkten von Pepsodent zu großer öffentlicher Beliebtheit, sondern verbesserte auch das Arbeitsumfeld für die Mitarbeiter des Unternehmens. Loewy ist zum Beispiel das Interieur der Kantine im Lever-Hauptsitz in Boston zu verdanken, wo täglich nahezu 1000 Angestellte speisten. Die Kantine mit ihrem Ausblick auf den Charles River erstrahlte in vielen Farben und war mit einer Klimaanlage ausgestattet, was zu dieser Zeit außergewöhnlich war. Luckman griff bei solchen Baumaßnahmen stets auf das zurück, was er in seinem Architekturstudium gelernt hatte; mit diesem Ansatz schaffte er es, das Unternehmen attraktiver und innovativer zu machen.

Pepsodent-Produkte. Ausschnitt aus einer Anzeige, die während des Zweiten Weltkriegs darum bat, Pepsodent nicht verschwenderisch zu verwenden (»Don't waste Pepsodent«, 1942)

3 »Unilever became the world's largest corporation outside the United States. It grew into an ordered maze of incomparable intricacy, more widely dispersed along lines of geography and product than any other corporation in the world. Unilever owns and operates five hundred and sixteen companies and employs nearly two hundred thousand people in every country of the world-barring only Russia. The American subsidiary, Lever Brothers, used the managerial talents of men like Charles Luckman. Around the world, they took in $1,364,000,000 in 1946, on which the profit was almost $48,000,000.« Unilever corporation. In: Newsweek, 6. Juni 1949

Lever House, New York (1952),
Gordon Bunshaft (Skidmore,
Owings & Merrill): Das erste
Gebäude, dessen Entwurf auf
Verkaufsstrategien basierte.

Anfang der 1950er-Jahre entschied er sich für die Zusammenlegung der bis dato in
Boston und Chicago ansässigen Büros von Lever Brothers in New York. Durch diesen Umzug konnte er die unterschiedlichen Geschäftstätigkeiten des Unternehmens besser leiten, war näher an den Forschungs- und Entwicklungslaboren in
Edgewater (New Jersey) und konnte gleichzeitig mit den besten Werbeagenturen
des Big Apple zusammenarbeiten. Die Organisation des Umzugs, die Umstrukturie-
rung der Teams und die Suche nach Wohnungen für die Familien bedeuteten einen
enormen Managementaufwand. Dennoch konnte Luckman die Aktionärsversammlung davon überzeugen, dass sich die Investition in drei Jahren rentiert haben und
das Unternehmen dann wieder wettbewerbsfähig sein würde. Das Überleben des

Unternehmens stand damals in Frage. Für einen Neuanfang brauchte man unbedingt ein Gebäude, das diesen Wandel symbolisieren konnte.

4 »I kept for myself were to select the permanent and temporary sites in New York City, to choose the architects, and to determine the site and design concept for the new building. After all, I was an architect.« Wie Anm. 1, S. 242

»Ich kümmerte mich selbst um die Auswahl der vorläufigen und endgültigen Standorte in New York City und die der Architekten sowie um das Grundstück und das Entwurfskonzept für das neue Gebäude. Schließlich bin ich Architekt.«[4]

Luckman wählte die Park Avenue aus, da es sich um die teuerste Gegend des Landes handelte und alle Gebäude dort altehrwürdig aussahen. Sie war der perfekte Ort, um ein neues Bauwerk zur Schau zu stellen, das zur größten Attraktion der ganzen Stadt werden sollte. Der Entwurf des Gebäudes stammte von Gordon Bunshaft vom Architekturbüro Skidmore, Owings & Merrill mit Sitz in der Park Avenue 390, fast gegenüber dem Grundstück, wo später das Seagram Building mit der Nummer 375 entstehen sollte. Die Entscheidung fiel für Skidmore, Owings & Merrill – gerade weil sie bislang noch kein Bürogebäude entworfen hatten, wurde von ihnen bei der Entwicklung von Ideen und Konzepten eine größere Offenheit erwartet.

Er war der Meinung, das Gebäude sollte Charakter haben und die Menschen inspirieren, sodass sie das Potenzial und die Qualität von Lever Brothers schätzen lernten. Diesen Eindruck wollte er dadurch erreichen, dass er weite Teile des Grundstücks unbebaut und auf diesem Terrain zu Füßen des Bauwerks einen öffentlichen Platz entstehen ließ. Einen Teil des Geländes nicht als Bauland zu nutzen war bereits ein großer Luxus. Darüber hinaus verzichtete man auf die Einbindung von Geschäftsräumen, Cafés oder Restaurants im Erdgeschoss. Im Gebäude sollten nur die Angestellten von Lever Brothers arbeiten, damit sie vollkommen vom Unternehmen umgeben waren. Um den multinationalen Konzern von seinen britisch-niederländischen Wurzeln loszulösen, kamen ausschließlich amerikanische Materialien zum Einsatz, sowohl was deren Herkunft als auch deren Verarbeitung und Verwendung betraf. Das Unternehmen brauchte eine Verbindung zu Amerika, und ein gläserner Wolkenkratzer würde ihm die Distanzierung von der viktorianischen Bauweise erlauben.

Das Lever House ist ein Beispiel für den Internationalen Stil und war das erste seiner Art in New York mit einer Vorhangfassade. Hinter der Fassade erstreckte sich ein öffentlich zugänglicher Innenhof, der richtungweisend für die Bauwerke in der Umgebung wurde, wie beispielsweise das Seagram Building. Dass dieses Gebäude wirklich realisiert wurde, verdankt man einem Bauträger, der sich auf Architektur verstand und der einen gewagten Entwurf verlangte.

Luckman forderte große Glasfassaden, wie sie auch bisher bei seinen Shops funktioniert hatten: Je mehr Glas, desto mehr Menschen würden kommen. Er suchte nach offenen Räumen, ähnlich den großen Supermärkten, während Büroräume üblicherweise stark unterteilt waren. Er wollte mit Stahl arbeiten, denn dieses glänzende Material assoziierte man mit Zukunft. In den gesamten Entwurf flossen so seine Erfahrungen aus dem Einzelhandel ein.

»Mit einer Tiefgarage für 63 Autos war das Lever House so gestaltet, dass ein leitender Angestellter aus einem Vorort dort hinfahren, sein Auto abstellen, seinen Lunch in der firmeneigenen Cafeteria im zweiten Stock einnehmen, eine Runde Shuffleboard auf der begrünten Terrasse des ersten Stockwerks spielen und wieder nach Hause fahren konnte – und das alles, ohne jemals auch nur einen Fuß in die schmutzige, chaotische Stadt zu setzen.

Das Lever House war das erste komplett geschlossene, vollklimatisierte Gebäude mit durch Aluminiumpfosten fest verschlossenen Fenstern, sodass die Lever-Angestellten nicht einmal dieselbe Luft atmeten wie die Stadtbewohner.«[5]

Als der Entwurf abgeschlossen war, bat Luckman die Architekten um den Bau eines Modells. Dieses nahm er mit nach London zum Sitz von Lever Brothers. Er wollte den 24 britisch-niederländischen Geschäftsführern das Projekt verkaufen, er wollte sie davon überzeugen, dass dies die optimale Lösung für das Unternehmen war: »Dann ging ich hin, um es ihnen zu verkaufen.«[6]

Der Anblick dieses neuartigen Gebäudes verschlug allen Vorstandsmitgliedern die Sprache, bis einer, Arthur Hartog, mit seinem niederländischen Akzent ausrief: »It's dif-f-f-fer-ent!« Luckman argumentierte, dass niemals zuvor ein Gebäude mit solchen Merkmalen gebaut worden war, dass das grün-blau getönte Glas der Vorhangfassade die Sonnenstrahlen reflektieren und somit das saubere Image eines Seifenherstellers, wie sie es waren, ausstrahlen würde, dass der Kontrast zu dem Stein und dem Marmor der angrenzenden Häuser die äußere Form des Gebäudes noch weiter betonte. Das Gebäude war im Entwurf folgendermaßen organisiert: Ein horizontaler Baukörper mit zwei Geschossen beherbergte im ersten Geschoss die Buchhaltungsabteilung, ein Innenhof ermöglichte den Lichteinfall bis ins Erdgeschoss. Im zweiten Stockwerk war für die Mitarbeiter eine Cafeteria mit einer großen Terrasse über den Gärten und der Straße geplant. Auf dieser Ebene aufbauend sollte ein Gebäude mit 20 Stockwerken vertikal in die Höhe wachsen, zur Unterbringung der Vorstandsbüros von Lever Brothers sowie weiterer Büros für die Expansion des Unternehmens. Lediglich die Hälfte des Grundstücks sollte bebaut werden, aber Luckman verteidigte den Entwurf mit dem Argument, dass der ungenutzte Raum dem Gebäude das Atmen erlaube, sodass für die Menschen die Möglichkeit bestehe, sich ausschließlich auf die »reinen« Linien aus Glas und Stahl zu konzentrieren.

Die schwierigste Aufgabe bestand für Luckman darin, zu begründen, warum man auf Gewerbeflächen verzichten sollte. Dazu zeichnete er drei Säulen auf ein Blatt Papier. Die erste Säule entsprach den möglichen Mieteinnahmen durch Geschäfte und Banken im Erdgeschoss. Die zweite Säule zeichnete er für die Steuern auf diese Gewinne, um zu demonstrieren, wie Letztere dadurch sinken und im Ver-

5 englischer Originaltext in: Nash, Eric P.: Manhattan Skyscrapers. Princeton 1999, S. 103

6 »Then I went to work to sell it to them.« Wie Anm. 1, S. 243

hältnis zum Umsatzvolumen des Unternehmens bedeutungslos werden würden. Die dritte Säule aber stand für die Kosten einer kommerziellen Anzeigenseite. Luckman war sich sicher, dass das Gebäude an sich, ganz ohne zusätzliche Kosten, dazu führen würde, dass auf vielen Seiten in Zeitungen und Zeitschriften darüber – und als Konsequenz auch über die Marke – berichtet werden würde, wenn es nur spektakulär genug gestaltet wäre.

7 »If you will let me do what I want, I will get millions and millions of dollars of free advertising for Lever Brothers from all around the world.« Ebd.

Luckman: »Wenn Sie mich machen lassen, werde ich weltweit kostenlose Werbung im Wert von mehreren Millionen Dollar für Lever Brothers einholen.«[7]

In einer siebenstündigen Sitzung konnte sich das Komitee zwar nicht auf den Gebäudeentwurf einigen, Luckman wurde aber als Vorsitzender des Unternehmens in den USA bestätigt. Als solcher verfügte er über die volle Entscheidungsgewalt. Dieser Vorgang, der die Teilung von Verantwortungsbereichen verhindern sollte, bedeutete für Luckman einen entscheidenden Erfolg, da dem Bau seines Gebäudes nun nichts mehr im Weg stand.

8 »When Lever House was in the early design stage, Skidmore experts spent days assembling an impressive array of arguments against ground-floor shops, e.g., shops would require basement storage space that might better serve as a Lever garage, in bad times the company might have to subsidize the shops to give the building a prosperous appearance, etc. By the time the soapmen got to see the final soaring design, they were dead set against shops. ›They liked what they saw‹, says Skidmore, ›and they wanted something more than a quick profit.‹
›A client‹, Architect Skidmore once said, ›usually feels confidence and pride that a structure is being designed for his particular problem [...] In this way modern expression of his problem seems natural, and contemporary architecture has sold itself.‹« Ready to Soar. In: Time, 28. April 1952

»Als sich das Lever House in der frühen Entwurfsphase befand, verbrachten die Fachleute von Skidmore Tage damit, unterschiedlichste Argumente gegen die Unterbringung von Geschäften im Erdgeschoss zusammenzutragen, z.B. dass das Kellergeschoss für Lagerräume der Mieter statt als Garage für Lever genutzt werden müsste oder dass das Unternehmen die Geschäfte in schlechten Zeiten unterstützen müsse, damit der Glanz des Gebäudes nicht in Mitleidenschaft gezogen würde usw. Als die Seifenmänner dann aber das in den Himmel wachsende Gebäude zu sehen bekamen, waren auch sie absolut gegen die Geschäfte. ›Ihnen gefiel, was sie da sahen‹, sagte Skidmore, ›und sie wollten mehr als bloß schnellen Profit.‹
›Ein Kunde‹, sagte der Architekt Skidmore einmal, ›empfindet normalerweise Vertrauen und Stolz, wenn ein Bau ausschließlich für seine speziellen Belange konzipiert wird [...] Auf diese Weise erscheint ein moderner Ausdruck für seine Anforderungen ganz natürlich, und darüber lässt sich zeitgenössische Architektur verkaufen.‹«[8]

Kurze Zeit nach Baubeginn jedoch geschah das Unerwartete: Es kam zu Auseinandersetzungen zwischen Luckman und dem Vorstand. Aufgrund der starken Konkurrenz des Konzerns Procter & Gamble hatte das Unternehmen Verluste im Segment künstliche Seifen erlitten und es gab Differenzen über die Ausrichtung dieses Geschäftsfelds. Sie konnten sich nicht einigen, sodass Luckman nach einigen angespannten Sitzungen mit den Vorstandsvorsitzenden der britischen und niederländischen Bereiche von Lever Brothers & Unilever, Ltd., Sir Geoffrey Heyworth und Paul Rykens, seinen Vertrag kündigte.

Im Alter von 40 Jahren fragte sich Luckman nun, was aus ihm werden sollte. Er lehnte Angebote für hohe Leitungsfunktionen in Finanzunternehmen und Industriekonzernen ab, auch solche, die mit politischer Verantwortung verbunden

Charles Luckman und **William Pereira**: der Gestalter und der Geschäftsmann

9 »Chuck, for 20 years I've had my eye on this guy. That's why I've saved this. I think he's mature enough to return to the fold. How about it?« The Man with the Plan. In: Time, 6. September 1963

waren, da der Inhalt der Aufgaben immer derselbe war. Er brauchte neue Herausforderungen. Genau zu diesem Zeitpunkt erhielt er ein Paket mit seiner Abschlussarbeit. Sein ehemaliger Kommilitone William Pereira hatte diesen Entwurf die ganze Zeit über aufbewahrt und riet Luckman in einer beigefügten Notiz, sich wieder der Architektur zu widmen.

Pereira: »Chuck, seit 20 Jahren beobachte ich diesen Jungen nun schon. Genau deshalb habe ich das hier aufgehoben. Ich glaube, jetzt ist er reif genug, um in die Gemeinde der Architekten zurückzukehren. Wie wär's?«[9]

In dem Bewusstsein, dass das einzige, was ihm in den letzten Jahren Zufriedenheit verschafft hatte, das Lever House war, nahm Luckman die Herausforderung an. Wenn man bedenkt, dass er mit einem Jahresgehalt von 300 000 Dollar die bestbezahlte Führungskraft seiner Zeit war, dass man ihn als das »Boy Wonder of American Business« kannte und sein Image mit dem von Steve Jobs während seiner Zeit bei Apple vergleichbar war, kann man sich gut vorstellen, welchen Wirbel seine Kündigung nach seinem kometenhaften Aufstieg als Unternehmer hervorgerufen hatte. Aber diese Neuausrichtung war von dem Wunsch geprägt, zu seinen eigentlichen Wurzeln zurückzukehren und als Architekt wieder von vorn anzufangen.

Luckman war nicht irgendein Architekt, sondern ein Architekt mit Sachverstand im Marketing, der es verstand, zusammen mit seinem alten Studienkollegen innerhalb eines Jahres eines der größten Büros in den USA aufzubauen. Pereira wiederum hatte sich immer für die Welt der Schauspielerei interessiert. Für ihn musste ein Architekt, ebenso wie ein Schauspieler, in der Lage sein, sich in die »Haut« dessen zu versetzen, was er erbauen wollte. Zu diesem Zeitpunkt leitete er ein Büro mit sechs Mitarbeitern. Zusammen gründeten sie das Unternehmen Pereira & Luckman Architects, Los Angeles, CA, und jeder übernahm jeweils die Hälfte der Anteile in Aktien.

Die Mischung funktionierte. Luckman war der Geschäftsmann und Pereira der Gestalter: Pereira zeichnete und Luckman kümmerte sich um die Aufträge. Luckman fing zwar als Architekt wieder von vorn an, brachte jedoch den Vorteil mit, dass er sich in den vorangegangenen Jahren als Vorstandsmitglied bei Pepsodent und Lever Brothers unternehmerisches Wissen angeeignet hatte. Darüber hinaus kannten ihn die Vorstände großer Unternehmen und vertrauten ihm. Dies waren seine potenziellen Kunden.

Um Aufträge zu erhalten, arbeiteten sie an einem Alleinstellungsmerkmal gegenüber anderen Architekten und präsentierten sich als Architekturbüro, das in der Lage war, eine detaillierte Kostenkontrolle und die Einhaltung der Baufristen zu gewährleisten. Luckman war sich bewusst, dass Architekten meist weder Fristen noch Preisobergrenzen einhalten konnten. Er erklärte seinen potenziellen Kunden, dass in allen Fällen, in denen er als Bauträger Aufträge vergeben hatte, Verzögerungen entstanden und die Kosten in die Höhe geschossen waren. Das Büro bot also Genauigkeit und Führungsstärke, suchte aber dennoch nach einer neuen Marktnische. Sie waren sich bewusst, dass sie ihren Mangel an Erfahrung zwar durch Überzeugungskraft wettmachen konnten, es aber immer einen anderen Architekten geben würde, der den gleichen Auftrag besser und schneller würde übernehmen können. Um wachsen zu können, mussten sie einen Bereich definieren, in dem es kaum Wettbewerber gab. Und eine solche Nische entdeckten sie mit dem Aufschwung des Fernsehens. Anfang der 1950er-Jahre wurde das Fernsehen zu einem Massenphänomen und man benötigte für die Produktion der Sendungen eigene Räume. Die Studios befanden sich überwiegend in alten Theatern, die mit endlosen Kabelnetzen entsprechend umgebaut wurden. Sie waren jedoch nicht sehr funktional, da es keine Lagerräume gab und sie keinen Zugang für das Ausladen der Bühnenbilder hatten.

Luckman entschied sich dafür, das Architekturbüro auf den Bau von Fernsehstudios zu spezialisieren. Er verfügte über keinerlei Fachkenntnisse, denn niemand hatte jemals zuvor ein Fernsehstudio von A bis Z entworfen. Auch er selbst nicht. Doch er kannte durch die zahlreichen von ihm zuvor gesponserten Radioprogramme, in denen seine Produkte beworben wurden, die Anforderungen des Showgeschäfts ganz genau. Auch traf er nun dieselben Personen, die vorher beim Radio gearbeitet hatten, beim Fernsehen. Und darüber hinaus wusste Pereira, wie Filmstudios aussahen, und Luckman überzeugte ihn, dass der Unterschied zu einem Fernsehstudio gar nicht so groß sein könne.

Die erste Gelegenheit ergab sich durch Bill Paley, den Gründer und Vorsitzenden der CBS. Einen Monat nach Eröffnung des Büros traf sich Luckman mit ihm in New York. Paley wusste, dass Luckman die Unterschiede zwischen Radio und Fernsehen kannte, und er fragte ihn, wie lange der Bau eines Komplexes in Hollywood dauern würde, wo er die gesamte Produktion des Senders bündeln wollte. Luckman sprang ins kalte Wasser und versicherte, den Bau des Komplexes innerhalb von 22 Monaten fertigstellen zu können, wenn der Vorstand sich vom ersten Moment an bei der Planung beteiligen würde.

Luckman: »Bill, ich könnte unser gesamtes Team innerhalb von drei Tagen hier nach New York holen, und mit Franks und deiner Beteiligung an der Planung können wir euren neuen Standort innerhalb von 22 Monaten planen, entwerfen und bauen.«[10]

Für die CBS Television City stand ein Budget von 13 Millionen Dollar zur Verfügung. Die Architekten mussten schnell lernen und begannen mit »Marktforschung«. Wie einst bei Pepsodent erforschte Luckman auch in diesem Fall die Meinungen der zukünftigen Nutzer. Das Architekturbüro entwarf also zunächst Mitarbeiterbefragungen und untersuchte, wie das Fernsehen der Zukunft aussehen sollte. Alles war adaptierbar, weil niemand wusste, wie die Umsetzung genau

10 Luckman: »Bill, I could have our entire team here in New York in three days and with Frank's and your participation in the planning, we can have your new facility planned, designed, and constructed in twenty-two months.« Bei Bill Paley handelt es sich um den Gründer und Vorsitzenden der CBS, bei Frank Stanton um den Generaldirektor der CBS. Wie Anm. 1, S. 283

CBS Television City, Los Angeles (Anfang der 1950er-Jahre), Pereira & Luckman:
Das erste Gebäude, das speziell für das Fernsehen entworfen wurde.

11 »Many significant design features, copied innumerable times since throughout the industry, were first conceived and executed successfully here. There were new electronic lighting and audio systems, flexible ›elephant trunk‹ air conditioning ducts, a new batten counterweight system, de-mountable exterior walls, suspended audience monitors, camera runways, control room configurations, and audience seating plans that are still part of the accepted wisdom of television production today.« Steele, James (Hrsg.): William Pereira. Los Angeles 2002, S. 88

ablaufen sollte. Zunächst musste eine Idee für den Projektentwurf gefunden werden – ein Konzept, das sie »Sandwich Loaf« nannten: Es sollte es eine zentrale Durchfahrt geben, breit genug für einen Lastwagen. Auf jeder Seite brauchte man Lagerhallen zur Unterbringung der Bühnenbilder und Kostüme, an die sich die Regieräume anschlossen. Direkt danach kamen die Studios und zum Schluss die Sitzreihen für die Zuschauer. Die Menschen sollten von außerhalb in die Studios gelangen, ohne mit den Technikern in Kontakt zu kommen oder die Schauspieler zu belästigen. Der Entwurf war einfach und traf auf breite Zustimmung, es fehlte nur noch die Unterbringung der Technik.

»Viele bedeutende Konstruktionsmerkmale, die seitdem unzählige Male kopiert worden sind, wurden hier erstmals erfolgreich entworfen und umgesetzt: elektronische Beleuchtungen und Audiosysteme, eine Klimaanlage mit flexiblen Leitungen, ein neuartiges Riggingsystem mit Gegengewichten, abnehmbaren Außenwänden, Hängemonitoren für das Publikum, Schienen für die Kameras, der Aufbau des Regieraums und Pläne für die Sitzordnung des Publikums. All das ist bei Fernsehproduktionen noch heute Standard.«[11]

Sie entwarfen auch das »sponsormobile«, eine Kugel aus Glas mit bequemen Sitzgelegenheiten, die von einem Kran in der Luft gehalten wurde und in der die Sponsoren Platz nehmen konnten. Von dort aus konnten diese zwar alles hören und sehen, aber ihre Beschwerden über die Verschwendung ihres Geldes drangen nicht nach außen.

Bei der CBS Television City handelte es sich um das erste Gebäude, das speziell für das Fernsehen gebaut wurde. 50 weitere Fernsehstationen folgten. Allein von der CBS wurden sie mit dem Umbau von zwei Dutzend ehemaligen Theatern in New York beauftragt, welche nun als Fernsehstudios genutzt wurden. Die größte öffentliche Wirkung erreichte das Umbauprojekt einer ehemaligen Molkerei (Old Sheffield Milk Barn). Dieses Gebäude, in dem bisher Kühe mit der Maschine gemolken worden waren, sollte in ein Aufnahmestudio für Nachrichten und täglich ausgestrahlte Serien umgestaltet werden. Die Viehrampen wurden zur Durchfahrt der Lastwagen mit Garderoben und Bühnenbildern. Die Produktionsstudios entstanden aus Fertigbauteilen, wodurch es möglich blieb, die Wände je nach Bedarf zu versetzen. Aus den ehemaligen Ställen machte man Schneideräume und aus den Räumen für die Pasteurisation ein Labor. Die Räume, in denen früher die Milch untersucht wurde, waren fortan die Büros der Geschäftsführung. Schließlich wurde die »Diet Milk Bar« zu einer Kantine für die Mitarbeiter und das Lager für das Viehfutter wurde in Produktionsräume umgewandelt.

Das Konzept ging auf. Luckman und Pereira waren in der Lage, das bereits Existierende anzupassen und zu optimieren. Im Endeffekt spezialisierten sie sich darauf, Lösungen für Probleme zu finden – also das, was Luckman immer schon gemacht hatte.

Während sie ein Büro in New York eröffneten, genehmigte die Federal Communications Commission Lizenzen für 2000 neue Fernsehsender, von denen jeder eigene Studios benötigte. Luckman und Pereira führten neben vielen anderen Aufträgen den Bau verschiedener Produktionsstätten für die ABC in San Francisco, Los Angeles und New York durch.

Nach kaum einem Jahr und mitten im Bauprojekt für die CBS Television City fanden sie beim Militär eine neue Marktnische. Genauer gesagt, wurde das Militär auf sie aufmerksam. Das Gebäude der CBS ähnelte so stark einem Armeestützpunkt mit einem großen Telekommunikationszentrum, wie es sich die Oberkommandierenden des Militärs nicht hätten vorstellen können. Das Baustellenschild des Architekturbüros brachte die Interessierten auf die entsprechende Fährte. So kam es, dass zwei Oberstleutnants der Luftwaffe im Büro der Architekten vorstellig wurden.
Sie wünschten den Bau einer Militärbasis für Düsenjets, eine neue Technologie, die von der Air Research and Development Command (ARDC) verwaltet wurde, der heutigen Raumfahrtbehörde NASA. Sie erbaten einen Entwurf für die Edward Air Force Base. Dort wollte man die besten Testpiloten des Landes ausbilden, aus denen später die ersten Astronauten werden sollten. Doch das war damals noch Zukunftsmusik.

Während der Verhandlungen versicherten Luckman und Pereira, den Auftrag erfüllen zu können, obwohl sie in Wahrheit weder die Jet-Technologie kannten noch die Bedeutung dieser Entwicklung ermessen konnten. Ihre Unwissenheit zeigte sich in dem anfänglich von Luckman genannten Preis von 2000 Dollar. Das Glück war auf seiner Seite, denn das überraschte Gesicht seines Gegenübers war für ihn Signal genug, umgehend hinzuzufügen: »… selbstverständlich pro Bauplan.« In der Antwort auf die anschließende Frage nach der Anzahl der notwendigen Baupläne legte sich der Architekt auf ungefähr 40 fest. So kam es, dass eine Vereinbarung über 80 000 Dollar geschlossen wurde. Die Abgabe der Pläne sollte innerhalb von zwei Monaten erfolgen.

Als Erstes verschafften sich Luckman und Pereira mit einem Hubschrauberflug einen Überblick über das Gelände. Im Anschluss daran suchten sie sich die notwendigen Fachleute: Militärberater, Luftfahrtingenieure, Lehrkräfte. Sie konsultierten alle Fachleute, die ihnen jedes noch so kleine Informationsdetail über die Technologie zur Verfügung stellen konnten, um zu ermitteln, was der Kunde braucht. Es gab nicht den geringsten Zweifel: Das Militär brauchte kein Design, es brauchte Funktionalität. Sie stellten Überlegungen an über die Versorgung und Wartung von Flugzeugen, über Sicherheitsprotokolle und Lärmschutzmaßnahmen. Ihnen wurde bewusst, dass der Auftrag eine Bausumme zwischen 30 und 50 Millionen Dollar bedeuten könnte – und das nur in der ersten Phase.

Bei seiner Präsentation entschied sich Luckman dafür, anstelle endgültiger Baupläne alle untersuchten Alternativen vorzustellen. Seine Taktik bestand darin, einen Vorschlag zu erläutern und dann zu erklären, warum man diese Möglichkeit nicht weiter verfolgt hatte. Diese Methode von »Versuch und Irrtum« hatte er sich beim Militär selbst abgeschaut. Sie erhielten den Auftrag, denn sie und ihre neuen Partner sprachen die gemeinsame Sprache der Strategie. Der Architekt bediente sich ihrer lediglich, um den Zuschlag für ein Projekt zu erhalten, das Militär aber, um Kriege zu gewinnen. Sie näherten sich dennoch einander an, und die Aufträge wuchsen in dem Maß, wie sich ihre Beziehung festigte.

Im Jahr 1953 erhielt das Büro den Auftrag für ein Projekt im Wert von 300 Millionen Dollar für den Bau von fünf Luftwaffen- sowie zwei Marinestützpunkten in Spanien, darunter der Stützpunkt in Rota (Cádiz). Luckman gründete ein Joint Venture mit weiteren Büros: Metcalf Eddy aus Boston, ein Schwergewicht unter den Ingenieurbüros; Frederick R. Harris, Inc. aus New York, Marineingenieure, sowie Shaw Dolio Architekten aus Chicago. Dieses Team entwickelte das Projekt, während sich Pereira und Luckman um die Entwicklung des Masterplans kümmerten und die Arbeiten koordinierten. Zu Luckmans Aufgaben gehörten darüber hinaus auch die Treffen mit den Politikern und dem Militär. So reiste er während der vierjährigen Projektdauer sechs Mal jährlich nach Spanien, um dort sowohl die Arbeit der 150 Ingenieure und Architekten aus den USA als auch die der Techniker vor Ort zu überwachen. Um Kommunikationsprobleme gar nicht erst entstehen zu lassen, wurde die gesamte Projektdokumentation in Englisch und Spanisch geführt. Luckman hatte schon immer ein Talent für die Führung von Gruppen gehabt, und das Ergebnis gab ihm recht: Die Arbeiten waren pünktlich fertig und das Budget wurde eingehalten.

Die Sitzungen wurden vom Franco-Regime nicht behindert. Aus seiner Erinnerung heraus beschrieb der Architekt Franco jedoch als »einen Diktator, der Themen allein dadurch aus der Welt schaffte, dass er alle Anwesenden zu Kaffee und Brandy einlud.« Zu den zahlreichen Anekdoten aus dieser Zeit zählt die über den Bau einer großen Lagerhalle in der Ortschaft San Pablo, Sevilla. Sie sollte in einem Sumpfgebiet errichtet werden, das in Anbetracht des Überschwemmungsrisikos nicht besonders geeignet war. Die Behörden lehnten den Antrag der Architekten auf Änderung des Standorts jedoch ab, weil das Projekt bereits vom Abgeordnetenhaus genehmigt worden war. Luckman zeigte sich wie immer sehr erfindungsreich: Der von ihm vorgeschlagene Ort lag nicht mehr als 30 Kilometer vom ursprünglichen Standort entfernt, und Luckman überzeugte die Regierung, die Grenzen von San Pablo so zu verändern, dass der neue Standort immer noch in derselben Kommune lag. So konnte der Bau der Lagerhalle wie vom Abgeordnetenhaus genehmigt und dennoch an einem Ort umgesetzt werden, an dem keine Gefahr durch Überschwemmungen und Überflutungen drohte.

Luckmans Zusammenarbeit mit dem Militär beschränkte sich nicht nur auf den Bau von Gebäuden, sondern schloss später auch Beratungsleistungen ein. So setzte sich General Partridge, Chef der ARDC und Verantwortlicher für die Genehmigung der Edward Air Force Base, mit ihm in Verbindung, als es ein »kleines« Problem gab: Er wusste nicht, von wo aus er probehalber die ersten Raketen und Lenkflugkörper abschießen sollte. Sein Team war sich uneinig. Die eine Hälfte meinte, man solle den Abschuss von der Patrick Air Force Base in der Nähe von Miami vornehmen, wohingegen die andere Hälfte der Ansicht war, es sei besser, für den Abschuss einen neuen Stützpunkt in Cape Canaveral, 30 Kilometer nordwärts, zu bauen.

Luckman informierte sich über den Montage- und Abschussverlauf und entschied sich dafür, zunächst alles über jeden einzelnen hierbei notwendigen Schritt genau in Erfahrung zu bringen. Er erfuhr, dass die Raketen an der Westküste gebaut und anschließend im Flugzeug zur Patrick Air Force Base transportiert wurden. Dort wurden sie für den Transport zerlegt und auf Lastwagen nach Cape Canareval gebracht, wo man sie für den Abschuss wieder zusammenbauen musste – ein Abschuss, der in 99 % aller Fälle fehlschlug. Nach einem Fehlabschuss wurden die Raketen wieder auseinandergebaut, erneut auf Lastwagen verladen und an die Westküste zurücktransportiert.
Der Architekt schlug vor, mithilfe einer Zeitstudie die Dauer und die Verantwortlichkeiten des Prozesses exakt zu analysieren. Genau dies hatte er früher bei Lever Brothers getan, wenn er eine Überprüfung der Produktionskette durchführte. Dabei kam er dem eigentlichen Problem auf die Spur, das darin bestand, dass die Raketen, nachdem sie mit dem Flugzeug angekommen waren, zerlegt

werden mussten, da sie sich nicht in einem Stück auf der Straße transportieren ließen. Das empfindliche und zugleich äußerst gefährliche Material litt unter der ständigen Bearbeitung.

Luckman erkannte, dass die Raketen aus dem Werk direkt und ohne sie zu zerlegen mit dem Flugzeug zur Abschussrampe nach Cape Canaveral gebracht werden sollten, und entwickelte hierfür die passende Infrastruktur. Seine Vorgehensweise erwies sich als sehr effizient. Die North American Aviation und die Douglas Aviation waren begeistert, denn das Material blieb intakt, und sie stimmten einem Probeabschuss von zwei Raketen zu. In beiden Fällen war der Abschuss erfolgreich, worauf Pereira und Luckman erneut einen Auftrag von astronomischen Ausmaßen erhielten: den Masterplan für Cape Canaveral.

Die Beratung wurde schließlich Luckmans Fachgebiet. Er löste unternehmerische und logistische Probleme, die im Zusammenhang mit der Entwicklung von Firmen und letztendlich auch mit dem Bau von Gebäuden standen. Der Masterplan, der die Ideen des Unternehmers bündelte, wurde zu seinem Hauptwerkzeug. Ein Beispiel hierfür ist seine Zusammenarbeit mit Walt Disney, den er noch aus seiner Zeit bei Pepsodent persönlich kannte. Damals hatte Luckman die Aufgabe, sich um das Sponsoring des Programms »Snow White« im Radio zu kümmern. Es war im Sommer als Ersatz für die Bob-Hope-Show gesendet worden, hatte aber keinen Erfolg. Dennoch wandte sich Disney wieder an ihn und beauftragte ihn mit der Entwicklung eines Masterplans für Disneyland. Walt Disney wusste, was er wollte. Er hatte aber weder eine Ahnung, welche Fläche dafür notwendig war, noch, welche Kosten für die Errichtung eines Freizeitparks, wie er ihn sich vorstellte, einzuplanen waren. Mit dem ersten Auftrag an das Büro forderte er die Architekten auf, Disneyland auf einem Terrain von nur drei Hektar zu planen. Luckman zeigte ihm, dass dies unmöglich war. So suchten sie weitere vier Hektar Land, später acht und dann zwölf Hektar, aber jedes Mal erwies sich der Baugrund als nicht ausreichend für alle Attraktionen. Luckman schlug ein Terrain von 20 Hektar vor, doch Disney verlor den Mut und stoppte das Projekt. Es erschien ihm unverhältnismäßig teuer. Das war im Jahr 1952, als Luckmans Büro noch keine Wirtschaftlichkeitsstudien durchführte, sodass er empfahl, beim Stanford Research Institute (SRI) eine Machbarkeitsstudie in Auftrag zu geben.

Nach vier Monaten präsentierte das SRI die Antwort: ein Gelände von 65 Hektar zu einem Preis von ca. 12 500 Dollar pro Hektar in der Umgebung von Anaheim war der ideale Ort. Es lag in der Nähe einer Gegend mit Restaurants und einem der ersten Freizeitparks in Los Angeles, der Knott's Berry Farm. Disney gefiel das Ergebnis der Studie und er beauftragte erneut Pereira und Luckman mit der Entwicklung des Masterplans. Jetzt war der Platz in der Tat ausreichend, doch Luckman empfahl ihm darüber hinaus, zusätzliche Baufläche für die Entwicklung von Geschäftsgebäuden anzukaufen. Rasend vor Wut bezeichnete Disney ihn als »unersättlich nach Baugrundstücken« und »verrückt« und schenkte seinen Worten keine Beachtung mehr.

Der Park wurde den Entwurfsvorgaben von Walt Disney, der alle Details genau im Kopf hatte, entsprechend errichtet. Sein Erfolg war enorm, und bereits zwei Jahre später wollte Disney den Park um eine neue Attraktion erweitern, eine Nachbildung des Matterhorns. Er erwarb die angrenzende Parzelle von 16 Hektar, musste jedoch ca. 100 000 Dollar pro Hektar bezahlen. Das war der Preis für den Erfolg. Jahre später, als Disney in Orlando Disneyworld baute, wollte er denselben Fehler nicht noch einmal machen und kaufte gleich 11 000 Hektar Land. Das neue Projekt war ebenfalls von Erfolg gekrönt, und so nutzte er das »Extra«-Land, um nebenan mit dem Epcot-Themenpark einen weiteren Freizeitpark zu errichten.

Luckmans Unternehmensberatung verkaufte nicht nur Zahlen, sondern auch Ideen: Sie bot neue Konzepte an und stellte das Etablierte auf den Kopf. Das Büro erhielt den Auftrag, das Huntington Memorial Hospital in Pasadena zu erweitern. Es benötigte 100 weitere Betten, verfügte allerdings über ein nur sehr geringes Budget. Entweder musste das Budget erhöht oder aber es mussten weniger Betten eingeplant werden. Luckman schlug noch eine dritte Möglichkeit vor: Die 100 Betten sollten ausschließlich für die Rekonvaleszenz der Patienten genutzt werden. Sie waren für Patienten auf dem Weg der Genesung vorgesehen, die kurz vor der Entlassung standen. Denn diese Patienten bräuchten keine Zimmer mit zusätzlicher Sauerstoffversorgung oder anderen Einrichtungen, sondern müssten vor dem Verlassen des Krankenhauses lediglich noch etwas Kraft schöpfen. Und ohne diese zusätzlichen Installationen ließen sich alle 100 Zimmer mit dem vorgegebenen Budget bauen. Wieder einmal konnte Luckman überzeugen.

Nach fünf Jahren beschäftigte das Büro von Luckman und Pereira 400 Architekten und setzte eine Milliarde Dollar bei damaligem Wert um. Für ihre Fähigkeit, die Bedürfnisse des Kunden zu verstehen, für ihre Schnelligkeit bei der Ausführung und ihre Zielstrebigkeit bei der Einhaltung von Planungszielen erhielten Luckman und Pereira große Anerkennung. Luckman überzeugte, denn er sprach die Sprache seiner Auftraggeber und verstand, was diese – meist ihren Aktionären – anbieten wollten. Er kannte sich mit der Logistik aus – wie Geschäfte versorgt oder Vertriebszentren geführt werden konnten – und nutzte dieses Wissen bei der Entwicklung seiner Masterpläne. Niemals zuvor hatte ein Architekt daran gedacht, Räume anders zu belegen oder komplexe Systeme zu organisieren.

Luckman und Pereira entwarfen den Masterplan für den Flughafen von Los Angeles, den ersten Flughafen, der für die Optimierung des Passagierflusses über mehrere Geschosse – für die Ankünfte und die Abflüge – verfügte (siehe Bilder, S. 54ff.). Sie entwarfen den Masterplan für die University of Southern California und erschufen dabei ein »Vokabular«, mit dem sie die Funktion und Gestaltung der aktuell zu planenden, aber auch die zukünftiger Gebäude definierten. Sie verkauften damit die Zukunft zu einem Zeitpunkt, als noch niemand wusste, wie diese letztendlich aussehen würde. In der Zukunft sollte ein Gebäude oder eine Struktur

Disneyland, Kalifornien: Die Abbildungen zeigen die Entwicklung des Geländes im Zeitraum
von Juli 1954 bis zur Eröffnung des Geländes am 17. Juli 1955.

sich jedoch anpassen, wachsen und sich verändern können, und man sollte sich dabei sicher sein können, dass Investitionen niemals an Wert verlieren.

So viele Unternehmenskonzepte, so viel Kostenkontrolle und vor allem so viele Fristen, die eingehalten, mit so vielen Mitarbeitern, die geführt werden mussten: Pereira und Luckman konnten sich vor Erfolg kaum retten – aber Pereira wollte in diesem Strudel plötzlich nicht länger mitschwimmen: »Es war wie Fließbandarbeit. Alle standen mit ihren Projekten Schlange bei uns, wie eine Reihe von Güterwaggons, die darauf warteten, entladen zu werden. Ich behaupte nicht, wir hätten schlechte Arbeit geleistet, ich weiß nur, dass ich nicht mein Bestes gab.«[12]

Im Jahr 1958 entschied sich Pereira zum Ausstieg aus dieser Fabrik, die Projekte abwickelte, um dann wieder von vorn zu beginnen. Luckman kaufte ihm seinen Anteil am Unternehmen für eine halbe Million Dollar ab und hatte nun die Führung aller Projekte inne. Er band den Großteil seiner Mitarbeiter als Minderheitsgesellschafter in das Unternehmen ein und führte das Büro unter dem Namen The Luckman Partnership, Inc. weiter. Bald nannten es alle nur noch CLA (Charles Luckman Associates).

Pereiras Ausscheiden traf Luckman unvorbereitet. Mit ihm verlor er einen Partner, der den Projekten architektonische Finesse verliehen hatte, einen Fachmann, der in der Lage war, ihn auf den Boden der Tatsachen zurückzuholen und mit dem er auf Augenhöhe hatte sprechen können. Um einen Ersatz für ihn zu finden, wandte er sich auf seiner Jagd nach vielversprechenden Absolventen an die Universitäten. Er suchte herausragende junge Leute mit neuen Ideen, die begierig darauf waren, zu bauen.

Als Zeichen dafür, dass das Büro nichts von seiner Ausstrahlungskraft verloren hatte, organisierte er im Sommer 1959 eine Ausstellung seiner gesamten Arbeit im California Museum of Science. Die Ausstellung mit dem Titel »A Biography of Architecture« präsentierte Baumodelle, Fotografien und Perspektiven von 30 Bauwerken und konzentrierte sich dabei auf »Aspekte der Kostenkontrolle beim Bau, Anlagenplanung, Konstruktion, Forschung und Analyse, Gesamtplanung und Baumanagement.«[13]

Die Neuausrichtung des Architekturbüros, dessen Charakter noch immer sehr an Luckmans Arbeitsweise orientiert war, gelang schnell. Das Büro erhielt weiterhin sehr große Aufträge und hatte gute Umsätze. Im Jahr 1961 setzte es sich gegen 100 Mitstreiter durch und gewann den Wettbewerb für den Bau des Houston Space Center. Der berühmte Ausruf »Houston, we've had a problem«, geäußert vom Astronauten Jack Swigert während der missglückten Mission von Apollo 13, sollte hier ankommen.

Lediglich eine Woche nachdem Kennedy zum Präsidenten der Vereinigten Staaten gewählt worden war, kündigte Vizepräsident Johnson den sofortigen Bau des Kontrollzentrums für Spezialraketen in Houston, Texas, an. Luckman beriet sich mit allen Experten, mit denen er bereits beim Bau der Militärstützpunkte in Spa-

12 Pereira: »It was like working in a factory. Everybody was standing in line with projects for us to do, like a line of railroad cars waiting to unload. I don't say we were doing inferior work; I just know I wasn't doing my best.« Wie Anm. 9

13 »aspects of construction cost control, facility planning, engineering, research and analysis, master planning, and construction management.« Wie Anm. 1, S. 335

nien zusammengearbeitet hatte, unter ihnen auch Dr. Wernher von Braun. Besessen davon, sich mit den Vertretern der NASA in ihrer Fachsprache zu unterhalten und ihnen dadurch Sicherheit zu vermitteln, fing Luckman an, alle Abkürzungen zu lernen und sie – zusammen mit weiteren Fachausdrücken – in seinen Wortschatz einzubinden, wie er es in »Twice in a lifetime« beschreibt.[14]

14 Ebd., S. 393

Sie gewannen den Wettbewerb und hatten noch nicht einmal Zeit, diesen Erfolg zu feiern. Der Komplex aus 49 Gebäuden musste in 48 Arbeitstagen entworfen werden, eine Anforderung des Präsidenten Kennedy, die der Beauftragte der NASA, James Webb, dem Gewinnerteam überbrachte.

Zur Auftragsannahme stellte Luckman, wie schon beim Bauprojekt der CBS Television City, Bedingungen zur Vorbereitung: Er wollte am darauffolgenden Montag mit seinem gesamten Team erscheinen, das heißt bis dahin sollten ihm 100 voll ausgestattete Zeichenplätze, vier Konferenzräume und fünf Büros innerhalb der NASA bereitgestellt werden. Denn um auftretende Zweifel mithilfe der Techniker beseitigen zu können und um sich täglich mit ihnen zu beraten, benötigte er den direkten Austausch mit diesen Fachleuten. Deshalb verlangte er, dass alle Abteilungsleiter am selben Ort wie sein Team arbeiten sollten. Zum Schluss forderte er, dass sich niemand aus der NASA-Leitung über Weihnachten und Neujahr frei nehme, damit der Termin am 3. Januar 1962 um 10 Uhr im Weißen Haus eingehalten werden könne.

Am Tag des Präsentationstermins, kurz vor Betreten des Sitzungssaals, wurde ihm mitgeteilt, dass die Sitzung nicht länger als zehn Minuten dauern dürfe. Es handelte sich um eine strenge Anweisung, die der Arbeitsbelastung der NASA-Leitung geschuldet war. Entscheidungen mussten schnell getroffen werden und effektiv sein, es galt, keine Zeit zu verlieren. Ihm wurde empfohlen, sofort den endgültigen Masterplan zu erklären. Aber Luckman weigerte sich. Er erinnerte sich an seine Erfahrungen mit dem Militär. Er wusste, dass sie unbedingt verstehen mussten, warum eine bestimmte Lösung zustande gekommen war und weshalb alle vorab in Erwägung gezogenen anderen Optionen fallengelassen worden waren. Deshalb missachtete er, als er vor James Webb saß, das Protokoll und unterbreitete ihm folgenden Vorschlag: Von allen untersuchten Masterplänen gab es nur einen, der funktionierte. Um das zu zeigen, benötige er eine Stunde. Obwohl er wusste, dass ihm lediglich zehn Minuten zur Verfügung standen, begann er, alles von Grund auf zu erläutern. Nach den ersten sieben Minuten hielt er mit seinen Ausführungen inne und fragte, ob ihm noch weitere 53 Minuten zur Verfügung stünden, die notwendig waren, oder ob er bereits direkt zu den Endentwürfen kommen solle, um in drei Minuten seine Präsentation zu beenden. Webb gefiel die Art, wie Luckman mit ihm umging, und Luckman nahm die Erklärung der Vorteile des Entwurfs in Angriff. Nach weiteren sieben Minuten bat Webb ihn darum, zu stoppen – jedoch nur, um seiner Sekretärin aufzutragen, den Tagesablauf entsprechend zu ändern. Er wünschte eine ganze Stunde mit Luckman.

Und dieser erhielt grünes Licht für die Entwicklung des Projekts. Um die Vorschriften für vierzehn Behörden zu erfüllen, beauftragte er sechs Architekturbüros und dreizehn Ingenieurbüros.

So entstand das als »Shoot-for-the-Moon Base« bekannte Gebäude. Es war für die Vorbereitung des Mondflugs konzipiert worden, um Kennedys Traum zu erfüllen. Für jede Flugphase standen Simulatoren zur Verfügung. Darin wurde alles erprobt: Testläufe für die Landung auf dem Mond, Studien zur Wirkung der Atmosphäre auf die Ausrüstung usw. Auf über 90 im gesamten Gebäude verteilten Monitoren wurden die Flugoperationen überwacht. Auch verfolgte man Schritt für Schritt, was in der Kapsel vor sich ging, und behielt selbstverständlich stets den Kontakt zu den Astronauten. So auch am 16. Juli 1969, als folgende Nachricht die Erde erreichte: »The Eagle has landed«. Neil Armstrong setzte seinen Fuß auf den Mond. Das Bild seiner Heldentat und seine Stimme gelangten in Luckmans Gebäude, um sich von dort aus in die gesamte Welt zu verbreiten.

Luckman wurde sehr einflussreich. Sein Einfluss und seine Glaubwürdigkeit wuchsen sowohl in Unternehmerkreisen als auch in der Politik. Dank dieser Stellung konnte er den Prudential Tower in Boston bauen, ein aus privaten Mitteln finanziertes Projekt mit der zeitweise höchsten Investitionssumme der 1960er-Jahre. Neben anderen Einrichtungen beinhaltet der Komplex einen Wolkenkratzer mit 52 Etagen, einen Hörsaal mit Platz für 6000 Menschen, ein Hotel mit 1000 Zimmern und Wohnungen für 4000 Menschen. Luckman bestand darauf, das Hochhaus – entgegen dem Wunsch der Eigentümer nach 50 Etagen – mit 52 Stockwerken zu bauen, denn er setzte auf einen psychologischen Faktor: Sollte jemand höher bauen wollen, müsste er mindestens 60 Stockwerke vorlegen, denn 55 wären zu nah am bereits Bestehenden. Somit war sein Gebäude lange Zeit das höchste Gebäude in Boston. Dieselbe Strategie hatte er beim Bau des Wolkenkratzers der United California Bank mit 62 Etagen angewandt.
Außerdem konnte man in dieser Höhe über dem 50. Stock eine Aussichtsplattform einrichten. Da sich die Bauträger hierüber nicht einigen konnten, bot Luckman ihnen an, die Lizenz für den Betrieb der Aussichtsplattform selbst zu behalten und im Gegenzug auf sein Honorar in Höhe von einer Million Dollar zu verzichten. Von Luckmans Vorschlag beeindruckt, entschlossen sich die Bauträger schließlich zum Bau der Aussichtsplattform. »Wenn es gut genug für Chuck ist, ist es gut genug für uns.«[15] Diese kostete sie zwar 200 000 Dollar extra, bot ihnen am Ende jedoch die beste Kapitalverzinsung des gesamten Gebäudekomplexes.

Luckman war schon zu anderen Anlässen zusammen mit seinen Bauträgern Risiken eingegangen. Als sie in Palos Verdes das Marineland of the Pacific bauten, gab es hierfür zunächst keine Finanzierung. Ihm wurde angeboten, sein Honorar in Form von Aktien zu erhalten, und er nahm an. Nach drei Jahren verkaufte er seine Aktien an den Bauträger für das Dreifache ihres ursprünglichen Wertes. Er war risikobereit, weil er ein Gespür dafür hatte, ob ein Geschäft erfolgreich sein würde.

15 »If it's good enough for Chuck, it's good enough for us.« Ebd., S. 329

Seine Kunden nahmen dies wahr und spürten, dass er gern viel riskierte. Einige setzten ihr ganzes Vertrauen in ihn aufgrund seiner nachweisbaren Erfahrung. Andere, weil er den Erfolg mit einer Million Dollar im Vertrag »versicherte«.

Die Architekten nahmen an der Ausschreibung für den Bau des Aloha Stadions in Honolulu teil, in dem sowohl Baseball- als auch American-Football-Teams spielen sollten. Für ihre Überlegungen zur Machbarkeit betrieben sie intensive Recherche und studierten das Werk von Pierre Luigi Nervi und Kenzo Tange. Sie besuchten die meisten Baseball-Stadien der USA und stellten fest, dass der Großteil der Sitze zum Herausnehmen war und sich die Stadien dadurch für den American Football umbauen ließen. Ein solcher Umbau würde aber lediglich zu 5000 neuen Plätzen führen. Eine andere Lösung zur Unterbringung beider Sportarten wurde in Kansas verwirklicht, wo zwei angrenzende Stadien für 50 Millionen Dollar gebaut wurden. Sie jedoch verfügten lediglich über ein Budget von 25 Millionen Dollar und brauchten also eine ganz andere Lösung. Sie kamen zu dem Schluss, dass es das Beste sei, die Sitzreihen der Zuschauer zu verschieben, um das Stadion den Anforderungen entsprechend umbauen zu können.
Sie kontaktierten verschiedene Ingenieurbüros des Landes, um mit der Arbeit an einem Entwurf für ein »bewegliches Stadion« zu beginnen. Sie entschieden sich dafür, die Zuschauerreihen in sechs gleich große Abschnitte einzuteilen. Vier von ihnen sollten technisch so ausgestattet sein, dass sie sich um 61 Meter in einem Bogen von 45 Grad verschieben ließen. Jede der Tribünen wog 1500 Tonnen. Sie wussten, dass ihr Plan umsetzbar war, aber – wie so oft – wussten sie nicht, wie und zu welchem Preis.

An dem Tag, als die verschiedenen Architekturbüros ihre Entwürfe präsentierten, begann Luckman damit, die Zeichnungen auszubreiten und die Überlegungen und Untersuchungen zu erläutern. Zum Schluss präsentierte er ein elektrisches Modell, das für Furore sorgte. Mit nur einem Knopfdruck wurde das Modell neu konfiguriert und ging von der Bestuhlung für Baseball auf die Anordnung der Zuschauerreihen für den American Football über. Das Schauspiel verfehlte seine theatralische Wirkung nicht. Es herrschte absolute Stille, alle waren gespannt. Würde das Modell wirklich funktionieren? Als das Modell den Umbau abgeschlossen hatte, hörte man Applaus und Bravorufe. Sie hatten erneut einen Wettbewerb gewonnen.

Als sie wieder in ihrem Büro waren, überlegten sie, wie sie all ihre Ideen in die Praxis umsetzen könnten. Sie suchten im Patentamt in Washington nach etwas Ähnlichem wie »mobilen Sitzreihen« und fanden heraus, dass das Unternehmen Boeing mit Luft gefüllte Polster verwendete, um die Flugzeuge am Montageband zu bewegen. Boeing vermittelte ihnen einen Kontakt zu Rolair Systems, einem Unternehmen aus Santa Barbara, das auf den Transport von schweren Objekten spezialisiert war. Dort hieß es, dass der Transport eines gesamten Tribünenabschnitts in einem Stadion mit mehr als tausend Tonnen Gewicht schlichtweg unmöglich sei. Bei genauerer Betrachtung erwies sich das Vorhaben jedoch als

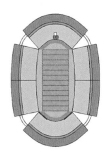

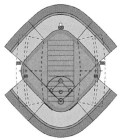

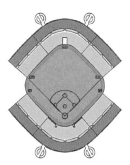

Aloha Stadion, Honolulu (1975), Charles Luckman Associates: Das erste multifunktionale Stadion der Welt: Anordnung für American Football, Konzertveranstaltungen und für Baseball (von oben nach unten)

realisierbar. Als nächstes waren sie mit dem Problem der Abflussrohre konfrontiert, da für die Tribünen auch Restaurants und Toiletten mit Anschluss an das örtliche Abwassernetz eingeplant werden mussten. Die Lösung kam wieder aus der Welt der Luftfahrt. Die Luftwaffe war in der Lage, Flugzeuge in vollem Flug unter Einsatz von Pumpen und einrollbaren Schläuchen mit Treibstoff zu versorgen. Nach demselben Prinzip sollte sich der Schlauch bei Bewegung der Tribüne abrollen und durch die Schwerkraft nach unten fallen. Um auf die Startposition zurückzukommen, sollte sich der Schlauch wieder aufrollen können, und man bräuchte nun lediglich noch eine Pumpe zur Entwässerung.

Luckman: »Die Strategic Air Command betankten ihre Kampfflugzeuge, die rund um die Uhr in der Luft waren. Dies geschah durch die Verwendung eines Gummischlauchs, verbunden mit flexiblen Kupferdrähten zwischen dem Tankflugzeug und dem Kampfflugzeug. Genau das war die Lösung.«[16]

Sie zeichneten alles detailliert auf, bestimmten den Preis und legten den Ablauf fest: Erster Schritt sollte der Bau einer Bodenplatte aus Beton sein, auf der die verschiedenen Bereiche des Stadions verschoben werden sollten. Dazu werden anschließend die Luftkissen installiert, auf denen ein Metallgerüst ruht, das wiederum auf jeder Tribüne 40 Pfeiler für die Zuschauerreihen trägt. Mit nur einem Knopfdruck wird das Kissen mit hohem Druck gefüllt. Bei Druck auf einen weiteren Knopf öffnet sich ein Ventil im unteren Teil des Kissens – dem Teil, der den Boden berührt –, durch dieses entweicht die Luft sehr langsam. Daraus entsteht eine wenige Millimeter dünne Luftschicht unter den Kissen. Über dieser Schicht lassen sich die Sitzreihen ohne Reibung verschieben.

Den Politikern gefiel diese Idee sehr, aber zugleich befürchteten sie, dass ihre Umsetzung nicht möglich sei. War so etwas bereits an einem anderen Ort gebaut worden? Welche Erfolgsgarantien könnten die Architekten geben? Was wäre, wenn es nicht funktionieren würde? Luckman überzeugte sie, indem er ihnen im Namen seines Büros eine Garantie über eine Million Dollar anbot. So konnte er die Arbeit an dem Projekt fortsetzen. Dass der Architekt eine Million Dollar aus seiner eigenen Tasche aufs Spiel setzte, schien eine sehr gute Versicherung für eine gelungene Umsetzung.

Das Stadion wurde gebaut, und als die Technik mit der Luftschicht zum ersten Mal ausprobiert wurde, bewegte sich jede der Tribünen, rund 14 Etagen hoch und 1750 Tonnen schwer. Es dauerte acht Minuten, bis der Bogen von 45 Grad erreicht war, und in kaum einer halben Stunde waren die vier Tribünen auf ihrem Platz. »Es funktioniert!« jubelten die Tageszeitungen am nächsten Tag auf ihren Titelseiten.

Aber die Presse stand nicht immer auf Luckmans Seite, wie sich beim Bau des Madison Square Garden in New York im Jahr 1961 zeigte. Jeder hatte eine Meinung und von allen Seiten hagelte es Kritik. Es war ein sehr schwieriges Projekt: Nicht nur mussten verschiedene Kunden und unterschiedliche Bedürfnisse berücksichtigt werden, der Bau hatte zudem Auswirkungen auf eine Vielzahl von Menschen. Der ursprüngliche Madison Square Garden war ein großes überdachtes Areal, wo ver-

16 Luckman: »The Strategic Air Command refueled their bomber planes, which were always in the air on twenty-four-hour alert. They did this by using a rubber hose, bound with flexible copper wire, between the fueling plane and the bomber. That was the answer.« Ebd., S. 370

schiedene »Shows«, von Hundeausstellungen bis hin zu Sportereignissen, stattfanden. Seit der Gründung des Veranstaltungsorts im Jahr 1890 war er schon zweimal umgezogen und seit 1925 im Madison Square Garden bei der 8th Avenue gelegen.

Der Eigentümer, die Graham-Paige Corporation, suchte nach einem neuen Ort zur Errichtung einer modernen Halle, in der noch mehr Zuschauer Platz finden und diese eine bessere Sicht haben sollten. Auf der Suche nach einem geeigneten Grundstück in Manhattan kamen sie auf den Bahnhof Pennsylvania Station. Das gewaltige Gebäude der Beaux-Arts-Architektur passte nicht mehr in die moderner werdende Welt aus Glas und Stahl. Der Bahnhof war im Jahr 1910 von McKim, Mead&White in Anlehnung an die römischen Caracalla-Thermen (aus dem Jahr 217 v. Chr.) erbaut worden. Mit seinen 55 Meter hohen Vorhallen beeindruckte er alle Reisenden, die nach New York kamen. Er war größer und bot mehr Tageslicht als die Central Station. Beeindruckt waren auch die Buchhalter der Pennsylvania Railways, wegen der hohen Wartungskosten von ca. 2,5 Millionen Dollar pro Jahr.

»Penn Station war zum Anachronismus geworden in einem Zeitalter, in dem im Sommer Klimaanlagen und im Winter Heizungen liefen. Alle fanden ihn toll, mit Ausnahme seiner Nutzer«.[17]

Die beiden Inhaberfirmen kamen zu einer Vereinbarung über den Bau eines neuen, unterirdisch verlaufenden Bahnhofs, was den Weg für die Erbauung des neuen Madison Square Garden und eines Bürogebäudes mit 32 Stockwerken frei machte. Luckman wurde unter Vertrag genommen, denn man brauchte jemanden, der in der Lage war, eine gesamte Stadt davon zu überzeugen, auf eines ihrer wichtigsten Symbole zu verzichten. Die Bürger protestierten dennoch. Sie demonstrierten bei den Bauarbeiten, die Medien boten den Unzufriedenen ausreichend Plattform und es gab sogar gerichtliche Klagen. Der Architekt kam trotzdem vorwärts.

Er kämpfte gegen die, die den alten Bahnhof um jeden Preis erhalten wollten, und gleichermaßen mit der Logistik. Per Vertrag musste der Bahnhof während der Bauarbeiten weiter in Betrieb und mit einem täglichen Durchlauf von 250 000 Passagieren, 600 Zügen und zwei Metrolinien voll leistungsfähig bleiben. Das Schwierigste war der Bau des Fundaments zwischen den Gleisen und das Abtragen des Bauschutts per Hand, da Maschinen dort nicht hineinpassten.
Nach Beendigung der Bauarbeiten gewann die Stadt eine neue Sportarena, ausgestattet mit einer Hängedecke, die einen freien Raum ohne Pfeiler entstehen ließ. Der Bau bot 22 000 Zuschauern Platz. Im Gegenzug verlor die Stadt einen traumhaften Bahnhof. Ohne es zu wollen, initiierte Luckman eine Diskussion über den Schutz historischer Gebäude in den USA. Je mehr Zeit verging, desto größer wurde das Bedauern der Stadt über den Verlust ihres Bahnhofs. Es entstanden Kommissionen und Einrichtungen, die sicherstellen wollten, dass »kein anderer Luckman« auf der Suche nach Effizienz die Symbole der Stadt New York zerstören würde.

Pennsylvania Station, New York (1910), McKim, Mead & White: Historische Postkarte (1911), Vorhalle, Gleisbereich (von oben nach unten)

17 »Penn Station had become an anachronism in the age of summertime air conditioning and wintertime heating. It was great for everybody except the people who used it.« Ebd., S. 339

Madison Square Garden (1968), Charles Luckman Associates: »The World's Most Famous Arena« und zugleich eines der meistkritisierten Bauwerke New Yorks

Luckman setzte sich jedoch nicht immer durch. Samuel Bronfman, ein wohlhabender Destillateur – sein Familienname bedeutet im Jiddischen »Mann des Likörs« –, der während der Zeit der Prohibition zum Millionär geworden war, beauftragte ihn mit einem Entwurf für den inzwischen berühmten Wolkenkratzer in der Park Avenue, den aber letztendlich Mies van der Rohe entwarf.

Bronfman, Inhaber des Unternehmens Seagram, wollte, dass Luckman einen Wolkenkratzer baut, der als Sockel für ein Schloss dienen sollte, das er kurz zuvor in England erworben hatte und das Stück für Stück in die USA verschifft wurde. Seine Tochter, Phyllis Barbara Lambert, war entsetzt, als sie den Entwurf sah. Sie schickte ihrem Vater einen Brief, der mit den Worten »No, no, no...« begann, und überzeugte ihn, Luckmans Entwurf nicht länger in Betracht zu ziehen. Auf der Suche nach Unterstützung suchte sie den damaligen Leiter der MoMA-Architekturabteilung, Philip Johnson, auf und kontaktierte den Architekten Mies van der Rohe.[18] Das Ergebnis war das Gebäude aus Bronze und Stahl, bis heute Symbol für die Wolkenkratzer von New York.

Luckmans Arbeit zeichnete sich nicht durch eine architektonische Sprache aus; seine Gebäude gingen nicht aufgrund ihrer Erscheinung in die Geschichte ein, sondern aufgrund seines Managements. Er wusste sie mit den Mitteln des Marketings zu verkaufen. Luckman definiert dies als eine Frage der Vermarktung: Man muss der Öffentlichkeit zeigen, dass die eigene Arbeit besser als die der Wettbewerber ist, unabhängig davon, ob man Zahnpasta, Seife oder Architektur verkauft.[19]

18 Hunch 10 – Mediators. The Berlage Institute report nº 10, S. 76; http://www.studiointernational.com/index.php/phyllis-lambert-and-the-canadian-centre-for-architecture. Abgerufen am 24.3.2013. Luckman selbst hingegen beschreibt die Ereignisse anders: Wie Anm. 1, S. 323 – 325

19 Luckman: »The art of marketing a product, a service, a person, or a company lies in determining and then advertising those things that are unique and distinctive. Whether you're selling toothpaste, soap, or an architectural firm, your special, individual experience is as important as any other single ingredient. You have to demonstrate to the public just what makes you different from, and better than, your competitors.« Ebd., S. 357

BILDER

WIE MAN DURCH
IKONISCHE BAUTEN UND
VERTRAUTE BILDER
ARCHITEKTUR VERKAUFT

Ein Gebäude, das durch Form, Farbe oder Struktur aus seiner Umgebung heraussticht, verwandelt sich zu einer Bühne, von der aus Botschaften transportiert werden. Das Gebäude liefert einen »Slogan« und wirbt für die Identität eines Unternehmens oder einer Gemeinschaft. Es bedient sich dabei der bekannten Symbole, Metaphern und Traditionen, um Verknüpfungen herzustellen.

Bauwerke, die eine solche Verbindung ermöglichen, lassen uns – vergleichbar mit den Verlinkungen im Internet – Gedankensprünge machen und in andere Bilder oder auch tiefer in bereits vorhandene Ideen eintauchen. Diese Bauten können einem Berg gleichen, eine Welle nachahmen oder die Form eines Firmenzeichens annehmen. Man nimmt eine bestimmte Verknüpfung wahr, und schon verbindet man damit das Außergewöhnliche, das Besondere und erkennt, dass ein Gebäude sich von der Masse abhebt. Das Bauwerk rückt in den Fokus der Öffentlichkeit und steigt im »Ranking« des Publikums auf.

Mit dieser Art Architektur kann der Auftraggeber seine Bekanntheit steigern. Exklusivität und Einzigartigkeit positionieren ihn auf eine besondere Art und Weise im Markt. Der Architekt wiederum kann damit eine außergewöhnliche Gestaltung rechtfertigen, auch wenn er weiß, dass er gewisse Rollenvorgaben des Kunden übernimmt und somit als »Schauspieler-Architekt« auftritt. Indem er ein Gebäude konzipiert, das einer fremden Identität entspricht, verschmilzt sein eigener Stil mit dem des Kunden.

Dieser orientiert sich an seinen Marketingvorgaben. Der Architekt hat dabei die Aufgabe, den Stil weiterzuentwickeln, um ihn in einem Gebäude sichtbar werden zu lassen – oder auch in einer Website, bis hin zu einem T-Shirt. Er ist auf der Suche nach einem Ergebnis, das sich von den übrigen unterscheidet und die Markenwerte des Kunden repräsentiert.

Die Schwierigkeit liegt darin, sich abzuheben, wenn alle einzigartig sein wollen. Doch je höher der Einsatz, umso spannender das Spiel. Im vergangenen Jahrhundert sollte sich ein Bauwerk als Wahrzeichen vom physischen Umfeld einer Stadt abheben: Es musste das höchste, das gewagteste oder das luxuriöseste der Stadt sein. Heute misst es sich nicht mit seinen physisch-realen Wettbewerbern, sondern muss in der virtuellen Welt des Internets bestehen. Es muss das höchste, das gewagteste oder das luxuriöseste »der Welt« sein. Genau diese Globalisierung erzeugt einen grenzenlosen Wettbewerb. Das Gebäude soll öffentliche Aufmerksamkeit erregen und auch noch für das, was das Unternehmen verkaufen will, den passenden »Slogan« auf den Markt werfen.

Architektur, die Verknüpfungen herstellt, schafft eine neue Generation ikonischer Gebäude. Sie ist eine Plattform nicht nur für die Produkte, sondern auch für die Identität und Werte des Kunden. Sie transportiert Bilder, sie verspricht eine glückliche Zukunft und wirbt somit für das beste, was ein Unternehmen zu bieten hat.

BILDER UND ARCHITEKTUR – ODER: WIE MAN EIN GUTER SCHAUSPIE-LER IST, IN HOLLYWOOD UND DER GANZEN WELT

Es gibt Architekten, die verkaufen ihre Arbeit über ihren Namen. Solche Profis sind auf einmal berühmt geworden und haben eine ähnliche mediale Bekanntheit wie Politiker oder Spitzensportler erreicht. Selbstbewusst stehen sie im Vordergrund, präsentieren ihre Werke und überzeugen scheinbar die ganze Welt. Sie sind auf der Suche nach der unmittelbaren Reaktion auf ihr Werk – im Entwurf wie im gebauten Resultat. Jedes ihrer Projekte oder Bauwerke erzählt eine Geschichte, hat eine Daseinsberechtigung, die sich mit wenigen Worten klar und direkt beschreiben lässt. Die Architekten erschaffen Bilder, um sich einer breiten Öffentlichkeit verständlich zu machen. So entstehen ikonische Bauten. Aber um die Massen zu erreichen und sie zu überzeugen – und um letzten Endes von ihnen anerkannt zu werden –, muss man sich ihnen annähern.

1 Zaera-Polo, Alejandro: La ola de Hokusai. In: Quaderns 245/April 2005. Deutscher Titel des Bildes von Hokusai: die große Welle vor Kanagawa

Der Architekt Alejandro Zaera-Polo (* 1963 in Madrid) erklärt die Simplifizierung seiner Projekte mit seinem Streben, die Bauträger zu überzeugen und der Lokalpresse Schlagzeilen zu bieten, wie er im Artikel »La ola de Hokusai« erklärt.[1]
Der Schlüssel bestehe darin, »eine Geschichte zu erzählen«, die die Leser davon überzeugt, dass ein bestimmtes Projekt trotz seiner Einzigartigkeit und Neuartigkeit, trotz einer fremden und außergewöhnlichen Formgebung und überhöhter Kosten eng mit der Tradition und den Menschen vor Ort verbunden ist. Darüber hinaus müsse man ihnen Gründe nennen können, die belegen, dass das Projekt nicht willkürlich gewählt wurde und es perfekt in seine Umgebung passt.

Zaera greift auf das Beispiel des Passagierschiffterminals von Yokohama (1995) zurück, sein erstes großes Bauprojekt, für das er einen Wettbewerb gewonnen hatte. Es wurde in Japan errichtet, wohin weder er noch seine damalige Ehefrau und Geschäftspartnerin Farshid Moussavi (* 1965 in Shiraz, Iran) irgendeine Beziehung hatten.

Sie hatten also einen Wettbewerb – dem eine internationale Jury vorstand, der auch sein ehemaliger Chef Rem Koolhaas angehörte – gewonnen. Die Medien und insbesondere auch die Politiker hatten allerdings Zweifel, dass zwei so junge Menschen wie dieser Spanier und diese Iranerin in der Lage sein würden, ein Projekt dieser Tragweite und Komplexität zu bewältigen.

Die große Welle vor Kanagawa
(1830), Katsushika Hokusai.
Japanischer Farbholzschnitt

Die im Februar 1995 abgehaltene Pressekonferenz in der Yokohama City Hall, die aufgrund der großen Erwartungshaltung der Medien, das Gewinnerprojekt kennenzulernen, zu einem Massenansturm führte, zerstreute jegliche Zweifel. Für die beiden Vortragenden ergab sich endlich die Gelegenheit, all das in die Praxis umzusetzen, was sie in jahrelanger akademischer Ausbildung gelernt hatten, und zu zeigen, was sie konnten. Entsprechend ausführlich starteten sie ihre Präsentation. Das anwesende Publikum – nicht nur Architekturexperten – wurde unruhig, hatte schnell genug von den technischen Exzessen und den Erklärungen. Die Medien wollten den Entwurf ohne Umschweife kennenlernen und die Konkurrenz interessierte sich nicht für die Verkehrskonzepte, geometrischen Umsetzungen oder Bautechnologie. Man wollte das Ergebnis sehen, das Gebäude. Man wollte wissen, was mit der Stadt geschehen würde. Zaera und Moussavi nahmen diese Nervosität wahr und entschieden sich, von ihrem vorbereiteten Skript abzuweichen.

Spontan griffen sie auf ein Bild zurück, das sie zunächst nicht in der Präsentation hatten verwenden wollen. »Es handelte sich um ›Die große Welle vor Kanagawa‹«, erklärt Zaera in dem oben erwähnten Artikel, »das Gemälde eines einheimischen Künstlers, das wir vor Augen hatten, als wir geometrische Veränderungen und mögliche Bauweisen erdachten.« Und so beschlossen sie, sich auf das Vertraute, auf das Unmittelbare, auf das wiedererkennbare Bild zu stützen. Sie erfanden die Geschichte, dass das, was sie wirklich inspiriert habe, das Bild der Welle von Hokusai gewesen sei, und erklärten das Kunstwerk zur Basis des Projekts. Durch diese Improvisation gelang es ihnen, einen bleibenden Eindruck zu hinterlassen.

Und die Reaktion der Zuschauer ließ nicht auf sich warten. Ein Ausruf des Erstaunens machte sich breit. Endlich gab es nach so viel detaillierter Fachinformation ein Bild, durch das sie sich mit dem Projekt identifizieren konnten. Der zukünftige

**Passagierschiffterminal
Yokohama** (1995), Alejandro
Zaera-Polo und Farshid Moussavi,
Foreign Office Architects

Terminal würde einer Welle gleichen, was natürlich Sinn ergab. Die Welle vor Kanagawa würde zur Welle von Yokohama. Von da an ernteten sie Applaus und Verständnis für alle Argumente, die sie vortrugen.

Das Bild schien den Architekten geeignet, die Komplexität des Projekts zu rechtfertigen, das nunmehr kaum anders zu interpretieren war als auf die Weise, die seine Schöpfer vorgeschlagen hatten. Ihren Erfolg verdankten sie also einer einfachen Metapher.

Zaera wurde sich der Macht des Bildes, der Metapher und ihres Nutzens als »Instrument« bewusst, mit dem sich Menschen überzeugen ließen. So entschied er sich, sie in die Konzepte seiner Projekte zu integrieren, indem er vor allem »Ikonografien von lokaler Bedeutung« einband, um sich mit den jeweiligen Politikern zu verstehen und so Aufträge zu akquirieren. Mit dieser Strategie wurde er überall auf der Welt zu einem »einheimischen« Architekten und war in der Lage, Vorhandenes mit einem Blick von außen zu betrachten und zu analysieren. Gleichzeitig hatte er damit auch die perfekte »Ausrede«, wenn es um die Abwehr von Budgetkürzungen und die Planung riskanter Lösungen ging, die in einem anderen Kontext nur schwer akzeptiert worden wären.

Mit dem Bild der Welle hatte er den Nagel auf den Kopf getroffen. Von da an versuchte er jedes seiner Projekte mit einem starken Bild zu verknüpfen. So wurde das Bürogebäude der Polizei von Villajoyosa mit einem fünfeckigen Grundriss umgesetzt – als eindeutige Anspielung auf das Pentagon in Washington – und seine Außenwände wurden aus Beton mit kreisrunden Löchern gestaltet. Damit sollten Maschinengewehrsalven simuliert werden, abgefeuert von einem Anwohner, der wütend über zu viele Strafzettel fürs Falschparken war. Den Entwurf für das Gebäude der BBC rechtfertigte er damit, dass er aussehe wie eine Filmkamera, die von einem gefalteten Filmstreifen durchquert werde. Ebenso verglich er das neue Olympiastadion für London 2012 mit dem muskulösen, durchtrainierten Körper eines Bodybuilders und stellte einen Entwurf für Ground Zero von New York vor, der aus ineinander verflochtenen und aneinander angelehnten Gebäuden bestand. Der Leitspruch hier lautete »united we stand«. Um seine Argumentation zu untermauern, stützte er sich auf Abbildungen von sogenannten Castells, Menschenpyramiden, wie sie in Katalonien üblich sind und die die Einheit des Volks repräsentieren.

Unbewusst verwandelt er sich je nach Situation in einen Schauspieler, der eine Rolle spielt, über die er so viele Anhänger und Öffentlichkeit wie Aufträge erreichen will. Seine Sprache passt er an jede Herausforderung, an jede Umgebung an. Schlüpft man in eine Rolle, muss man sie überzeugend spielen. Er legt Make-up auf und macht mit seinen »Film-Bauwerken« Angebote an sein Publikum. Er weiß, dass es nach Action und Spezialeffekten verlangt, wenn es zur Kinokasse strömt. Es sucht nach etwas Spektakulärem, aber mit einfacher Handlung. Ist das Drehbuch zu kompliziert, fühlt sich der Zuschauer verloren und der Erfolg bleibt aus.

Zaera will seine Zielgruppe überzeugen – ein unerlässlicher Faktor für große Aufträge. Um dies zu erreichen, verzichtet er auf einen professionellen Habitus, verschleiert seine theoretischen Ansätze und zeigt seinem Publikum nur das, was es interessiert. Davon haben alle etwas. Er entwirft das Gebäude, das ihm gefällt, bietet der Öffentlichkeit den »Spezialeffekt«, den es braucht und der zum Stolz der ganzen Stadt wird. Und alle fressen dem Politiker, der ein solches Gebäude in Auftrag gegeben hat, aus der Hand.

William Pereira (* 1909 in Chicago, † 1985 in Los Angeles) war der Prototyp des »Schauspieler-Architekten«. Zu jeder Gelegenheit konnte er in eine andere Rolle schlüpfen, und schon allein durch seine Präsenz vermittelte er so viel Sicherheit, dass man ihm Projekte anvertraute. Neben seiner Tätigkeit als Architekt unterrichtete er an der USC (University of Southern California). Viele Jahre lang war er Partner von Luckman, mit dem er an der Universität von Illinois studiert hatte (siehe Marketing, S. 30ff.).

William Pereira. Time vom 6. September 1963

Pereira sticht vor allem aufgrund seiner Beziehung zur Welt der darstellenden Künste heraus, zu der er sich schon seit seiner Studienzeit besonders hingezogen fühlte. Er finanzierte sich sein Studium nicht von ungefähr durch Illustrationen und Anzeigen und als Bühnenmaler am Theaterseminar der Universität. Nach seinem Abschluss war er im Architekturbüro Holabird Root tätig, mit denen er am Masterplan für die Expo in Chicago von 1933 arbeitete. Schon nach kurzer Zeit verließ er das Unternehmen und tat sich bald darauf mit seinem Bruder Hal, einem Schauspieler und Maler, zusammen, um das Architekturbüro Pereira & Pereira zu gründen. Sie gestalteten Theater um und bereiteten Bühnenbilder vor. Man beauftragte sie »zu Dutzenden«, in bis zu 26 verschiedenen Staaten, wie er in seiner Biografie berichtet.

Zu dieser Zeit gehörten die Kinos den bedeutenden Filmproduzenten aus Hollywood. Pereira arbeitete für Balaban & Katz, eine Abteilung der Paramount Filmstudios. Unter den neu gestalteten Kinos ist besonders das Esquire Theatre in Chicago zu nennen. Es befand sich in der 58 East Oak Street und war durch seinen Art-Déco-Stil beim Publikum beliebt. Die Eröffnung des Kinos fiel mit der Premiere des Films »Vom Winde verweht« zusammen. Er spielte so viel Geld in die Kassen wie kein anderer Film zuvor und wurde zu einem bisher noch nie dagewesenen Massenphänomen. Der Saal war täglich gut besucht, obwohl dieser Erfolg wohl kaum Pereiras Dekorationen zugeschrieben werden kann. Pereira gelangte zu der Überzeugung, sein Glück in Hollywood zu versuchen. Dort wurden damals die großen Produktionen entwickelt. Dort saß die Macht. Dort konnte ein Schauspieler wie er berühmt werden.

Für seine Ehefrau, das Fotomodell Margaret McConnell – bekannt als erste Frau, die für Coca-Cola und auch Camel-Zigaretten warb –, war der Umzug ebenfalls ein willkommener Tapetenwechsel. Sie wollte sich der Schauspielerei widmen und sich in der Filmbranche etablieren.

Pereiras erster Auftrag in Los Angeles war ein neues Filmstudio für Paramount. Er wollte den Betrieb von Filmstudios verstehen. Er wollte herausfinden, worauf es ankam, und begann bei den Dreharbeiten dabei zu sein. Nur so konnte er etwas entwickeln, was seinen Auftraggebern wirklich nutzte. Er war der Ansicht, dass er »das ganze Umfeld in sich einsaugen«, sich derselben Methoden wie die Schauspieler bedienen musste, um »die Situation zu durchdringen« und mit diesen Erkenntnissen ein Gebäude zu entwerfen. Der Architekt war schließlich täglich am Filmset und äußerte sich zu den Kulissen.

2 englischer Originaltext in: Steele, James (Hrsg.): William Pereira. Los Angeles 2002, S. 18

»Er bereitete sich auf den Auftrag vor, indem er in die Filmgeschichte eintauchte, die er später stets als Vorlage für seine Recherchen nutzte. Sein Eifer beeindruckte den Direktor des Filmstudios, der ihn zum künstlerischen Leiter von Paramount erklärte.«[2]

Es lief so gut, dass er sogar einen Oscar für die Spezialeffekte im Film »Reap the Wild Wind« aus dem Jahr 1942 erhielt, dessen deutsche Fassung unter dem Titel »Piraten im karibischen Meer« erschien. Der Regisseur war Cecil B. De Mille, und unter den Darstellern befand sich der damals noch sehr junge John Wayne. Der Film handelte von Schatzsuchern auf in der Karibik gesunkenen Schiffen. Pereira verwendete blaue Modelle und Leinwände, um das Meer und seine Bewohner darzustellen. 1944 wurde er Produktionsdesigner der Filme »Jane Eyre« und »Als du Abschied nahmst« (Originaltitel: Since you went away). Außerdem trat er als Produzent von »Johnny Angel« (1945) und »Morgen und alle Tage« (1946) in Erscheinung.

Obwohl er sich dem Kino widmete, gab er die Architektur nie ganz auf. Und bei seinen späteren Architekturprojekten entschied er sich, das anzuwenden, was er während der Dreharbeiten gelernt hatte: die Kameraführung, die Bildregie, die Bildaufteilung, die Aufnahmetiefe, die Meinung des Publikums. Er erzählte eine Geschichte und bereitete sich dafür so vor wie die Schauspieler für ihre Rollen. Er sah, wie sie sich jedes Mal wieder neu erfanden, und entschloss sich dazu, diesen Grundsatz auf die Architektur zu übertragen.
Mit dem Entwurf des Tuberkulosezentrums von Lake County in Waukegan, Illinois, setzte er sein Vorhaben erfolgreich in die Tat um.
Statt Beispiele und Typologien von Gebäuden zu studieren, entschied er sich, drei Monate in einem Sanatorium zu arbeiten. Da er täglich mit Ärzten und Patienten zu tun hatte, erfuhr er aus erster Hand, was für sie wirklich wichtig war. Wie ein Schauspieler, der seine Rolle vorbereitet, versuchte er am eigenen Leib zu erfahren, was er später in seiner Architektur umsetzen sollte. Sein Entwurf wurde angenommen, allerdings nicht aufgrund der Komposition oder der Zeichnungen. Er hatte das Vertrauen des Kunden gewinnen können, weil er inzwischen dessen Sprache sprach. Er hatte es geschafft, »einer von ihnen« zu werden, und war so das Sprachrohr für ihre Bedürfnisse, hatte aber gleichzeitig den Auftrag, diese zu erfüllen. Die Öffentlichkeit war von seiner Art zu reden und seiner Präsenz begeis-

tert. Darüber hinaus gelang ihm ein funktionales Gebäude, das dazu architektonische Bedeutung erlangte. So wurde sein Sanatorium Teil der Ausstellung »Built in U.S.A. – 1932–1944« im MoMA in New York.

Während dieser aufregenden Tätigkeit zwischen Kino und Architektur musste er seinen Militärdienst absolvieren. Als der Krieg ausbrach, wurde Pereira aufgrund seiner Kenntnisse über Bühnenbild und Bühnenmaschinerie zu einem Fachberater für Tarntechniken. Er kannte sich aus, wenn es darum ging, etwas zu verschleiern, zu integrieren, unsichtbar zu machen und die Realität zu simulieren. Denn Tarnung besteht nicht nur darin, in der Umgebung »zu verschwinden«, sondern auch darin, Falschinformationen zu verbreiten und den Feind bewusst zu täuschen.
Er bediente sich großer Modelle und Requisiten, um den Gegner zu verwirren. Er überflog mehrmals die Westküste von Kanada bis Mexiko, um Pappkameraden zu suchen, die er selbst entworfen hatte. Beim Überfliegen dieses Gebiets konnte er sich ein Bild davon machen, welch große Veränderungen dort vor sich gingen. Die Städte wuchsen unkontrolliert, und in seinen Augen herrschte das unorganisierte Chaos. Er dachte darüber nach, wie die Bebauung auf dieser Fläche wachsen könne. Aus der Vogelperspektive betrachtet wurde deutlich sichtbar, dass die gesamte Landschaftsplanung ausschließlich auf den Autoverkehr ausgerichtet war. Als er später dieses Gebiet erschließen und Universitätsgelände entwerfen sollte, suchte er nach einer Lösung, wie er den Menschen den Vorrang geben konnte, ohne dabei jedoch seine Bauwerke zu sehr in den Hintergrund treten zu lassen.

Pereira: »Ich bekam einen Eindruck davon, welche Tragödie die Hals-Über-Kopf-Planungen nach sich zogen, von dem unmöglichen Verkehr, von der extremen Unordnung, die sie zur Folge hatten«. Auf den Stadtplänen »erblickte ich plötzlich die Venen und Arterien unserer Städte, ich sah all die Mängel, zählte die begangenen Fehler.«[3]

Durch seine Beziehungen in Hollywood konnte er weitere bedeutende Projekte realisieren, wie beispielsweise das Motion Picture Country House in Woodland Hills im San Fernando Valley. Es war als eine Art Seniorenresidenz mit angeschlossenem Krankenhaus gedacht, in dem mittellose Künstler aus Hollywood unterkommen sollten. Die dahinter stehende Organisation wurde es in den 20er-Jahren des vorigen Jahrhunderts gegründet worden, unter anderem von damaligen Stars wie Charlie Chaplin, Douglas Fairbanks oder D.W. Griffith, und die gesamte Filmszene beteiligte sich am Unterhalt der Anlagen. Auf dieses Projekt folgten das Pan Pacific Theatre von Los Angeles und das Krankenhaus von Lake County in Hobbs, Neu-Mexiko. Mit seinem Ruhm wuchs auch die Zahl seiner Aufträge.

Kalifornien war eine Region, die wirtschaftlich expandierte und in der sofort nach Kriegsende Goldgräberstimmung herrschte, überall wurde gebaut. Hier befanden sich auch die Firmensitze der Luftfahrtindustrie, der zukünftigen Computerfirmen

3 Pereira: »I got a view then of the tragedies of helter-skelter planning, of the impossible traffic, the sprawling disorganization,‹ he says. The plans of the cities were turned over to him, and ›suddenly there I was staring at the veins and arteries of our cities, looking for the flaws, counting the mistakes.‹« The man with the plan. In: Time, 6. September 1963

und der Filmunternehmen, die das Fernsehen mit sich brachten. Auch Charles
Luckman muss dieses Potenzial erkannt haben, als er Partner von William Pereira
wurde und gemeinsam mit ihm ein Architekturbüro in Los Angeles eröffnete (siehe
Marketing, S. 30ff.).

Das Tandem Pereira/Luckman bestand acht Jahre lang. Sie waren hinsichtlich der
bei ihnen beschäftigten Architekten und der Höhe der Umsätze eines der größten
Büros des Landes und entwarfen bedeutende Bauprojekte: von den Studios der CBS
Television City bis hin zur Raketenstartbasis von Cape Canaveral oder dem Flughafen von Los Angeles. Als die Aufträge immer zahlreicher wurden, entschied sich
Pereira jedoch auszusteigen. Ihm war klar geworden, dass sie es weit gebracht hatten – das Angebot ihres Architekturbüros aber eher dem einer Unternehmensberatung ähnelte als dem eines Architekten. Er verkaufte seinen Anteil an Luckman und
fing mit einer halben Million Dollar in der Tasche wieder von vorn an. Kleiner, aber
mit einer viel mutigeren Architektur.

4 Pereira: »The businessman who
hires us, doesn't need another
businessman to do the work – he
needs an architect.« The man with
the plan. Ebd.

»Der Geschäftsmann, der uns engagiert, braucht keinen zweiten Geschäftsmann,
der seine Arbeit erledigt – er braucht einen Architekten.«[4]

In dieser neuen Phase setzte Pereira auf Außergewöhnliches, allerdings ohne einen
aufgezwängten Stil oder eine formale Kontinuität. Er versuchte, mit seinem Werk
eine eigene Sprache zu schaffen, wiedererkennbare Gebäude, die sich von der
Gleichförmigkeit abheben würden. Und dies gelang ihm bei vielen Gelegenheiten.

Die erste ergab sich 1959 mit dem Bau des Flughafens von Los Angeles, LAX.
Pereira entwarf den Masterplan für die gesamte Region, der Bau des Theme Buildings bereitete ihm persönlich dabei ein besonderes Vergnügen. Die Idee war, alle
Terminals wie um eine Nabe herum unter einer großen Glaskuppel miteinander
zu verbinden. Diese Kuppel sollte die Idee des Zentralen unterstreichen und dem
Flughafen gleichzeitig etwas Einzigartiges verleihen, das die Passagiere als Erinnerung an LAX mit nach Hause nehmen konnten. Das Gelände wurde jedoch neu
organisiert und die Terminals in der Folge an anderer Stelle errichtet.
Die riesige Nabe, die er konzipiert hatte, wurde verkleinert und zum Theme Building, das aussah wie eine fliegende Untertasse kurz vor dem Abheben. Da es von
einem großflächigen Parkplatz umgeben war, erschien es zerbrechlicher, als es
eigentlich war.

Das »UFO« wurde inzwischen zu einem Bistro verkleinert, das mit seinem futuristischen »Retrobühnenbild« von Walt Disney an Filmkulissen erinnert. Das
Gebäude hat einen Aussichtspunkt, von dem aus Besucher den Abflug der Flugzeuge beobachten können.

Obwohl der Originalentwurf auf James Langenheim, Architekt des Büros Pereira &
Luckman, zurückgeht, ist Pereira die Seele des Projekts. Man könnte fast sagen,

Theme Building (1961), Flughafen Los Angeles, Pereira & Luckman und James Langenheim. In der ab 1962 produzierten Zeichentrickserie The Jetsons, die in der Zukunft spielt, verwendet man u. a. das Bild des Theme Buildings zur Darstellung der futuristischen Welt.

Pereira hoch zwei, da sein Bruder Hal Pereira gleichermaßen beteiligt war. Er war mit William nach Los Angeles gekommen und hatte ebenfalls beim Film angefangen. Im Gegensatz zu William blieb er schließlich künstlerischer Leiter und machte mit so berühmten Filmen wie »Frühstück bei Tiffany« oder »Das Fenster zum Hof« Karriere; 1954 wurde er mit dem Bühnenbild des Films »Krieg der Welten« beauftragt.

William Pereira wollte den Passagieren des Flughafens wirklich großes Kino bieten und entwarf zu ihrer Begrüßung ein UFO. Es hat galaktische Züge, ist aber auch ein Wahrzeichen, das man sofort wiedererkennt. Die Postkarten, die das Gebäude ziert und die bis heute in Los Angeles verkauft werden, sind der Beweis dafür, dass sein Konzept aufging.
Im Lauf der Zeit spezialisierte sich Pereira auf die Konzeption markanter Bauten. Von seinen Kunden wurde er wegen seiner Ausdrucksfähigkeit beauftragt, aber vor allem auch wegen seiner Gabe, öffentliche Aufmerksamkeit zu erregen.

Mit einer expressiven Formgebung kann man sich vom Durchschnitt abheben und gewissermaßen ein Statement abgeben. In einem eintönig bebauten Umfeld wirkt das wie eine Kampfansage an die Umgebung. Diese Ankündigung lässt vermuten, was im Inneren folgen wird. Pereiras Strategie besteht darin, Einzigartiges zu schaffen, um dafür zu werben, was sich innerhalb eines Gebäudes abspielt. Er will ein Bild schaffen, das sogar die Grenzen des Bauwerks selbst überschreitet. Damit tut er alles für das Unternehmen, das es errichten lässt: Das kühne, neuartige, futuristische Bild des Gebäudes überträgt eben diese Eigenschaften auf das Bild des Unternehmens. Die Architektur ist damit nicht länger nur ein konstruiertes Objekt, sondern vermittelt immaterielle Werte, wie den Wert der Marke, die sie repräsentiert. Mit einem ausgefallenen Gebäude, das nicht einmal besonders groß sein muss, kann ein Unternehmen oder eine Organisation somit seine »Fassade«, sein Image, aufwerten.

So kam es, dass Pereira den Auftrag für den Bau der Bibliothek der Universität von Kalifornien in San Diego erhielt. Er hatte bereits im Jahr 1957 im Rahmen der Entwicklung des Masterplans für den universitären Campus in Irvine für die UCSD gearbeitet. Damals hatte man ihn darum gebeten, Bereiche für die zukünftige Erweiterung der Universität im Verwaltungsbezirk von San Diego zu finden. Genau auf einem dieser Grundstücke, dessen Kauf er empfohlen hatte, wurde 18 Jahre später schließlich die Zentralbibliothek der Universität gebaut. Der Ort befand sich mitten auf dem Campus und sollte ein Symbol für das akademische Niveau der Universität und ihre Forschungsleistungen werden.

Zunächst wurde das Gebäude wie folgt geplant: Auf 300 000 Quadratmetern sollten 2,5 Millionen Bücher untergebracht werden. Für die Form des Gebäudes setzte Pereira auf eine gigantische Kugel, die sich über dem Boden »schwebend« in 5 Etagen aufteilen sollte, um die verschiedenen Sammlungen der Bibliothek zu beherbergen. Der Entwurf wurde aus Kostengründen und weil zu viel Raum ungenutzt blieb, abgelehnt.

Geisel Library. Zentralbibliothek der University of California (UCSD), San Diego (1970), William Pereira

Pereira passte den Entwurf an, indem er die Pfeiler verstärkte und auf die ursprünglich geplante Ummantelung verzichtete, die das Gebäude in Form einer Kugel einhüllen sollte. Jetzt wuchsen die Auskragungen treppenförmig zunächst nach außen und dann wieder nach innen. Er behielt die fünf Stockwerke bei und fügte zwei weitere unter Straßenniveau hinzu. Dort lagen der Eingang und die Verwaltung, sodass der schöne Ausblick den Studenten vorbehalten blieb. Das Ergebnis ist ein Gebäude, das durch seine starke Struktur und seine gewaltige Form Respekt einflößt. Alle Elemente sollten von Anfang an dazu dienen, ein bestimmtes Bild zu schaffen, auch wenn dies die Funktionalität des Gebäudes beeinflussen könnte. Pereiras besondere metaphorische Erklärung des Gebäudes machte aber jegliche Kritik in Bezug auf die Verhältnismäßigkeit des Baus oder die Notwendigkeit eines leblosen Platzes mit Arkaden zunichte: »Kraftvolle und starke Hände, die das Wissen selbst hochhalten«.[5] Die Metapher setzte zugunsten des Bildes alle anderen Überlegungen außer Kraft. Das ist der Effekt von ikonischen Bauwerken.

Bei der Analyse von Pereiras Werk lässt sich keine formale Kontinuität feststellen. Er schien für jedes Projekt und für jeden Kunden eine individuelle Antwort zu haben und ging dabei mit der Strategie eines Filmschauspielers vor: Er nahm die unterschiedlichsten Rollen an, die es bestmöglich zu interpretieren galt. Das Wichtigste dabei war, sein Publikum über das Bauwerk zu erreichen. Genau das versuchte Pereira, als er 1972 den Wolkenkratzer Transamerica Pyramid entwarf: Er wollte die Menschen berühren. Dieser Wolkenkratzer, der häufiger in Filmen als in Architekturbüchern zu sehen ist, wurde zum Wahrzeichen der Skyline von San Francisco. Das nach oben spitz zulaufende Gebäude ist 260 Meter hoch und hat

5 Pereira: »Powerful and permanent hands that are holding aloft knowledge itself«. Wie Anm. 2, S. 148

Transamerica Pyramid,
San Francisco (1972), William
Pereira

48 Stockwerke für Büros, seine Grundfläche ist quadratisch. Es ist grazil, solide, aber wirtschaftlich wenig effizient. Durch die Verjüngung nach oben hin reduzieren sich die Grundflächen dieser Geschosse – gerade derjenigen, die sich am besten verkaufen oder vermieten lassen. Allerdings ist es ein weithin sichtbarer Bau. Vergleichbar mit dem Agbar-Turm in Barcelona in Form einer »Patronenhülse« oder mit dem Londoner Büroturm der Swiss Re, im Volksmund »The Gherkin«, Essiggurke, genannt, unterscheidet es sich stark von den übrigen Gebäuden und wird von den Menschen »die Pyramide« genannt. Ein gutes Zeichen – denn die Menschen geben einem Gebäude nur dann einen Spitznamen, wenn es wirkt, wenn es die Bürger berührt und wenn sie mit seinem Anblick etwas Bestimmtes verbinden.

Es war nicht leicht, den Auftrag zu erhalten. Pereira hatte dem Kunden neun verschiedene Entwürfe vorgelegt und schlug als letztes die Pyramide vor. Er wollte den dramatischen Effekt, wollte mit einem Happy End überraschen und so den Auftrag gewinnen. Damit überzeugte er den Auftraggeber schließlich und konnte seinen Plan realisieren.

Tatsächlich handelte es sich beim Gewinnerentwurf um einen, den er ursprünglich für New York vorgesehen hatte, der Vorschlag war aber vom Vorstand der ABC abgelehnt worden. Viele Jahre waren vergangen, bis er nun seinen Vorschlag endlich umsetzen konnte.

Es gab viel Widerstand und Kritik in der Nachbarschaft aufgrund der Höhe und der fehlenden Integration des Gebäudes. Pereira verstand die Kritik nicht, hatte er doch niemals die Absicht, dass seine Entwürfe mit anderen Bauten harmonieren sollten. Diese Objekte hätten überall stehen können. Seine »Raumschiffe« waren in jeder Umgebung bereit zur Landung. Schließlich zeigte er sich kompromissbereit und reduzierte in der Umsetzung die ursprünglich vorgesehene Zahl von 55 Etagen auf 48. Außerdem erhielt er die Vorgabe, einen kleinen Park am Fuß des Gebäudes zu planen, damit es sich in die Stadt einfügte. Das Bauwerk verlor dadurch aber trotzdem nichts von seiner Strahlkraft. Mit seinem raketenähnlichen Aussehen wirkte es wie ein Zeugnis aus einem Science-Fiction-Film.

Pereiras größter Kritiker war ein Journalist des San Francisco Chronicle, Allan Temko – ein flammender Verteidiger seiner Stadt, der jeden angriff, der sie seiner Meinung nach in Gefahr brachte. Er erhielt 1990 den Pulitzerpreis für Kritik.[6] Neben Pereiras Architekturverständnis stellte Temko dessen Persönlichkeit ins Zentrum seiner Kritik. Er beschreibt ihn als die »Hollywoodversion« eines Architekten und erwähnt seinen Lebensstil sowie seine Erscheinung, »seine ausgesprochene Vorliebe für Bentleys und Geschäftsreisen mit dem Flugzeug, seine exquisite schwarz-weiße Kleidung und die ewigen Blondinen und Briten, die ihn zu umgeben schienen.«[7] In einem Beitrag in der Zeitschrift TIME stellt er ihn als Filmstar mit divenhaften Zügen dar:

»Der schwarz-graue Bentley schlängelte sich entlang des Santa Ana Freeways gen Süden aus Los Angeles hinaus, entkam dem Verkehr und erklomm zügig eine

---

6 Er taucht darüber hinaus im Buch »On the Road« von Jack Kerouac in der Figur des Roland Major auf.

---

7 »[...] his perchant for Benleys and Lear Jet travel, his preferential dress in black and white, and the perennial blondes and British that seemed to surround him.« Boyer Sagert, Kelly: The 1970s. Westport 2007, S. 89

Bergstraße, die mitten durch die Landschaft führte. Am Lenkrad saß eine wohl-proportionierte, brünette Schönheit – Sekretärin, Assistentin und Teilzeitchauffeurin des Mannes, der auf der Rückbank saß und über einen eingebauten Stereo-Kassettenrecorder Mantovani hörte. Das Auto hielt an der Spitze des Berges an, wo ein Freund wartete. Der attraktive, etwa einen Meter achtzig große Mann mit blauen Augen, schweren Lidern und dem Schneid eines Schauspielers stieg aus. Der Wind durchwühlte sein welliges, eisengraues Haar, als er über den Landstrich Irvine Ranch mit seinen nicht enden wollenden Weideflächen und Zitrushainen, die sich bis an den Pazifik schmiegten, blickte. ›Genau dort werden wir eine Stadt für 100 000 Einwohner bauen‹, sagte er (Pereira), als er auf das Gebiet zeigte.«[8]

Wie kein anderer verkörperte Pereira den Glamour, den man einem Architekten aus Hollywood unterstellte. Das Bild der Traumfabrik übertrug er konsequent auf sich selbst, und es gelang ihm, diesen Zauber, eine Symbiose aus Verführung und Schein, den Kunden zu verkaufen. Er nahm sie mit in seine elegante Welt, damit sich der Glamour dann auf seine Entwürfe übertrug.
Pereira schaffte es schon als sehr junger Mann, sich von anderen abzuheben. Stets interessierte er sich für die Welt der Stars und des Scheins. Seine Strategie war es, Bilder und Symbole zu verwenden, ohne auf einen formalen Stil oder den Einsatz bestimmter Materialien zurückzugreifen. Er versuchte, Objekte mit Wiedererkennungswert zu schaffen. In einem Interview, das er kurz vor seinem 30. Geburtstag gab, wurde er als »William the Conquerer« angesprochen.

Wichtiger als sein Werk scheint Pereira sein öffentliches Auftreten gewesen zu sein. Dass die mediale Aufmerksamkeit auch heute – und durchaus im positiven Sinn – eine wichtige Rolle spielen kann, zeigt sich u.a. beim Dänen Bjarke Ingels (* 1974 in Kopenhagen). Auch Ingels weiß, wie er sich gegenüber den Medien zu verhalten hat und wie er sowohl über seine Person als auch durch seine Entwürfe Aufmerksamkeit erreicht.

Ingels erobert wie Pereira die Öffentlichkeit. Außerdem verkörpert er den sozialen Erfolg. Doch die Zeiten haben sich geändert. Gaben früher noch Hollywood und seine Schauspieler die Trends vor, sind es heute die Multimillionäre des Internets. Gemeint sind Personen, die innerhalb kürzester Zeit über die Programmierung von IT-Anwendungen wie Google (Sergey Brin und Larry Page) oder Yahoo (Jerry Yang) Millionen von Dollar verdient haben. Obwohl sie über das Netz die Welt verändern können, gehen sie alle mit Hemd und Turnschuhen arbeiten, also mit derselben »Businessuniform« wie Ingels.

Heute wird man nicht mehr berühmt, weil man einen Oscar gewonnen hat oder einen Bentley fährt; die Welt ist aseptischer und professioneller geworden. Heutzutage legt Google fest, wer im Ranking ganz oben steht. Ingels ist ein mediales Phänomen. Gibt man das Kürzel der Bjarke Ingels Group (BIG) – bei google.es ein, erscheint der Name seines Büros an erster Stelle, noch vor Big Ben, Bing

8 »The black and grey Bentley snaked south out of Los Angeles along the Santa Ana Freeway, shook free of the traffic, and began to climb fast on a mountain road through the open country. At the wheel was a shapely brunette beauty-secretary, assistant and part-time chauffeur to the man in the back seat listening to Mantovani on a built-in stereophonic tape recorder. The car stopped on the mountaintop, where a friend was waiting; the man got out, a trim 6 feet with heavy-lidded blue eyes and an actor's dash. The wind riffled his wavy, iron-grey hair as he gazed out over Irvine Ranch, the miles and miles of grazing land and citrus groves rolling down to the Pacific. ›Right about there we're going to put a city of 100,000 people‹, he (Pereira) said, pointing.« Wie Anm. 3

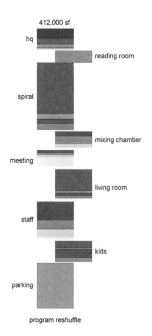

412,000 sf

hq

reading room

spiral

mixing chamber

meeting

living room

staff

kids

parking

program reshuffle

Zentralbibliothek, Seattle (2004),
Rem Koolhaas/Joshua Prince-
Ramus (OMA), LMN: Entwurfsdia-
gramme und Skizze: Die Bibliothek
als »holistic environment«, bei der
das konventionelle Programm zu
einer Folge choreografierter Erleb-
nissequenzen ausgearbeitet wird.

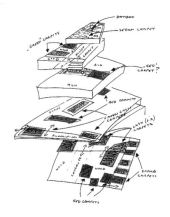

Bang, vor dem gleichlautenden Filmtitel von Tom Hanks, Big Mac oder vor dem Sänger Notorius B.I.G. Es ist zwar kaum zu glauben, doch auf der Ergebnisliste mit 948 000 000 Einträgen steht der Name eines Architekten, der gerade Ende 30 ist, der bereits mehr als 100 Angestellte hat und aus einem Land mit nur fünf Millionen Einwohnern kommt, ganz vorn. Seine Bekanntheit überschreitet lokale und nationale Grenzen, um sich in die Tiefen des Netzes auszudehnen. Dort gehört er zu den führenden Persönlichkeiten.

Die Frage sei erlaubt, wie Ingels es in derart kurzer Zeit geschafft hat, so bekannt zu werden. Die Antwort ist offensichtlich: Er nutzt, wie Pereira, Bilder. Er entwirft Symbole und Modelle, die er später in jedem Umfeld wiederholen kann, indem er sie an den jeweiligen Kontext anpasst. Mit dem Unterschied, dass er seinen Handlungsspielraum über die Welt des Kinos hinaus auf Comics, Videospiele und das Internet erweitert.

Und tatsächlich wollte der Däne, als er die Schule beendet hatte, eigentlich Komikzeichner werden. Da es dafür allerdings kein reguläres Studium gab, nahm er ein Architekturstudium an der Royal Danish Academy of Fine Arts auf. Mit der Zeit gefiel es ihm dort, insbesondere seit er 1998 ein Praktikum im Architekturbüro von Rem Koolhaas absolviert hatte. Nach seinem Studienabschluss ging er in die Niederlande zurück und arbeitete von 1999 bis 2000 für Koolhaas. Er hatte die Gelegenheit, bei der Bibliothek von Seattle mitzuwirken, und lernte dabei seinen zukünftigen Partner Julien de Smedt (* 1975 in Brüssel) kennen.

Die Arbeit an einem Bibliotheksprojekt stellte damals eine echte Herausforderung dar. Seattle war die Wiege der Informationstechnologie, Sitz von Firmen wie Microsoft und Boeing. Es war die Blütezeit der Dotcom-Unternehmen, kurz vor dem Platzen der Internetblase im Jahr 2000. Eine Bibliothek, also etwas Physisches, zu einem Zeitpunkt zu bauen, zu dem das gesamte Umfeld auf das digitale Buch und das Internet setzte, erforderte viel Recherchearbeit für den Entwurf, um letztendlich dem Auftraggeber Rede und Antwort stehen zu können. Die Architekten um Koolhaas mussten überlegen, ob eine Bibliothek eine sinnvolle Investition in die Zukunft war. Wenn das gesamte Wissen im Netz zu finden ist, welchen Nutzen konnte sein Bauwerk dann der Gesellschaft bringen? Ingels lernte, die Dinge kritisch zu hinterfragen und bewährte Prinzipien in Frage zu stellen.

Im Jahr 2000 kehrte er in Begleitung von Julien de Smedt in sein Heimatland Dänemark zurück, fasziniert von den neuen Technologien des Internetzeitalters und mit vielen Ideen im Gepäck. Aber er wusste noch nicht, wie er sein gesamtes Potenzial und die innovative Art zu planen, die er von Koolhaas gelernt hatte, umsetzen konnte.

Um Architektur zu schaffen, um die Macht und die Freiheit der Projektentwicklung ausleben zu können, braucht man viele Jahre Berufserfahrung. Doch sie

wollten nicht warten. Sie stürzten sich in das Abenteuer, einen Film zu machen, um ihre Vorstellung von Architektur zu präsentieren. Sie wollten Kino machen, ohne einen neuen Film zu drehen, sie wollten Filmmaterial verwenden, das es schon gab, um ihre eigene Geschichte zu erzählen. Auf diese Weise standen ihnen die besten Schauspieler wie beispielsweise Jack Nicholson »zur Verfügung«. Indem sie Szenen neu zusammenschnitten, erschufen sie eine neue Geschichte. Der Film sollte genau so produziert werden, wie sie ein Gebäude entwickeln würden: Systeme und Materialien kombinieren, um ihnen eine neue Bedeutung zu geben.

Ingels: »Wir hatten beide die Idee, einen Film so zu drehen, wie wir ein Gebäude entwickeln würden. Wenn man Architektur erschafft, schneidet man einen Berg nicht aus einem Marmorblock aus, sondern stellt eine Menge vorhandener Systeme zusammen. Es geht darum, wie man die Dinge zusammenfügt, wie man all die verschiedenen Elemente aus dem Katalog sortiert, auf eine neue Art und Weise, sodass sie etwas Besonderes ergeben.«[9]

Sie beantragten unterschiedliche Förderungen zur Finanzierung des Films. Doch die Institutionen, an die sie sich wandten, wollten sie nicht unterstützen. Glücklicherweise nutzten sie die Zeit des Wartens, um an Wettbewerben teilzunehmen, von denen sie bei dreien völlig überraschend den ersten Platz erreichten. Sie entschlossen sich, das Filmprojekt hintenanzustellen, um ihr Architekturbüro mit dem Namen PLOT zu gründen. Das Abenteuer dauerte fünf Jahre, bis sie sich im Jahr 2006 trennten und jeder von ihnen ein eigenes Büro aufmachte: BIG (Bjarke Ingels Group) und JDS (Julien de Smedt).

Zunächst entsprach ihre Art, Architektur »zu machen«, der Philosophie ihres Filmprojekts. Sie mussten nichts Neues »drehen«. Die Idee war, Bestehendes zu verändern. Außerdem übertrugen sie ihre Erfahrungen aus der Lehrzeit bei Koolhaas auf andere Größenordnungen und Situationen und suchten nach einer Gelegenheit, die mitgebrachten Ideen auf tatsächliche Bauvorhaben anzuwenden.
Bald hatten sie sich durch ihre Schaubilder, Funktionsschemata und ihre scheinbare formale Einfachheit einen Namen gemacht. Jedem ihrer Projekte fügten sie eine Präsentation bei, die dem Kunden nachvollziehbar den Bauprozess erläuterte. Das Dokument zeigte die Ausgangslage und wie verschiedene Veränderungen oder Ergänzungen einzelner Parameter sich auf die Errichtung des Gebäudes auf dem Weg zum endgültigen Projekt auswirken können. Auf den Bildern war jeder Schritt einfach und leicht nachvollziehbar.

Genau dieses Vorgehen, diese detaillierten Erläuterungen für den Kunden als Einladung, sie den gesamten Bauprozess über zu begleiten, unterscheidet sie von Pereira. Während Pereira ein Endergebnis, nämlich das Objekt, präsentierte, versucht Ingels jeden Schritt vorab zu rechtfertigen. Er will, dass die Öffentlichkeit versteht, wie sich die ökonomischen, städtebaulichen, politischen sowie umwelt-

9 Ingels: »We had both gotten the idea of making film in the same way that you make a building. When you make architecture, you don't cut the mountain out of a block of marble, you put together a lot of existing systems. It's about how you put things together, how you curate all the different things from the catalogue together in a new way that makes it original.« Othake, Miyoko: Bjarke Ingels of BIG. Duell, 23. Juli 2009

technischen Bedingungen auswirken und welche Problemlösungen er dafür findet. Dabei formuliert er diese Lösungen einfach und klar verständlich.

Ingels: »Wir versuchen, die Dinge einfach und intuitiv zu machen, damit man versteht, warum etwas so ist, wie es ist, und warum das von Interesse ist. Nicht wie ein Stil, sondern eher wie eine Disziplin, um Ideen zu kommunizieren.«[10]

Zur Philosophie des Dänen gehört, dass die Lösungen auf dem Papier den Skizzen eines Comics ähneln sollen. In sich stimmig und wiedererkennbar, aber nicht übermäßig definiert. Dabei soll es so aussehen, als ob das Projekt ohne Anstrengung realisiert wurde, obwohl sie unendlich viel in Entwürfen und Modellen durchspielen mussten, um das Resultat zu erreichen. Ingels spricht dabei von Ikonografie. In seinen Arbeiten verdichtet er den Ausdruck maximal und minimiert dabei die Formen.

Er orientiert sich damit an dem Konzept des Ingenieurs und Informatikers Ray Kurzweil, der sich in seinem Buch »The Singularity is Near« auf die Komplexität beruft als »eine Fähigkeit, die maximale Informationsmenge in eine minimale Menge an Daten zu packen«. Kurzweil bezieht sich dabei auf die Informatik, aber Ingels überträgt diese Idee auf die Architektur. Er ist sich darüber im Klaren, dass ein Computerspiel z. B. nicht das beste ist, wenn es die komplizierteste Handlung hat, und auch nicht aufgrund einer optimalen grafischen Auflösung oder durch all seine Spezialeffekte. Es ist dann das beste, wenn es die größtmögliche Unterhaltung mit minimalem Aufwand (notwendige Prozesskapazität, Ladezeit und Wartezeit usw.) erreicht. Um bei diesem Bild zu bleiben: Die Computerspiele Tetris oder Arkanoid scheinen auf den ersten Blick sehr einfach, lassen sich aber unendlich erweitern und auf einen höheren Schwierigkeitsgrad bringen. Indem man Elemente neu zusammenstellt, lassen sich zahllose komplexe Strukturen schaffen. So geht Ingels in seinen Projekten vor: Auf der Suche nach der maximalen Ausbeute geht er von der Wiederholung, der Verschiebung und der Manipulation von geometrischen Teilen mit minimalem Einsatz aus. So baut er bisweilen die ersten Modelle seiner Gebäude mit Legosteinen. Dort gibt es weder Parabeln mit doppelter Krümmung noch andere Freiformen. Ausgangspunkt sind also immer regelmäßige Polygone, die erst im weiteren Prozess umgeformt werden. Und dieser kann auf die unterschiedlichsten Formate angewendet werden, von der Projektierung von Gebäuden bis hin zur Erstellung einer Website.

Die Website des Büros (www.big.dk) ist übersichtlich und schlicht. Symbole repräsentieren jeweils ein Projekt und lassen sich nach Jahren oder Typologien anordnen. Wenn man auf ein Bild klickt, erscheint das Projekt als Bildstrecke: Das erste Bild zeigt eine Übersicht. Das zweite ist ein technisches Datenblatt, auf dem die Quadratmeter, die beteiligten Personen und das Ziel des Auftrags dargestellt sind. Die nachfolgenden zeigen Sequenzen, wie sich der Entwurf ausdehnt, verdoppelt, sich stapelt oder sich bis zur finalen Formgebung extrudiert. Man sieht Modelle,

10 Ingels: »We try to make it easy and intuitive, to understand why it is like it is and why that is interesting. So I think that's sort of a… probably not a style, but more like a discipline towards being able to communicate ideas.« Ferrari, Felipe de: Bjarke Ingels Interview. 0300tv, Oktober 2007

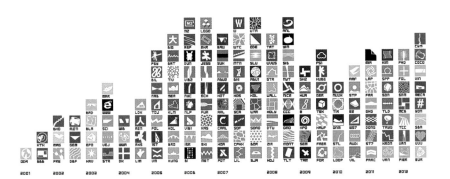

Website, BIG – Bjarke Ingels
Group, Screenshot. Jedes Projekt
wird über ein Icon präsentiert, die
Projekte lassen sich nach Rubriken
unterschiedlichen sortieren.

Schemata, Ideogramme und kleine Animationen, die das Konzept erläutern. Es grenzt an Zauberei, frei nach dem Motto: »Ich habe hier ein Grundstück, hier ziehe ich etwas auseinander und richte es dort auf und... jetzt springt das Kaninchen aus dem Hut: ein neues Gebäude!« Seine Projekte haben keine einheitliche formale Identität, sondern eher eine gemeinsame Strategie. Die Art der Präsentation ist es, die leicht wiederzuerkennen ist. Sie ist sinnvoll, um Ideen zu kommunizieren.

Ingels versucht, »[...] maximalen Komfort mit minimalem Energieverbrauch, maximale Funktionalität auf kleinstem Raum, maximale Lebensqualität mit geringstem Kostenaufwand [...]« zu schaffen. Er sucht nach einer Architektur, die »in der Lage ist, maximale Wirkung mit minimalem Aufwand zu erreichen.«[11] Das gelingt ihm durch Symbole.

Doch gleichzeitig muss er für einen Entwurf die Verbindungen zwischen seinen Grundprinzipien und denen des Auftraggebers herausfinden. Auch hierin unterscheidet er sich von Pereira. Während Pereira nach einem neuartigen und einzigartigen Projekt suchte, das sich der Kunde als etwas »Neues« zu eigen machen sollte, bietet Ingels eine Antwort an, die ebenso individuell, jedoch deutlich mit dem Auftraggeber verbunden ist. Die ursprüngliche Idee muss »customized«, also an den Kunden und seine Wünsche angepasst werden, um diesen zufriedenzustellen.

So entstehen Entwürfe wie beispielsweise der Superharbour aus dem Jahr 2003. Dabei handelt es sich um eine schwimmende Insel, die als Containerhafen den gesamten Frachtverkehr der Ostsee übernehmen sollte. Sie hatten die Idee, das Projekt der dänischen Reederei Mærsk vorzustellen, die sich dem Frachtumschlag von Waren aus der ganzen Welt widmet. Mærsk besitzt Schiffe, Landungsbrücken sowie Millionen von Containern und ist erkennbar am Logo mit dem weißen Stern auf blauem Grund, dessen Form Ingels für die künstliche Insel nutzen wollte. Es war so offensichtlich, dass man den Eindruck bekommen konnte, es handle sich um einen Scherz. Aber sie meinten es ernst damit.

11 [an architecture] »capable of creating the maximum effect with the minimum means; the maximum comfort with the minimum energy consumption; the maximum functionality in the smallest space; the highest quality of life at the lowest possible cost.« Ebd.

Superharbour (2003), Entwurf, PLOT. Die Form der Insel (Mitte) in Anlehnung an das Logo der Reederei MÆRSK (oben) und der »recycelte« Entwurf für den **Red Star Harbour** (2006), Provinz Guangxi (unten)

Wenn die Insel die Form des Firmenlogos, des siebenzackigen Sterns, hätte, ließe sich damit das Unternehmensimage stärken. So verteidigte er seinen Entwurf gegenüber Mærsk. Die Insel sollte zudem strategisch sinnvoll verortet werden, um den Schiffsverkehr über die Achsen KoMa (Kopenhagen-Malmø), HamBrem (Hamburg-Bremen) und Benelux (Belgien, Niederlande und Luxemburg) zu bündeln. Die perfekte Lage für sie war ihrer Meinung nach die Achse der geplanten Fehmarnbelt-Querung, die Dänemark und Deutschland als Brücke und Tunnel miteinander verbinden sollte. Da große Distanzen überbrückt werden müssen, ist sie dort eine Brücke, wo die Tiefe unüberwindbar ist, und wird anschließend als Tunnel weitergeführt. An der Stelle, wo der Tunnel an die Oberfläche kommt und die Fundamente von einer Brückenseite verankert werden, wird der Bau einer künstlichen Insel notwendig. BIGs Vorschlag war, dass die Insel wie ein gigantischer Hafen fungieren sollte, der den Schiffsverkehr aus allen Häfen in diesem Gebiet aufnehmen kann. Laut Berechnungen würden damit Baugrundstücke im Wert von 20 Milliarden Euro innerhalb der größten dänischen Städte frei, sodass man auf Infrastrukturmaßnahmen in der Peripherie verzichten könnte. Sie suchten Wirtschaftswissenschaftler für eine Durchführbarkeitsstudie des Projekts und wandten sich an das Unternehmen Maersk, das über ausreichend Kapital verfügt, um dieses Projekt zu fördern, und außerdem seinen Sitz in Dänemark hat.

Sie planten also einen Hafen und hatten den potenziellen Kunden dafür bereits im Hinterkopf. Sie hielten Ausschau nach dem Symbol, das die Firma repräsentiert, ein siebenzackiger Stern als Vorlage für den Entwurf eines Hafens mit sieben Molen. Mærsk lehnte das Projekt aufgrund der hohen Baukosten und des damit verbundenen finanziellen Risikos ab. Außerdem gab das Unternehmen zu bedenken, dass ein Hafen, der so grundlegend mit ihrer Marke assoziiert wäre, sich nicht anderweitig in der Zukunft würde verkaufen lassen. Kein Unternehmen würde ihn kaufen wollen, wenn er das Logo der Konkurrenz trägt. In diesem Fall verbaute das Symbol ihnen also den Weg.

Dessen ungeachtet glaubten BIG weiterhin an das Projekt und überzeugten die Verantwortlichen, es im dänischen Pavillon der Biennale von Venedig 2004 zu präsentieren. Es war ein ehrgeiziges Projekt eines kleinen Landes, das sich in der Welt positionieren und über das klassische Design Jacobsens hinaus neu definieren wollte. Dazu zeigten die Architekten das Projekt als Videoclip in Form eines Comics. Sie sprachen in der Ich-Form, um damit ein so großes Publikum wie möglich zu erreichen. Keine Powerpoint-Präsentation oder eine Stimme aus dem Off, nein, sie entschieden sich für dieses ungewöhnliche Format, das eher zu MTV passen würde. Sie erwähnten in dem Video dabei weder Mærsk, noch gaben sie Erklärungen zur Herkunft der Form, die sie für die Insel gewählt hatten. Sie mussten jetzt einen anderen Käufer finden, auch wenn es für ihr Produkt noch keine Nachfrage gab. Wie Pereira boten sie es mit dem Gedanken an, dass der potenzielle Kunde vielleicht noch gar nicht weiß, dass er es braucht. Die Formgebung, die beim geplanten Verkauf des Projekts an Mærsk ursprünglich so wichtig war, wurde darin zur bloßen Anekdote.

»Wir werden es einem anderen verkaufen, wer auch immer es sei«, dachten sie sich und entschieden sich dafür, die Idee einfach neu zu verwenden, sozusagen Copy-and-Paste, und sich vom ursprünglich geplanten Ort zu lösen. Denn letztendlich ging es um wirtschaftliche Rentabilität.

2006 stellten sie den Entwurf erneut vor. Natürlich »frisiert«. Jetzt sollte er als Symbol für die chinesische Identität dienen. Sie präsentierten ihn als Red Star Harbour in der Provinz Guangxi und erhielten wieder eine Absage. Aber sie erkannten, dass man einem Entwurf mehrere Leben einhauchen kann, wenn man dessen Identität der jeweiligen Umgebung anpasst. Sie wussten nun, wie sich die Lebensdauer einer Idee verlängern ließ. Und das Recyceln eines Entwurfs ist immerhin auch eine Form des Sparens und der Nachhaltigkeit.

People Building, Shanghai, Entwurf/Rendering, PLOT

Auch das People Building in Shanghai war ein »recycelter« Entwurf, ursprünglich für ein Hotel in Nordschweden. Es sollte ein Turm werden, der sich zum Boden hin in zwei Gebäudestränge aufteilt, in dem einen ein Konferenzzentrum und in dem anderen ein Wellnesscenter mit Schwimmbad. Die Öffnung des Gebäudes würde die Überquerung der Straße und den Zugang zum Fluss ermöglichen. Für Ingels war es eine einfache Idee mit einer interessanten Form; sie fügte sich jedoch schwer in die schwedische Landschaft ein. Sie verloren den Wettbewerb und der Entwurf stand kurz davor, wieder in der Schublade zu verschwinden, als ein chinesischer Bauträger darauf aufmerksam wurde. Er hatte im Portfolio des Architekturbüros geblättert und konnte die Formgebung des Baus, die dem chinesischen Kalligrafiezeichen für »Menschen« ähnelte, nicht vergessen. Wo westliche Augen nur ein umgedrehtes »Y« sehen, entdeckte er eine Botschaft, einen Lockruf für Millionen von Menschen aus dem Land der aufgehenden Sonne.

Ingels beauftragte daraufhin einen Feng-Shui-Experten und dehnte den Entwurf auf das Dreifache seiner ursprünglichen Größe aus, sodass er den Proportionen des asiatischen Landes gerecht wurde. Entschlossen, einen Käufer zu finden, reiste er nach China. Er schlug ihn für die Expo 2010 vor, aber seine Idee wurde abgelehnt. Die Wettbewerbskommissare hatten entschieden, keine Hochhäuser im Bereich der Weltausstellung zu bauen. Nach viel Lauferei sieht es schließlich so aus, als ob das Hochhaus in Form des Symbols für »Menschen« in Pudong, einem Viertel von Shanghai, gebaut werden könnte.

»Ich war die letzten sechs Wochen auf Reisen und versuchte dieses Projekt zu verkaufen. Auf dieser Ebene wird einem bewusst, dass man als Architekt auch ein wenig Politiker ist. Man wird zu vertraut mit all den Vorschriften und Gesetzen – und gleichzeitig auch damit, wie sie einen einschränken können.«[12], erzählt er später von dieser Erfahrung.

Ingels wurde zu einem Handelsvertreter, im Gepäck seine Produkte, seine Gebäude auf der Suche nach ihrem Platz. Dies sollte nicht das letzte Mal sein. Für

12 »I've been traveling for the past six weeks trying to sell this project. And at this point you begin to see how being an architect means that you have to be a little bit of a politician. You become too familiar with codes, laws and how they can be limiting.« Ingels, Bjarke: The Denmark™ Organization. In: Archinect, 2. Oktober 2007

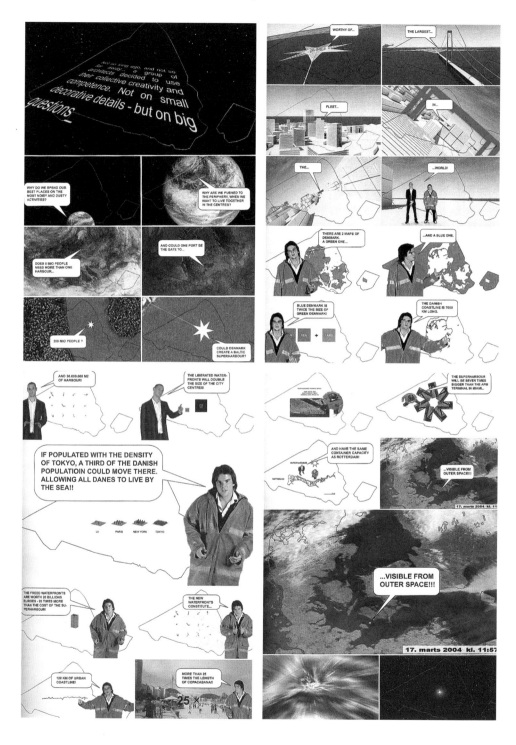

Präsentation des Entwurfs **Superharbour** als Comic auf 9. Internationalen Architektur-Ausstellung/La Biennale di Venezia, Venedig 2004, im dänischen Pavillon, PLOT

die Umgebung des Flughafens von Stockholm hatte er ein Hotel entworfen, das die Passagiere »begrüßen« sollte. Dafür schien ihm niemand besser geeignet als die königliche Familie. Begeistert von dieser Idee, verwandelte er die gesamte Fassade in eine überdimensionale aufgepixelte Wandmalerei, auf der man die Prinzessinnen Victoria und Madeleine sowie Prinz Carl Philip erkennen konnte. Doch in Schweden hatte ein Entwurf mit so viel »königlichem Ego« keine Chance. Dort herrscht Diskretion. Ingels packte also wieder die Koffer. Und diesmal versuchte er, den Entwurf an arabische Länder zu verkaufen – dasselbe Gebäude mit der gleichen Fassade. Das Einzige, was er änderte, war das Verhältnis der Bildpunkte. Statt eines Diadems zeigte das Bild nun einen Turban. Architektur, wie sie dem Kunden gefällt.

»Anstatt radikal den Kontext, das Establishment, die Nachbarn, das Budget, die Schwerkraft zu ignorieren und zu sagen »total egal«, erklären wir die Zufriedenheit des Kunden zu unserem einzigen Ziel.«[13]

Statt sich mit dem Kunden auseinander- und sein Design im Gegenzug durchzusetzen, passt er sich ihm an. Er versucht, allen Bedürfnissen gerecht zu werden – Bauherr, gesetzliche Bestimmungen, Budget, Nachbarn. Denn er weiß, wenn er alle Wünsche erfüllt, kann niemand seinen Entwurf ablehnen. Selbst wenn ihnen sein Entwurf merkwürdig vorkommt, werden sie ihn akzeptieren, denn er erfüllt alle Anforderungen, die sie gestellt haben.

So auch beim Gebäude »The Mountain« in Kopenhagen. Der Bauträger wollte zwei unabhängige Blöcke bauen: einen mit 10 000 Quadratmetern für Wohnungen und einen zweiten mit 20 000 Quadratmetern als Parkplatz. Ingels aber kombinierte beide in einem Gebäude mit insgesamt elf Stockwerken, in dem Funktionen verschmelzen. Das Parkhaus bildet über alle Stockwerke die Basis für die Wohnungen, die auf den abgetreppten Terrassen angelegt sind. Alle Wohnungen haben dadurch einen eigenen Garten mit Ausblick in die umliegende Landschaft. Die ursprünglich schwierige Aufgabe führte dazu, dass Ingels an dieser Stelle etwas völlig Neues entstehen ließ, eine neue Wohntypologie: Ein vorstädtischer Häuserblock, in dem die Menschen wie in der Stadt dicht nebeneinander leben, aber die Lebensqualität des Stadtrands genießen.

Im Ergebnis erinnert das Gebäude an einen Berg. Und damit diese Metapher noch deutlicher wurde, zeigte der Architekt an der Fassade des Parkbereichs überdimensionale Bilder des Mount Everest. Damit wollte er die Symbolik zusätzlich verstärken und daran erinnern, dass Dänemark zwar keine natürlichen Berge besitzt, aber jemand sich erdreistet hat, einen künstlichen zu bauen.

Das Gebäude wurde gebaut, es gewinnt Wettbewerbe – und durch das Medienecho wird die Regierung von Aserbaidschan darauf aufmerksam, ein Land, das nicht nur für seine Energiereserven bekannt ist, sondern auch für seine Viertausender. Aserbaidschan will sich der Welt öffnen und seine steigenden Einnahmen dafür

13 »Rather than being radical by saying fuck the context, the establishment, the neighbours, the budget or gravity, we want to try to turn pleasing into a radical agenda.« Westerstad, Elsa: Can you be young and goodlooking – and successful? In: Forum Aid, Februar 2008

The Mountain, Kopenhagen
(2008), BIG – Bjarke Ingels Group

verwenden, Touristen anzuziehen und Investitionen zu tätigen. Eine touristische Attraktion auf globalem Niveau soll entstehen. Etwas wie dieses Gebäude zu errichten würde bedeuten, das Land international als modernes Land zu präsentieren. Ein Wahrzeichen, das so besonders sein soll, dass alle Medien davon berichten. Als geeigneten Ort bestimmte man die Insel Zira mit einer Fläche von 1 000 000 Quadratmetern, die von der Hauptstadt Baku aus am Horizont zu sehen ist. Hier soll ein prächtiges Resort entstehen. Als Entwurfsidee wählte BIG die sieben höchsten Berge Aserbaidschans und schlug vor, sieben Gebäude zu bauen, jeweils mit der Silhouette eines dieser Berge.

Jedes Gebäude ist enorm hoch und alle sind sie verschieden; jedes einzelne interpretiert ein eigenes Thema. Aber allen gemeinsam ist, dass sie auf überarbeiteten, nicht ausgeführten Projekten und Wettbewerbsbeiträgen beruhen. BIG findet hier die Gelegenheit, sein komplettes Portfolio an den Mann zu bringen, allerdings in einem viel größeren Ausmaß, als er sich jemals hatte vorstellen können. Die Gelegenheit, ein unglaubliches Bühnenbild für eine Stadt zu entwickeln, dem weltweite Aufmerksamkeit sicher wäre. Das Ergebnis läuft allerdings Gefahr, selbst zu einem »Hintergrundbild« in einem Science-Fiction-Film zu werden. (Der Campus der USC in Irvine von Pereira diente 1972 als Drehort für den Film »Eroberung vom Planet der Affen«.) Dies ist das Risiko, das ein Architekt eingeht beim Spiel mit den Formen auf der Suche nach etwas so wenig Greifbarem wie der Zukunft.

Wie Pereira verkauft auch Ingels die Zukunft über Bilder, mit denen man den Fortschritt einer Firma oder die Entwicklung eines Landes verknüpft. Das Rendering ist nicht länger nur ein einfaches Bild, sondern ein Beweis dafür, wie sehr ein Kunde zu Innovationen – in einem Unternehmen oder einem Land – bereit ist. Wir lassen uns von ihrer Innovationsfähigkeit im Designbereich überzeugen und trauen ihnen damit auch Auswirkungen auf Politik, Technik oder Gesellschaft zu. Und so versuchen sie, diesen Wunsch nach Veränderung, diese Modernisierung auszustrahlen, um Kunden und Investoren anzulocken.

Aus diesem Grund bauen sie bildhafte Gebäude, die sich von ihrer Umgebung abheben. Die Rolle der Umgebung ist dabei ein wesentlicher Unterschied zwischen Pereira und Ingels. Bei Pereira begrenzt sie sich darauf, dass sich das Gebäude vom Chaos an einem Flughafen, auf einem universitären Campus oder in einer Stadt wie San Francisco abheben musste. Inzwischen hat sich aber die Umgebung durch das Internet fast ins Unendliche ausgedehnt. Ingels überschreitet Grenzen und entwirft Gebäude und Städte, mit denen er die Aufmerksamkeit einer weltweiten Öffentlichkeit erregt. Weltweit werden Menschen seine Formensprache in den Medien wiedererkennen, auch wenn sie seine Entwürfe niemals selbst besichtigen können. Demzufolge werden wir alle zu potenziellen Kunden der Architekten und ihrer Gebäude. Wir sind alle Zuschauer.

Und wenn eines Tages jemand aus Lagos oder Bombay, aus Tegucigalpa oder Xian mitbekommen hat, dass Zira existiert und dass die Insel im zentralasiatischen Aserbaidschan liegt, wo es sehr hohe Berge gibt, dann hat es Ingels geschafft. Denn sein Auftrag lautete, der Welt ein Land über ein Bauwerk vorzustellen.

POLITIK

WIE MAN MENSCHEN UND
PROBLEME HINTER ZAHLEN
UND GRAFIKEN ERKENNT

Ein Politiker will seinem Land dienen und ein Architekt will es bauen. Zwischen ihnen ist oft ein Vermittler nötig, der sich mit beiden Seiten auseinandersetzt, jemand, der in der Lage ist, mit großen Datenmengen umzugehen und Grafiken so zu interpretieren, dass sich daran Probleme, aber auch entsprechende Lösungen aufzeigen lassen.

Der Vermittler ist eine Person, die die unterschiedlichen Phasen eines Bauprojekts verstehen und sie allen am Prozess beteiligten Parteien erläutern kann. Er besitzt die Fähigkeit, die Auswirkungen eines bestimmten Bauvorhabens auf die öffentliche Meinung und auf die Wählerstimmen präzise einzuschätzen. Hierin gleicht sein Anforderungsprofil dem eines politischen Beobachters, tatsächlich aber handelt es sich bei ihm um eine sehr viel komplexere Figur, die geeignet ist, Aufgaben zu definieren. Er kann – was noch viel wichtiger ist – die Personen benennen, die das Projekt erfolgreich voranbringen können.

Wenn man ein Bauvorhaben plant, verfolgt man neben dem Bau selbst auch das Ziel, in der Öffentlichkeit Akzeptanz für das Projekt zu finden. Das heißt, das Vorhaben muss finanzierbar und darüber hinaus von Nutzen für den Verbraucher sein. Allerdings werden diese Anforderungen gelegentlich außer Acht gelassen, wenn der ein oder andere amtierende Politiker Publicity braucht.

Dieses Kapitel thematisiert den »Politikvermittler«, jemanden, der nur einen kleinen Schritt von der gestaltenden Macht entfernt ist, sowie den »Architekturvermittler«, einen Fachmann mit der Macht, Einfluss zu nehmen. Beide sind rhetorisch gewandt und Experten für das

gesellschaftlich Umsetzbare, und vor allem wissen sie, auf welches Pferd man setzen muss, um zu gewinnen.

Mit seiner entwaffnenden Zielstrebigkeit verdiente sich Daniel P. Moynihan über vier Jahrzehnte den Respekt aller politischen Parteien. Es gelang ihm, Aufträge aus seinen eigenen Interessensschwerpunkten heraus zu definieren. Er setzte sich stets für den Erhalt historischer Gebäude ein – unabhängig von der eigentlichen Aufgabe, die er gerade hatte. Darüber hinaus legte er mit den von ihm entworfenen Leitlinien die architektonischen Prinzipien für US-amerikanische Regierungsgebäude fest.

Ricky Burdett besticht durch seine Klugheit, mit der er erkennt, wer in Ländern wie Brasilien, China oder der Türkei die Fäden der Macht in der Hand hält. Es ist ihm gelungen, sich durch von ihm organisierte Veranstaltungen mit Bürgermeistern und Bankenvertretern so zu positionieren, dass er Einfluss nehmen kann. Er hat Gelegenheiten geschaffen, die sich zur Intensivierung von Kontakten und zum Anstoß von Projekten eignen.

Beide Persönlichkeiten lehren bzw. lehrten an der Universität. Und beide verwalten im Auftrag ihres Staats enorme Geldmengen. Ausgehend von einer gründlichen Analyse vorhandener Informationen bestimmen sie, welche Modelle funktionieren, und können Schlussfolgerungen ziehen. Sie sind in der Lage, Grafiken und Diagramme mit Problemen und Personen in Verbindung zu bringen. Und haben die Zahlen erst einmal ein Gesicht und einen Namen, dringen sie tiefer zu den Problemen vor. Es gelingt ihnen, eine Beziehung zwischen Daten und der Gesellschaft herzustellen.

VERMITTLER ZWISCHEN POLITIK UND ARCHITEKTUR

n Bauprojekten sind verschiedene Gruppen beteiligt, und dies oft während mehrerer Projektphasen – Projektleiter, Bauträger, Bauunternehmer, Politiker, Nutzer, manchmal auch die Medien und unter Umständen Nachbarschaftsinitiativen. Diese Beteiligten spiegeln bisweilen die öffentliche Meinung wider, denn sie stehen für verschiedene Positionen in der Gesellschaft. Häufig kommuniziert mit ihnen ein weiterer Fachkundiger, der jedoch normalerweise in der Öffentlichkeit kaum Beachtung findet. Es handelt sich um den »Architekturvermittler«, eine Art »Kulturagitator«, der gute Beziehungen zu Politikern pflegt und in der Lage ist, ein Projekt voranzutreiben. Seine Aufgaben bestehen in der organisatorischen Planung, darin, das Potenzial eines Projekts zu entdecken, und folglich darin, zu entscheiden, welchen Weg es einzuschlagen gilt, um voranzukommen.

Mit der Definition eines Auftrags beginnt bereits die Planung: Welche Ziele werden verfolgt? Welches sind die Grundlagen eines Wettbewerbs? Wie setzt sich die Jury zusammen? All das sind Entscheidungen, die a priori getroffen werden und der Arbeit der Architekten vorausgehen, die für das Endergebnis aber von fundamentaler Bedeutung sind.

Die Vorbereitungen zur Jubiläumsfeier anlässlich der 700-Jahrfeier der Schweiz (2002) zeigen sehr anschaulich die Rolle des Vermittlers. Die Expo.02 sollte mit vier Pavillons ausgerichtet werden. Dafür beauftragte man pro Pavillon ein Architekturbüro: Jean Nouvel, Coop Himmelb(l)au, Architektenteam Multipack und Diller + Scofidio. Um die Umwelt zu schützen, war die Auflage, dass die Pavillons zerlegbar sind und nach Beendigung der Expo wieder abgebaut werden können, ohne auf dem Gelände Spuren zu hinterlassen. Sachverständige sprachen sich im Vorfeld für eine Pfahlbauweise in den Seen aus. So war ein Rückbau der Pavillons ohne Schäden an der Umgebung gewährleistet. Diese einfache und effektive Lösung ermöglichte darüber hinaus den Materialtransport mit Schiffen. In verschiedenen Vergleichsstudien war festgestellt worden, dass ein Transport der Bauteile auf der Straße zum Zusammenbruch des gesamten Straßennetzes hätte führen können und sich gleichzeitig schädlich auf die Umwelt ausgewirkt hätte. Daher hatte man diese Möglichkeit ausgeschlossen.

An den Ufern wurden Kais, Montagehallen, Ladezonen und sogar Betonwerke errichtet. Die Aufgaben des Vermittlers beinhalteten auch Studien zum Standort, zu den Auswirkungen auf das Gebiet, zur thematischen Ausrichtung jedes Pavillons und zur Anzahl der zu erwartenden Besucher. Außerdem musste er die verantwortlichen Politiker überzeugen, grünes Licht für den Baubeginn zu geben.

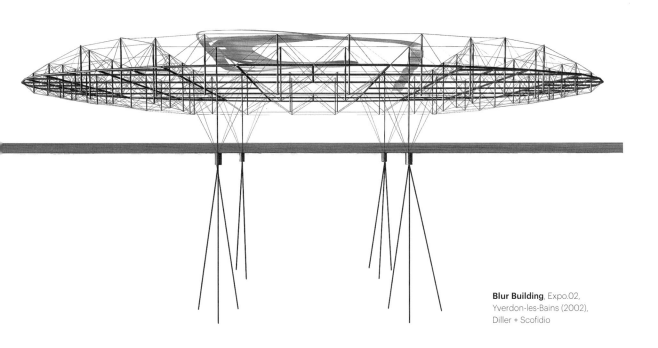

Blur Building, Expo.02,
Yverdon-les-Bains (2002),
Diller + Scofidio

Expo.02: **Monolith**, Murten, Jean
Nouvel; **Drei Türme**, Biel, Coop
Himmelb(l)au; **Galets**, Neuchâtel,
Architektenteam Multipack.
Renderings (von oben nach unten)

Pat Moynihan.
Time vom 28. Juli 1967

Wie erwartet, unterschieden sich die Vorschläge der Architekten erheblich, jeder
entwickelte eine ganz eigene Antwort: ein Monolith, drei aus dem Wasser aufra-
gende Türme und drei »Galets«, abgeflachte Sphären. Am auffälligsten war das
Blur Building von Elizabeth Diller und Ricardo Scofidio, eine künstliche Wolke
über dem See. Es sollte wie etwas Überirdisches anmuten, das 200 Meter vor dem
Ufer schwebt. Der Besucher sollte das Gefühl haben, er trete in eine Wolke ein und
verschwinde darin. Im Innern des Blur Building reduzierte sich die Sicht so weit,
bis schließlich nichts mehr erkennbar war und damit Raum entstand für die Aufnahme anderer Reize. Die Summe der Klänge und Strahlen, verbunden mit der
Wahrnehmung anderer Sinneseindrücke – Feuchtigkeit, Schutzlosigkeit –, war für
jeden Besucher eine einzigartige Erfahrung.

Um diese Effekte zu erzielen, waren in einem Metallgerüst 32 000 Sprinkler installiert, die das Seewasser gefiltert und gereinigt zerstäubten. Kalibriert waren sie
entsprechend der Windgeschwindigkeit und dem sich verändernden Luftdruck. Je
nach Wetter befand sich der Besucher also in einer kompakten Wolke oder in einer
Art Raumschiff, das atmete und dessen Atem sich über den gesamten See ausbrei-
tete. Die Installation erntete großen Zuspruch sowohl in der breiten Öffentlichkeit
als auch bei den Kritikern. Ausschlaggebend für die Wirkung war sicher auch die
Tatsache, dass der Pavillon »auf dem See« erbaut wurde. Das heißt, der Erfolg
gebührt auch demjenigen, der den Auftrag definiert hatte, dem Vermittler.

Daniel Patrick Moynihan (* 1927 in Tulsa, † 2003 in Washington, D.C.) war ein solcher Architekturvermittler. Er hatte die Fähigkeit, Menschen zu verführen und von
der Zweckmäßigkeit von Bauprojekten zu überzeugen. Er gehörte zum Typ Politiker, den jeder amerikanische Bürgermeister oder Senator als Verbündeten suchte,
egal ob es um die Sanierung eines bestehenden Gebäudes oder um den Neubau
einer Anlage ging. Moynihan hatte Soziologie und Bevölkerungswissenschaft studiert und durch die Erfahrung aus seiner wissenschaftlichen Arbeit konnte er Diagramme lesen und aus ihnen Ergebnisse ableiten. Nicht von ungefähr stützte er
sich bei der Präsentation seiner Vorschläge stets auf Statistiken. Dort, wo andere
nur Zahlen sahen, sah er die Menschen dahinter und ihre Probleme. Er war US-
Botschafter in Indien sowie bei den Vereinten Nationen und arbeitete vier Legisla-
turperioden lang als Senator unter republikanischen wie auch demokratischen
US-Präsidenten. Als Mitglied der Demokraten zog er erstmals 1976 für den Staat
New York in den US-Senat ein und wurde dreimal wiedergewählt (1982, 1988 und
1994). Eine Bewerbung um eine Wiederwahl im Jahr 2000 lehnte er ab.

Während der Amtszeit von John F. Kennedy begann er seine Arbeit im Weißen
Haus als Assistent des Arbeitsministers Arthur Goldberg. Seine Aufgabe, für die
ihm Mathematiker und Statistiker zur Seite standen, war unter anderem die
Durchsicht und Analyse einer Vielzahl an Berichten. So beauftragte ihn im Juni
1962 die Regierung mit der Erstellung eines Berichts, der den Bau neuer Regie-
rungsbüros in Washington, D.C. rechtfertigen sollte. Als Ergebnis (Report to the
President by the Ad Hoc Committee on Federal Office Space) präsentierte er eine

Übersicht aller Liegenschaften der Regierung und prognostizierte den zukünftigen Flächenbedarf in Quadratmetern.

Es war nicht schwierig, neue Bauvorhaben in der Öffentlichkeit zu verteidigen: Seit den 1920er-und 1930er-Jahren hatte die Regierung kein einziges Gebäude mehr in der Stadt errichtet. Moynihan sollte es aber darüber hinaus gelingen, die typischen architektonischen Entwürfe der öffentlichen Hand, die »grey buildings«, vollkommen zu verändern. Er war der Überzeugung, dass die monumentalen, grauen und düsteren Bauten im Stil des Pentagons, die man mit der amerikanischen Regierung verband, ihren Nutzern kaum Komfort boten. Mehrmals hatte er gegenüber dem Illustrator Saul Steinberg, der als Stipendiat im Smithsonian Institute tätig war und dieselbe Meinung vertrat wie er, seine Bedenken geäußert: »Weißt du, all diese Regierungsgebäude scheinen dem Bürger nur eins vermitteln zu wollen: seine eigene Unwichtigkeit.«[1]

Obwohl sich der Bericht auf den Raumbedarf der Ministerien beschränken sollte, konnte sich Moynihan nicht zurückhalten und bezog zudem Entwurfskriterien mit ein, mit denen die Gebäude freundlicher und offener wirken sollten. Die daraus entstandenen »Guiding Principles for Federal Architecture« (Leitlinien für die Architektur von Regierungsgebäuden) brachen mit dem vorherrschenden offiziellen Baustil und forderten architektonische Spitzenleistungen, die zum Zeitpunkt ihres Entwurfs dem Zeitgeist entsprechen sollten. Genau diese Initiative erwies sich als bahnbrechend. Sie war Anlass, mit der Tradition der »grauen« Gebäude zu brechen und die besten Architekten jener Zeit zu beauftragen. Moynihan rechtfertigte seinen Ansatz mit der folgenden Aussage: »Baut, was die Whiskey-Unternehmen bauen. Im Lauf der Jahre werdet Ihr so das Beste nicht verpassen.«[2] Er bezog sich hiermit auf das mit der Tradition brechende Seagram Building von Ludwig Mies van der Rohe, dessen Auftraggeber der Vorstand eines Konzerns für alkoholische Getränke war. (siehe Marketing, S. 45)

Mit der Zeit entwickelten sich die »Guiding Principles for Federal Architecture« zu einem Leitfaden, an dem sich die Architektur öffentlicher Gebäude der USA orientierte,[3] und einige verglichen ihre Bedeutung sogar mit der der amerikanischen Unabhängigkeitserklärung. So äußerte sich der Sekretär der Commission of Fine Arts, Charles H. Atherton: »Sie sind in allen Punkten so fundamental und zutreffend, dass man sie nicht verändern kann.«[4]

Der von Moynihan verfasste Bericht thematisierte auch die Erneuerung der von Pierre Charles L'Enfant im Jahr 1791 entworfenen Pennsylvania Avenue in Washington, D.C. Es handelt sich bei diesem Boulevard um eine der großen Achsen, vergleichbar den Champs-Élysées in Paris, die im Zuge der Stadtplanung einst vom Präsidenten George Washington in Auftrag gegeben worden war. Auf der »Hauptstraße Amerikas«, die das Kapitol mit dem Weißen Haus verbindet, finden unter anderem Festzüge statt.

In den Geschichtsbüchern heißt es, Kennedy habe am Tag seines Amtsantritts als Präsident auf seiner Fahrt zum Weißen Haus durch die Pennsylvania Avenue dar-

[1] »you know, all these government buildings seem determined to impress upon citizens how unimportant they are.« General Service Administration Vision+Voice, Design Excellence in Federal Architecture: Building a legacy, Dezember 2002, S. 10

[2] »Build whatever the Whiskey Trust is building. Over the years you won't miss the best.« Ebd.

[3] Die Leitlinien dienten in den 1990er-Jahren auch dazu, das Design Excellence Program der GSA General Services Administration (einer unabhängigen Behörde der US-Regierung zur Unterstützung und Verwaltung der verschiedenen Bundesbehörden) zu definieren. Dabei handelt es sich um ein Programm, mit dem die am besten geeigneten US-amerikanischen Architekten für den Bau repräsentativer Regierungsgebäude ausgewählt werden. Durch dieses Programm haben u.a. Thom Mayne von Morphosis, William Pedersen von Kohn Pedersen Fox Architects, Richard Meier von Richard Meier & Partners, Robert A.M.Stern von Robert AM Stern Architects und Charles Gwathmey von Gwathmey Siegel and Associates den Bau von Gerichts- und Regierungsgebäuden und auch den des National Oceanographic Data Center in Washington umgesetzt. Ebd., S. 4

[4] »You can't revise them. They are so basic and so right in everything.« Ebd., S. 13

Moynihans architektonische
**Leitlinien für US-Regierungs-
gebäude**

GUIDING PRINCIPLES FOR FEDERAL ARCHITECTURE

1. The policy shall be to provide requisite and adequate facilities in an architectural style
and form which is distinguished and which will reflect the dignity, enterprise, vigor,
and stability of the American National Government. Major emphasis should be placed
on the choice of designs that embody the finest contemporary American architectural
thought. Specific attention should be paid to the possibilities of incorporating into
such designs qualities which reflect the regional architectural traditions of the part of
the Nation in which buildings are located. Where appropriate, fine art should be incor-
porated in the designs with emphasis on the work of living American artist. Design
shall adhere to sound construction practice and utilize materials, methods, and equip-
ment of proven dependability. Building shall be economical to build, operate, and
maintain, and should be accessible to the handicapped.

2. The development of an official style must be avoided. Design must flow from the
architectural profession to the Government and not vice versa. The Government
should be willing to pay some additional cost to avoid excessive uniformity in design
of Federal buildings. Competitions for the design of Federal buildings may be held
where appropriate. The advice of distinguished architects ought to, as a rule, be
sought prior to award of important design contracts.

3. The choice and development of the building site should be considered the first step of
the design process. This choice should be made in cooperation with local agencies.
Special attention should be paid to the general ensemble of streets and public places
of which Federal buildings will form a part. Where possible, buildings should be located so as to permit a generous development of landscape.

über nachgedacht, wie er den Boulevard lebendiger gestalten könnte. Die Pennsylvania Avenue repräsentierte Macht, und er wollte in die Geschichte eingehen
als derjenige, der diese Straße modernisiert.

Einige halten diese Anekdote für nicht glaubwürdig, da Kennedy auch schon während seiner Zeit als Senator bei zahlreichen Anlässen diesen Weg von seinem
Haus in Georgetown genommen habe. Aller Wahrscheinlichkeit nach habe er
bereits zu diesem Zeitpunkt die Idee einer Umgestaltung im Kopf gehabt. Entscheidend ist jedoch, dass John F. Kennedy mitten im Wahlkampf um die Präsi-
dentschaft 1964 den Ausführungen von Pat Moynihan zustimmte. Die einfachen,
deshalb aber nicht minder gewagten Anregungen seines Mitarbeiters konnten auf
diese Weise Gesetz werden. Der Präsident bestimmte ein Datum, an dem er den
Kongressabgeordneten die Neugestaltung der Avenue vorstellen würde. Anschließend brach er nach Dallas auf. Es war der unheilvolle Tag des 22. November 1963.

Moynihan: »Die letzten Worte von John F. Kennedy, bevor er nach Dallas auf-
brach, waren, dass er plane, den Kongressabgeordneten nach seiner Rückkehr bei

Pennsylvania Avenue, Washington: Luftaufnahme des »Federal Triangle« in Richtung Kapitol (links), schematischer Plan (rechts)

einem Kaffee die Pläne für die Pennsylvania Avenue vorzustellen. Als einige von uns gerade über dieses Thema sprechen wollten, klingelte das Telefon und es hieß, der Präsident sei erschossen worden.«[5]

Eine Woche nach dem Attentat auf John F. Kennedy empfing der neue Präsident Lyndon B. Johnson Kennedys Witwe Jackie im Oval Office. Sie bat ihn, als Vermächtnis ihres Ehemanns in Washington, D.C. ein Kulturzentrum mit seinem Namen, das Kennedy Center of Performing Arts, zu errichten und den Umbau der Pennsylvania Avenue fortzuführen. Johnson willigte ein und Moynihan erhielt einen Auftrag, dessen Vollendung 40 Jahre dauern sollte.

Wie jedes Projekt brauchte auch dieses Geld, und so bestand der erste Schritt darin, Finanzierungsmöglichkeiten zu suchen. Erschwerend kam hinzu, dass der Initiator des Projekts verstorben war. Man bildete eine Kommission, die eine Wiederaufnahme des Projekts untersuchen sollte, doch bis zum Jahr 1974 war die Finanzierung nicht ausreichend gesichert. Die notwendigen finanziellen Mittel wurden schließlich über das Programm PADC, Pennsylvania Avenue Development Corporation, in Form eines Darlehens aus öffentlichen Mitteln zur Verfügung gestellt.

Im Zuge der Umgestaltung sollte die Avenue ein völlig neues Gesicht erhalten, mit mehr Nutzungsmöglichkeiten und an einigen Stellen sogar Wohnhäusern. Es war die Suche nach Diversität, auf die Jane Jacobs durch ihr Buch »The death and life of great american cities«[6] aufmerksam gemacht hatte. Vor allem aber wollte man

5 Moynihan: »The last word from John F. Kennedy before he left for that trip to Dallas was that he wanted to have a coffee hour when he got back to show the plans for Pennsylvania Avenue to Congressional leaders. A group of us were meeting to talk about this when the phone rang to say the President had been shot.« Aus: Ebd., S. 10

6 Jacobs, Jane: The death and life of great American cities. New York 1961

einen Gegenentwurf zum Stadtplanungsmodell der gigantischen Stadt Brasilia schaffen, die zwar voller Institutionen, aber ohne Leben war.

Sie wandten sich an Nat Owings, der mit seinen 65 Jahren das Architekturbüro mit den meisten Aufträgen im ganzen Land leitete, Skidmore, Owings & Merrill. Selbst ein Verhandlungsexperte, war Owings sehr überrascht von Moynihans ausgeprägter Fähigkeit, sich gegen jeden Widerstand – kam er von Kongressabgeordneten, Bürokraten oder Kommissionsmitgliedern – durchzusetzen. Moynihan hatte keine Eile, und so konnte seine Taktik gelegentlich auch darin bestehen, Probleme so lange auszusitzen, bis das Ergebnis seinen Vorstellungen näher kam. Über Moynihan sagte Nat Owings und zählte dabei gleichzeitig die Qualitäten eines Vermittlers auf: »Er sprudelt vor Ideen, ist kompetent und mit Leib und Seele dabei – ein klarer Einzelgänger, ein Gangster, ein Freibeuter. Seine größte Stärke ist, andere zu guter Leistung zu bringen.«[7] Um der Straße ein geordnetes Erscheinungsbild zu verschaffen, waren Gespräche mit den Bauherren geplanter Gebäude, die ursprünglich nicht in der Straßenflucht lagen, notwendig. Nat Owings musste sich sogar mit dem Direktor des FBI, J. Edgar Hoover, höchstpersönlich auseinandersetzen, um ihn davon zu überzeugen, ein Verwaltungsgebäude der Behörde, das im nördlichen Teil der Straße gebaut werden sollte, um 22 Meter zu verschieben. Das FBI akzeptierte den Vorschlag.

Ebenso wie vorher Hoover konnte Owings auch einen weiteren Bauherrn der Avenue, Jerry Wolman, dazu bewegen, von seinen Plänen abzuweichen. Wolman befand sich gerade in der Planungsphase für ein Gebäude in einer Fußgängerzone der Pennsylvania Avenue. Im »Tausch« gegen die verschobene Bauflucht gestand er ihm eine zusätzliche Etage beim Gebäude zu. Beide verstanden sich so gut, dass Wolman Owings mit dem Bau des John Hancock Center beauftragte, eines Wolkenkratzers mit 100 Etagen, der zu einem Vorzeigeobjekt Chicagos werden sollte.

Owings gewann nicht nur einen neuen Kunden, sondern auch einen neuen Mitarbeiter, den jungen Architekten David M. Childs, ein Mitglied der Kommission. Er übertrug ihm die Leitung des Architekturbüros von Skidmore, Owings & Merrill in Washington, D.C. Mit der Zeit entwickelte sich Childs zu einem seiner wichtigsten Partner und im Jahr 1975 ernannte ihn Präsident Gerald Ford zum Vorsitzenden der National Capital Planning Commission (Nationale Planungskommission für die Hauptstadt).

Der Umbau der Pennsylvania Avenue wurde durch das Architekturbüro Pei Cobb Freed ausgeführt und dauerte bis zur Vollendung des Ronald Reagan Buildings im Jahr 1996. Dabei handelt es sich um ein Gebäude, das mehr durch seine Größe als durch seine architektonische Qualität hervorsticht. (Moynihan hat sich in Entwurfsfragen niemals eingemischt, denn seiner Meinung nach hatte jeder seine eigene Rolle.) Es ist nach dem Pentagon das zweitgrößte Gebäude der amerikanischen Regierung und beherbergt sowohl öffentliche als

Alexander Owings. Time vom 2. August 1968

7 »He is ebullient, competent and devotedm – and also a randy rogue, a bandit and a buccaneer. His great ability is to get other people to do good work.« To Cherish Rather than Destroy. In: Time, 2. August 1968

auch private Büros. Dies entsprach der von Owings favorisierten Vorstellung einer Mischnutzung. Das Gebäude ist das Zentrum öffentlichen Lebens in Washington. Es wird häufig für Empfänge und Festakte der Regierung genutzt und beherbergt das Forschungszentrum Woodrow Wilson International Center for Scholars.

Moynihan gelang es, die Pennsylvania Avenue zu erneuern, er erfüllte das Versprechen an Jackie Kennedy und erwarb in den 1990er-Jahren selbst ein Grundstück zwischen der Siebten und der Neunten Straße. Auf dem Boulevard erinnert der »Moynihan Place« an ihn, ein Platz in der Nähe des Ronald Reagan Building, auf dem als Anerkennung seiner Arbeit ein Monument steht, das als Inschrift die von ihm entwickelten Leitlinien trägt.

Schild des **Interstate Highway**

8 »Robert A. Peck: He (Moynihan) realized that how you pay for things and how you vote determine changes in the government.« Wie Anm. 1, S. 210

Moynihans Kraft zeigte sich in seiner Fähigkeit, niemals stillzustehen und auch schwierige Projekte im Nebel der Bürokratie voranzubringen. Er hatte ein Gespür dafür, mit welchem Senator er sich verbünden, an welche Funktionärstür er klopfen musste – und vor allem hatte er seine Ziele klar vor Augen. Zu überzeugen war bei ihm eine Frage von Zahlen und Daten, niemals eine der Ideologie. Es genügte ihm, die ökonomische Formel zu verstehen, nach der die Politik funktioniert: »Wie man für Dinge zahlt und wie man wählt sind Faktoren, die Veränderungen in der Regierung bestimmen.«[8]

Im Jahr 1991 wurde der Bau des alle Bundesstaaten der USA verbindenden Straßennetzes Interstate Highway fertiggestellt. Die endgültigen Kosten lagen dabei um ein Vielfaches höher als die ursprünglich veranschlagte Summe. Moynihan erhielt den Auftrag, den Zusammenhang zwischen dem Bau von Autobahnen und der Produktivität des Landes zu evaluieren, um die Auswirkungen des Straßenbaus auf die Wirtschaft zu ermitteln. Als eine einfache Analyse gedacht, wurde seine Untersuchung zur Grundlage für ein von Moynihan entwickeltes Finanzierungssystem, ein Konzept für Infrastrukturmaßnahmen: Er belegte damit, welchen Einfluss verschiedene Finanzierungsformen auf unsere gebaute Umwelt haben können.

Als ein Gegner von Autobahnen – er fand ganze Abschnitte des Autobahnnetzes überflüssig – zeigte Moynihan, dass ein Großteil der Highways – besonders die im Zentrum des Landes – zu wenig genutzt wurde und dass es im Gegensatz dazu auf 10 % der Highways im Umland großer Städte schwerwiegende Verkehrsprobleme gab. Analog zur malthusischen Bevölkerungstheorie sah er das Problem, dass die Anzahl der Fahrzeuge bis zum Kollaps der Straßen ansteigen könnte. Daher ließe sich das Verkehrsaufkommen nur mit zwei Maßnahmen senken: entweder durch einen Ausbau des Schienennetzes oder durch die Einführung einer Maut für bestimmte Strecken.

Bereits in seinem am 14. April 1960 im »The Reporter« veröffentlichten Artikel »New roads and urban chaos« hatte Moynihan das vier Jahre zuvor veröffentlichte

Autobahnprogramm des Senators Albert Gore Sr., des Vaters des ehemaligen Vizepräsidenten Al Gore, kritisiert. Mit dem Argument, dass die Gesellschaft keinen Bedarf an vielen der im Rahmen des »Interstate and Defense Highway Act« geplanten Autobahnen habe, beklagte er, die einzigen Nutznießer dieses Programms seien die Automobilindustrie und die Straßenbaufirmen. Die Republikaner waren der Ansicht, dass Autobahnen den Handel erleichtern, und die Demokraten warben mit dem an den Gerechtigkeitssinn appellierenden Slogan »Better schools, better hospitals, better roads«. Kongressabgeordnete aus dem Süden und dem Westen wollten durch die neuen Autobahnen die Bevölkerungsentwicklung in ländlichen Gegenden fördern. Moynihan warnte hingegen, dass diese unnötigen Autobahnen zu einer Verteilung von Fabriken und Geschäften über das ganze Land sowie zu Bevölkerungsbewegungen führen und demzufolge die Lebensformen in der Stadt radikal verändern würden. Städte wären nur noch Vorstädte, deren Bewohner ihre Mobilität einzig durch das Auto würden gewährleisten können. (In seiner Kritik, mit der er die vorangegangenen Auswirkungen von Levittown aufgriff, erschien Moynihan wie ein Visionär. Siehe Andrang, S. 95ff.).

Moynihan untersuchte akribisch die jeweiligen Finanzierungsformen, denn er wusste, dass der Bau der Interstate Highways erst nach einem Reformbeschluss zu ihrer Finanzierung Fahrt aufgenommen hatte: Im Jahr 1944 war die »interstate authorization« (Befugnis zum Bau der Interstate Highways) verabschiedet worden. 1952 trug die US-Regierung einen Finanzierungsanteil von 60 %, aber bis zu diesem Datum war lediglich 1 % des gesamten Autobahnnetzes gebaut worden. Im Jahr 1956 stieg der Anteil der US-Regierung mit der von Gore beantragten veränderten Gesetzgebung, die darüber hinaus eine Bundessteuer auf Treibstoff erhob, auf 90 %. Folglich mussten die lokalen Regierungen lediglich 10 % oder in einigen Fällen sogar nur 5 % der Ausgaben übernehmen.

Als das Intermodal Surface Transportation Efficiency Act, ISTEA (Gesetz für effizienten verkehrsmittelübergreifenden Landverkehr) 1991 in Kraft trat, wurde also aus dem, was ursprünglich ein Gutachten hätte werden sollen, ein Finanzierungskonzept für zukünftige Projekte. Genau hier zeigt sich die Arbeit des Vermittlers. Moynihan war bewusst geworden, dass viele Bundesstaaten den Autobahnbau vorangetrieben hatten, da sie die Kosten für die Bauarbeiten nicht selbst übernehmen mussten. Für sie war das Geld der Bundesregierung »kostenlos«, nicht wissend, wofür es letztendlich genau eingesetzt wurde. »Sie hatten zwar das Bedürfnis, Autobahnen zu haben, aber leider nicht auch das Bedürfnis, diese auch zu bezahlen.«[9]

9 »the urge to have the highways was not matched by an urge to pay for them.« Moynihan, Daniel P.: New roads and urban chaos. In: The Reporter, 14. April 1960

Im Jahr 1991 wurde das »Interstate-System« wie erwähnt für vollendet erklärt. Die Kosten beliefen sich nach einer tatsächlichen Bauzeit von 35 Jahren auf 125 Milliarden Dollar und damit auf sehr viel mehr als die ursprünglich geschätzten 27,5 Milliarden Dollar in 10 Jahren. Mit diesen Daten hatte Moynihan nun die passenden Argumente für ein zukünftiges Finanzierungsmodell. Er schlug ein Verhältnis von 75 % zu Lasten der US-Bundesregierung und 25 % (einschließlich

Wartung) zu Lasten der lokalen Regierungen vor. Die lokalen Behörden würden seiner Meinung nach viel vorsichtiger mit dem Geld umgehen, wenn sie einen Teil der Kosten übernehmen mussten. »Öffentliche Güter werden oft als freie Güter betrachtet und verbraucht, als würden sie nichts kosten[...] Aber so wenig wie es keine kostenlosen Güter gibt, gibt es auch keine Autobahnen umsonst.«[10] Eine ähnliche Erfahrung hatte er gemacht, während er die Wasserbehörde leitete. Zu damaliger Zeit lag das Ausbaggern der Häfen in der Hand des Bundes, viele Städte forderten als eine wesentliche Voraussetzung für das Florieren ihrer Wirtschaft eine große Wassertiefe im Hafen. Als den Städten dann kein Geld mehr dafür zur Verfügung gestellt wurde, verzichteten die meisten auf weitere Ausbaggerarbeiten und entschieden sich für Investitionen, die sie wirklich brauchten.

Zusätzlich zu einer Änderung der Finanzierungsform regte Moynihan an, vor Baubeginn Studien durchzuführen und Flughäfen oder Eisenbahnlinien als Ersatz für Autobahnen in Erwägung zu ziehen. Darüber hinaus forderte er, in jedem Fall zu prüfen, ob sich ein Vorhaben wirklich rechnen würde und den Vorgaben der Bundesregierung entsprach. Er wollte von innerstädtischen Autobahnen Abstand nehmen, denn da der Baugrund dort knapp war, musste Land gegen Entschädigungen enteignet werden, womit dieser Weg in die Stadt unendlich teuer werden konnte. Moynihan schlug auch einen Prozentsatz des Geldes, das für den Bau der Autobahnen bestimmt war, für die Sanierung historischer oder anderer besonderer Verkehrswege vor. Mit dieser Gebühr sollte beispielsweise die Umgestaltung von Eisenbahnlinien zu Fahrradwegen oder die Wiederherstellung von alten Brücken als Fußgängerwegen oder sogar die Trockenlegung von Feuchtgebieten ermöglicht werden.

Bereits als Student hatte Moynihan stets großes Interesse an der Bewahrung historischer Substanz gezeigt und war auf der Suche nach neuen Nutzungen für diese Bauwerke. Später übernahm er die Restaurierung des Prudential Building von Louise Sullivan in Buffalo und richtete sich in dem Gebäude sogar selbst ein Büro ein. Die Union Station in Washington, D.C. von Daniel Burnham oder das Custom House von Cass Gilbert in New York sind weitere Beispiele für seine Restaurierungstätigkeit.

Die Penn Station in New York konnte Moynihan hingegen nicht retten. Der Bau von McKim, Mead & White wurde 1962 von Charles Luckman für den Bau des Madison Square Garden abgerissen (siehe Marketing, S. 29ff.). So schreibt Nathan Glazer in seinem 2007 erschienenen Buch »From a cause to a style«, es sei bedauerlich, dass Moynihan zu jener Zeit lediglich der Assistent des Arbeitsministers war, wenn er auch bereits dabei war, mit seinen »Leitlinien« die Geschichte seines Landes zu verändern.[11]
Der Madison Square Garden war ein Projekt, das von Beginn an heftige Proteste hervorrief. Diese Auseinandersetzungen schärften jedoch das öffentliche Bewusstsein für erhaltenswerte Gebäude. Madison Square Garden wurde bald von den

10 »Moynihan: Public gods tend to be perceived as free goods and consumed as if they had no cost [...] Just as there is no such thing as a free good, there is no such thing as a freeway.« Moynihan, Daniel P.: ISTEA (Intermodal Surface Transportation). Introduction, 8. Act P.L. 102–204, 1991

11 Glazer, Nathan: From a cause to a style. Modernist architecture's encounter with the American city. Princeton 2007, S. 162

Moynihan Station, New York:
Rendering, Courtesy Friends of
Moynihan Station

12 Moynihan: »Well, there have
been (proposals to name the new
Penn Station) and I have gone to
great lengths to say no because I
don't want other people to get
involved and say, Why the hell am
I building a memorial to him?«
O'Connor, Mickey: The view from
the Hill. In: Architecture, Juli 2000

13 »design activity and political
thought are indivisible« Forgey,
Benjamin: Senator of Design. In:
Metropolis, Dezember 2000

New Yorkern als »der Palast der drei Lügen« bezeichnet: Es war weder ein Garten
noch ein Platz, noch lag das Gebäude an der Madison Street.

Moynihan verwandte viel Kraft darauf, einen neuen Bahnhof zu erbauen, der der
Stadt New York »würdig« sein sollte. Er schlug vor, das James A. Farley Building,
ein Postamt, als Eingang zum Bahnhof für den Nahverkehr umzubauen. Als ein
von Moynihan bewahrtes Gebäude liegt es direkt neben dem Madison Square
Garden an der U-Bahn-Station. Für die Umsetzung des Projekts schuf er die Pennsylvania Station Redevelopment Corporation und bemühte sich um die entsprechenden finanziellen Mittel.

Moynihan starb im Jahr 2003, doch sein Projekt lebt weiter. Die Urheberschaft für
den neuen Bahnhof gebührt David Childs (Mitarbeiter von Moynihan bei der
Entwicklung der Pennsylvania Avenue), aber es ist nicht sicher, ob er letztendlich
die Zügel in der Hand behalten wird. Seit Moynihans Tod ist nicht viel geschehen
– bis auf eine einzige Änderung, und zwar die des Namens: Statt »Penn Station«
will die Stadt New York den Bahnhof zu Moynihans Ehren »Moynihan Station«
nennen, obwohl dieser sich wiederholt gegen eine solche Änderung ausgespro-
chen hatte. Grund für seine Ablehnung war nicht nur Demut, er fürchtete zudem,
dass der Bahnhof als Gedenkstätte nicht die Unterstützung der Öffentlichkeit
erfahren würde.[12]

Moynihan griff gern auf das Zitat des Präsidenten Thomas Jefferson zurück, der
sagte: »Gestalterische Aktivität und politisches Denken sind untrennbar miteinander verbunden.«[13] In Bezug auf seinen Beruf könnte man diesen Ausspruch folgendermaßen verstehen: Architektur und politisches Denken gehen Hand in
Hand. Aber Moynihan wusste auch, dass es in der Politik Entscheidungen gibt,
deren Umsetzung ein ganzes Leben und sogar länger dauern kann.

Es gibt nur sehr wenige Politiker, die etwas von Architektur verstehen. Aber es gibt
noch weniger Architekten, die in der Lage sind, sich mit der Politik auseinanderzusetzen. Eine Ausnahme ist Ricky Burdett (* 1956 in London). Er selbst bezeichnet sich als »urban consultant«, also als politischen Berater für den Städtebau.
Seine Aufgabe liegt in der Unterstützung von Politikern bei der Auswahl von
Architekten oder bei der Umsetzung von Bauprojekten. Da Städte heute in zuneh-
mendem Maße komplexer werden, benötigt die Politik diese externen Fachleute,
die wissen, welche Architekturkonzepte erfolgversprechend sind. Im Rahmen seiner Professur an der LSE (London School of Economics) untersucht und kategorisiert Burdett Städte, erschließt ihre »DNA«, ihren wesentlichen Kern, und
gewinnt daraus Daten und Informationen. Er entwirft keine Gebäude, sondern
entwickelt Strategien, um einzelne Städte neu zu beleben.

Im Unterschied zu Moynihan, der als Vermittler in die Politik eingebunden war,
entwickelt Ricky Burdett seine Arbeit am Rand der Politik und bietet ihr seine
Dienste an. Zu Beginn seines Berufslebens leitete Burdett in London eine Architek-
turgalerie mit dem Namen »9H«, eine Referenz an den Härtegrad von Bleistiften.

»Der Begriff der Bleistifthärte… Härte, Einfachheit, das kritische Betrachten aktueller Diskurse im Bereich Geschichte und Architektur, aber ebenso Vorschläge, in welche Richtung es vorangehen kann.«[14]

Und in der Welt der Kunst wäre seine derzeitige Arbeit in der Tat mit der eines Galeristen vergleichbar. Er sucht Kunden, also Bauträger, für seine Künstler, in diesem Falle Architekten, die er betreut. So weiß er bereits vor Auftragserteilung durch ein Museum (eine Behörde) oder eine private Stiftung (ein Unternehmen), welcher Künstler (Architekt) sich am besten für das Projekt eignen und am besten zu diesem Kunden passen würde.

Die Galerie 9H, die von 1985 bis 1991 existierte, entwickelte sich aus dem Erfolg des Architektur-Magazins gleichen Namens,[15] ins Leben gerufen von Studenten des Masterstudiengangs an der Bartlett School. Burdett war Mitglied des Redaktionsteams dieser Zeitschrift, in der es um Alternativen zu allzu technischen Formenspielen der Hightech-Architektur ging, die zu jener Zeit den Diskurs bestimmte. Norman Foster, Richard Rogers und Michael Hopkins hatten diesen Trend geprägt. In der Galerie entschied man sich, gegen den Strom zu schwimmen und Architekten aus (Kontinental-)Europa vorzustellen, die in London praktisch unbekannt waren. Sie veröffentlichten Artikel, in denen es u. a. um Bauten von Lilly Reich & Eileen Gray, Paolo Caccia Dominioni, Hans Döllgast, Cleon Crantonellis, Arata Isozaki, Alvaro Siza, Richard Meier, Francesco Venezia, Eduard Bru, Herzog & de Meuron und Eduardo Souto de Moura ging. Damals junge Fachleute – und heute teilweise Star-Architekten –, die sich von allem Vorhersehbaren, Langweiligen abwandten, das sie mit dem Royal Institute of British Architects (RIBA) damals verbanden, und deren Ideen allmählich zu »Alternativen« wurden.

Die Leitung der Galerie lag in den Händen von Ricky Burdett, David Chipperfield, Wilfried Wang und Ken Armstrong. Sie befand sich in der Cramer Street im Erd- und Kellergeschoss unter den Büros der Zeitschrift »Blueprint« und hinter dem Büro von David Chipperfield. Schon nach kurzer Zeit planten sie Ausstellungen und setzten bald innerhalb eines Jahres zehn davon um. Die Architekturexponate waren an sich nicht sehr gewinnbringend, aber sie verhalfen ihnen zu geschäftlichen Kontakten, denn zu den Ausstellungseröffnungen kamen Architekten, Politiker, Journalisten und Entscheidungsträger. Die Arbeit in der Galerie bezeichnet Burdett als »das Interessanteste, was ich jemals gemacht habe«[16], sie wurde für ihn zu einer Art »Schnellkurs zum Vermittler«.

Anlässlich einer Ausstellung über den Paternoster Square lernte der Architekt Vertreter des US-amerikanischen Büros Skidmore, Owings & Merrill kennen, die ihm anboten, zwei Jahre lang im Chicago Institute for Architecture zu arbeiten. In dieser Zeit konnte er den »american way« verstehen lernen; er entwickelte Ideen und das Konzept für die »Architecture Foundation«, eine unabhängige Stiftung für die fachliche und wirklichkeitsnahe Auseinandersetzung mit Architektur.

14 Burdett: »the notion of pencil hardness… hardness, terseness, critical of present discourses in the sphere of history and architectural criticism but also suggesting ways to moving forward«. Diamond, Ros: Tracing 9H. In: Architectural Re-search Quarterly, September 2005

15 9H: Bartlett translations, 1980–1983

16 Finch, Paul: Mysteries of the organizer. In: Architect's journal, 3. November 1994

Die »Architecture Foundation« sollte als Forum für Projektvorschläge, einen Meinungsaustausch und für konkrete Bauvorhaben dienen. Im Gegensatz zur 1979 von den Partnern von SOM ins Leben gerufenen »SOM Foundation«, von deren 14 Mitgliedern 13 Architekten waren, begrenzte Burdett die Anzahl seiner Berufskollegen im Gremium seiner Stiftung auf ein Viertel. Sein Wunsch war es, die Gesellschaft als Ganzes abzubilden und insbesondere Vertreter aus der Kultur einzubeziehen. Er versammelte dazu so einflussreiche Persönlichkeiten wie den Bauträger Stuart Lipton, der später zusammen mit Richard Rogers 20 Millionen Quadratmeter in London bebauen ließ, Norman Foster und Doris Saatchi, die damalige Ehefrau von Charles Saatchi, einer der Inhaber der Werbeagentur mit den meisten Büros weltweit, Saatchi & Saatchi. Erfolgreich näherte er sich also der kulturellen und wirtschaftlichen Elite seines Landes.

Die erste Ausstellung der »Architecture Foundation« im Jahr 1991 mit Fokus auf Frankfurt hatte gerade mal 600 Besucher. Die Wanderausstellung »City Changes« im Jahr 1992 über die Veränderungen in London hingegen wurde mit 160 000 Besuchern an vier Standorten ein großer Publikumserfolg – Burdett war es gelungen, die AF zu etablieren. Damit war seine Taktik aufgegangen, sowohl Bürger als auch Politiker als Zielgruppen für die Ausstellungen zu gewinnen. Die AF wurde daraufhin eine Plattform für neue, aufstrebende Talente, die »young architects«, sie übernahm aber auch Planungen wie z. B. die der neuen U-Bahn-Linie »Jubilee Line«.

Als Direktor konnte Burdett unter Beweis stellen, dass er in der Lage war, Probleme sowie mögliche Reaktionen der Öffentlichkeit und der Entscheidungsträger vorauszusehen. Da er beides einschätzen konnte, nutzte er dieses Wissen, um damit die Politiker von der richtigen Strategie zu überzeugen. Man hörte auf ihn, denn gelungene Architektur schlug sich in Wählerstimmen nieder. In diesem Sinne orientierte sich Burdett am ehemaligen französischen Staatspräsidenten Mitterrand, der behauptete, »die Kultur ist der dritte Faktor für den Gewinn von Wählerstimmen, und im Rahmen der Kultur ist die Architektur die wichtigste Komponente.«[17]

17 Mitterrand: »culture is the third biggest vote catcher and architecture is the biggest component in it.« Ebd.

Neben seiner Tätigkeit an der Spitze der AF ernannte die Tate Gallery of Modern Art Burdett im Jahr 1993 zum Architectural Adviser (Architekturberater), womit er seine Stellung als Vermittler wieder einmal unter Beweis stellen konnte. Er musste damals die Entscheidung treffen, wo das Museum in Zukunft untergebracht werden und wer den Auftrag dafür übernehmen sollte. Seine Standortwahl war riskant, da er sich für den Umbau eines alten Kraftwerks im damals heruntergekommenen Londoner Bezirk Southwark, im Stadtteil Bankside, entschied. Das Kraftwerk des Architekten Giles Gilbert Scott ist ein enorm großes Bauwerk, das zwischen 1947 und 1963 in zwei Phasen erbaut und im Jahr 1981 stillgelegt worden war. Es befindet sich auf einer Höhe mit der St. Paul's Cathedral, über die Millennium Bridge gelangt man von dort ins Zentrum von London. Entscheidend bei der Standortwahl waren die beachtliche Höhe der Turbinenhalle von 35 Metern und die des Schornsteins mit 93 Metern. Nach dem Umbau besteht heute an seiner Wahl keinerlei Zweifel mehr. Beweis genug dafür sind vier Millionen Besucher jährlich. Zu damaliger Zeit galt es allerdings viel Überzeugungsarbeit zu leisten.

Ein Wettbewerb wurde ausgeschrieben, eine Ausstellung in der AF organisiert, Debatten folgten. Letztlich setze sich der Vorschlag von Herzog & de Meuron gegen die zu dieser Zeit »großen Namen« durch, ein Entwurf, den Burdett aufgrund seiner Schlichtheit favorisierte. Der Plan erlaubte den Erhalt der Turbinenhalle und die Nutzung von Seitenlicht zusätzlich zum Oberlicht. Zudem konnten die Außenwände praktisch bestehen bleiben. Er verteidigte den Entwurf damit, dass der Erhalt dieses großartigen Industriegebäudes die Öffentlichkeit anziehen würde und es ein idealer Standort für Kunstgegenstände sei. Er forderte seine Kollegen dazu auf, im großen Maßstab zu denken und sich eine Halle mit vielen Stockwerken auf der Länge des gesamten Gebäudes vorzustellen. Damit ergaben sich Herausforderungen, wie beispielsweise Fragen nach der Art der Ausstellungen, die das Haus präsentieren würde, und nach dem Format und der Art der Werke, die einen solchen Raum ausfüllen könnten.

Es wurden Künstler gesucht, die in der Lage waren, eine an diese Größe angepasste, einzigartige Installation zu schaffen. Louis Bourgeois, Anish Kapoor und Juan Muñoz sind einige der Namen, denen dies gelang. Doch eine Arbeit überzeugte laut einer Umfrage durch die Zeitung »The Guardian« im Oktober 2008 die Öffentlichkeit am stärksten: »The Weather Project« von Olafur Elliasson.[18]

Elliassons Installation war eine künstliche Sonne. Die Unermesslichkeit, die Erhabenheit dieser einzigartigen Halle bot einen angemessenen Raum für die Sonne – die Idee überzeugte vom ersten Moment an. Es erinnert an die Wolke von Diller + Scofidio: Beide Projekte lenken die Aufmerksamkeit des Betrachters in die Unendlichkeit des Himmels; im einen sucht man die Sonne, im anderen die Wolken.

Die Tate Gallery wurde im Mai 2000 eröffnet und war das Sprungbrett zum Erfolg für das Team Herzog & de Meuron, im Jahr 2001 gewannen sie den Pritzker-Preis. Burdett zeigte sich als vorausschauender Vermittler, hatte er doch die beiden Architekten unter Vertrag genommen, noch bevor sie so bekannt wurden und als sie noch entsprechend günstig waren. Er hatte die Vision, ihnen den Aufstieg zu ermöglichen, wenn sie für ihn arbeiteten und die Tate Gallery bauten. Aber ein guter Vermittler zu sein bedeutet nicht nur, den geeigneten Architekten auszuwählen. Alles muss passen: der Auftrag, das Bauwerk und der Ablaufplan.

Nach dem Erfolg der Tate Modern wurde Burdett Berater der BBC, der Stadtverwaltung von London und sogar der von Barcelona. In Barcelona argumentierte er mit seinen Erfahrungen aus London und in London nutzen ihm seine Erfahrungen aus Barcelona. Im Jahr 2002 überzeugte er so den Londoner Bürgermeister Ken Livingstone von der Notwendigkeit, das Projekt »The Mayor's 100 Public spaces« ins Leben zu rufen, ein Programm, das die Bürger zur Umgestaltung von

18 Gonzalez-Foerster, Dominique: Which Tate Modern Turbine Hall installation gets your vote? In: The Guardian, 13. Oktober 2008

The Weather Project (2003–2004),
Olafur Eliasson, Installation in der
Turbinenhalle der Modern Tate

öffentlichen Plätzen in London einlädt, die sie im Alltag frequentieren. Es sollte die Art von Plätzen entstehen, die Städte wie Rom oder Barcelona bereits hatten.[19] Pro Jahr wurden zehn Projekte mit dem Ziel in Angriff genommen, qualitativ hochwertige öffentliche Räume zu gewinnen, von der Neugestaltung von Plätzen bis zur städtebaulichen Erschließung. Im Prinzip handelte es sich um die englische Version der Initiative »plazas duras« in Barcelona, bevor die Stadt Austragungsort der olympischen Spiele wurde.

Ricky Burdett vereinbarte seine Beratertätigkeit mit seiner Arbeit an der Universität. Im Jahr 1997 nahm er einen Vertrag der London School of Economics an, an der es zwar keinen Studiengang in Verbindung mit Architektur und Stadtentwicklung gab, für die Ricky Burdett aber aufgrund seiner Kontakte überaus interessant war. Seit jeher ist die LSE eine Kaderschmiede für Führungskräfte gewesen; Pat Moynihan hatte hier im Jahr 1950 mit einem Full-bright-Stipendium studiert, und sie kannten die Fähigkeit von Burdett, eben diese Art von Studenten anzulocken.

So wurde das LSE Cities Programme als eine neue Abteilung innerhalb der soziologischen Fakultät geschaffen – das erste Design-orientierte Zentrum für Bildung, Forschung und Beratung in einer Hochschule für Sozialwissenschaften. Der renommierte Vermittler begann, im Rahmen von Aufbaustudiengängen Kurse zu erteilen sowie Konferenzen und Symposien zu organisieren, zu denen er Bürgermeister und Stadtplaner einlud, die auf der Suche nach Erfolgsrezepten für ihre Städte waren. Acht Jahre nach Antritt dieser Stelle wurde er zum Professor für Architektur und Städteplanung an der LSE berufen.
Im Jahr 2005 rief er das Projekt »Urban Age« als ambitionierte und international ausgerichtete Version des »Cities Programme« ins Leben, das seinen Blick weg von London auf die gesamte Welt richtet. Es hat die Globalisierung zum Thema und will einen internationalen Think Tank schaffen. Als Sponsor fand er die Deutsche Bank, und gemeinsam mit der dazugehörigen Alfred-Herrhausen-Stiftung entstand das »internationale Forum der Deutschen Bank«. Man begann mit einer Konferenzreihe, auf der wieder einmal Politiker, Entscheidungsträger und Architekten vertreten waren, nicht nur in London, sondern überall auf der Welt in Städten, die im Wandel begriffen sind und die anderen Städten als Beispiel dienen können.

Die ersten Konferenzorte waren New York, Shanghai, London, Johannesburg, Mexiko-Stadt und Berlin. Jede dieser Großstädte steht für ein anderes Schicksal. New York hat sich neu erfunden, Shanghai befindet sich in einer Phase explosiven Wachstums, London ist die Stadt von Burdett und das ihm am besten bekannte Beispiel, Johannesburg steht für das, was nicht funktioniert, Mexiko-Stadt steht kurz vor dem Kollaps, und die Einwohnerzahl von Berlin war lange Zeit rückläufig. Burdett brachte zur Sprache, was funktionierte und was nicht funktionierte, und ermunterte seine Studenten und Forscher dazu, nach Lösungen zu suchen.

19 »London will end up with the sort of public spaces there are in Rome or Barcelona (thanks to the Mayor´s 100 Public Spaces).« Nayeri, Farah: Olympian Task: Can Burdett turn a London Gump into Barcelona. In: Bloomberg, 15. Juni 2005

Kongresse dienen der Vernetzung. »Urban Age« ähnelt dem Weltwirtschaftsforum Davos, auf dem sich Entscheidungsträger äußern und Visionen veranschaulichen. Moynihan hatte es sehr viel einfacher, da ihm die staatlichen Organisationsformen mit ihren Aufgaben und Kommissionen, mit genau abgegrenzten Kompetenzbereichen zur Verfügung standen. Zu überzeugen stand auf einem anderen Blatt.

Burdett hingegen sah sich sehr viel diffuseren Machtstrukturen gegenüber, und um seine Zauberformeln anbieten zu können, musste er zunächst wissen, wer seine potenziellen Ansprechpartner waren.

Die folgenden Konferenzen fanden in Mumbai, São Paulo und Istanbul statt, also in Städten mit enormen Wachstumsperspektiven und deshalb mit einem großen Bedarf an Problemlösungen. Aber wer gibt den Ton an in Indien, Brasilien oder der Türkei? Woher soll man wissen, welchen Führungskräften in Politik und Wirtschaft die Architekten einen Besuch abstatten und welche eine Finanzierung durch die Banken erhalten sollen? Und so dienten die Foren des »Urban Age« als eine Plattform, die geeigneten Ansprechpartner zu ermitteln und Vertrauen aufzubauen. Hier bot man Antworten auf Probleme, um später Dienstleistungen zu verkaufen.

Für Burdett war es notwendig, die Aufmerksamkeit der Medien aus aller Welt auf sich zu ziehen. Er nutzte dafür die Architektur-Biennale in Venedig 2006,[20] deren Direktor er war, und rückte das Thema »Stadt« in den Fokus. So machte er sich die Ressourcen des italienischen Staates zunutze, um den »Urban Age«-Städten weitere hinzuzufügen; letztendlich gehörten die folgenden Städte zum Programm: Barcelona, Berlin, Bogotá, Kairo, Caracas, Istanbul, Johannesburg, London, Los Angeles, Mexiko-Stadt, Mailand, Mumbai, New York, São Paulo, Shanghai und Tokio. Um zu überzeugen, wartete Burdett diesmal mit mehr Grafiken, mehr Daten und mehr dreidimensionalen Effekten auf.

»Die Ausstellung bietet nicht nur Informationen und Daten über die derzeitigen Veränderungen dieser Städte in sozialer, wirtschaftlicher und kultureller Hinsicht, sondern stellt auch neue Architektur- und Stadtplanungsprojekte vor, die Auswirkungen auf das Leben, die Arbeit und die Mobilität in diesen dicht besiedelten Metropolen haben.«[21]

Im Jahr 2007 bereitete er für die Londoner Tate Modern unter dem Namen »Global cities« erneut eine Ausstellung über zehn Städte vor. Er nutzte das für die Biennale in Venedig zusammengestellte Material und weitere Daten, obwohl er lediglich Kairo, Istanbul, Johannesburg, London, Los Angeles, Mexiko-Stadt, Mumbai, São Paulo, Shanghai und Tokio einbezog. Die Ausstellung »bildet das sich verändernde Gesicht von zehn dynamischen internationalen Städten ab und untersucht jede einzelne auf der Grundlage von fünf verschiedenen Parametern: Geschwindigkeit, Größe, Dichte, Diversität und Form«[22], erklärte Burdett.

Außerdem veröffentlichte er 2007 das Buch »The Endless City«[23] mit einer Zusammenstellung von Informationen, die er über die Jahre gesammelt hatte. Er kategorisiert darin Städte und präsentiert sich als den »globalen Lösungsfinder«, indem

20 Cities, architecture and society

21 »The exhibition will not only feature information and data on how these cities are being transformed in social, economic and cultural terms but also display new architectural and urban projects that are affecting the way people live, work and move in the dense metropolitan environment of these world cities.« http:archnet.org/calendar/item.jsp?calendar_id=45900. Abgerufen am 24.3.2013

22 englischer Originaltext in: Modern Tate: Global cities, S. 3

23 Burdett, Ricky (Hrsg.): The endless city. London 2007

Ausstellung »**Cities. Architecture and Society**« in den Arsenale-Hallen, 10. Internationale Architektur-Ausstellung/La Biennale di Venezia, Venedig (2006), Ricky Burdett

er die auf den Konferenzen vorgestellten Ideen im Hinblick auf die zunehmende Verdichtung der Städte erläutert. Dabei geht es um Konzepte, ein Wuchern der Städte und eine Verdichtung zu Ballungsräumen zu vermeiden, Funktionen nicht zu trennen und eine Mischnutzung anzustreben, bis hin zu Modellen mit Entscheidungskompetenzen für den jeweiligen Bürgermeister, damit er das wirtschaftliche Wachstum seiner Stadt mitbestimmen kann. Thematisiert werden unter anderem die Bewertung der Nachhaltigkeit eines Modells oder die Beratung und Bildung durch »Urban Age«. Burdett will davon überzeugen, dass durch eine

Architektur, die sich von »Hightech-Lösungen« distanziert und die sich stärker mit der Sozialpolitik auseinandersetzt, die Transformation einer Stadt möglich ist.

Er untersucht den Verkehrskollaps in Mexiko-Stadt, der u. a. zu einer mangelnden Wettbewerbsfähigkeit, zu sozialen Strukturproblemen und zu schweren Verschmutzungsproblemen führt, und empfiehlt als Lösung ein bereits in Bogotá erfolgreich umgesetztes Modell. Dieses besteht aus einem effizienten Busnetz, wodurch die Straßen entlastet werden und der soziale Zusammenhalt gestärkt wird. Seine Argumentation erinnert an Moynihans Kämpfe bei der Einführung des ISTEA.

Burdett empfahl dem Bürgermeister die Förderung des öffentlichen Personennahverkehrs und einen Ausbaustopp des Autobahnnetzes. Sein Vorschlag sah zudem spezielle Busspuren vor, die durch Bordsteine und erhöhte Fahrbahnen abgegrenzt werden sollten, um eine Benutzung durch andere Fahrzeuge zu verhindern. Anhand grafischer Darstellungen und einer Vielzahl an Daten stellte er sein »Rezept« mit spezifischen Anpassungen für Mexiko-Stadt vor. Die Politiker nahmen den Vorschlag an, und heute gibt es bereits die ersten Fahrspuren für »Metro-Busse«, die so schnell wie eine U-Bahn fahren. »Urban Age« sensibilisiert die Politiker und zeigt ihnen, dass Entscheidungen, die die Architektur betreffen, starke Auswirkungen auf das soziale Umfeld haben. Es geht um die Verbindung zwischen der gebauten Umwelt und sozialen Strukturen, »zwischen Nachhaltigkeit und Dichte, zwischen dem öffentlichen Personennahverkehr und sozialer Gerechtigkeit, zwischen öffentlichen Räumen und Toleranz sowie zwischen guter Regierungsführung und guten Städten, was wiederum das Stadtleben beeinflusst. Vielleicht betrifft die Gestalt der Städte, also wie viel Land bebaut, wie viel Energie verbraucht wird, wie das Transportwesen organisiert ist und wo Menschen wohnen [...], mehr als je zuvor die ökologische, wirtschaftliche und soziale Nachhaltigkeit der globalen Gesellschaft. Städte sind nicht nur eine Konzentration von Problemen, die es zwangsläufig gibt, sondern auch der Ort, an dem für diese Probleme Lösungen gefunden werden können.«[24]

Durch »Urban Age« wurde Ricky Burdett zu einem globalen Berater, der zwar nicht über direkte Macht, wohl aber über Einfluss verfügt. Es ist eine Position, die mit der von Moynihan vergleichbar ist, als dieser vor seiner Tätigkeit als Senator des Staates New York Botschafter bei den Vereinten Nationen war. Er verfügte zwar nicht über greifbare Macht, konnte jedoch seinen Einfluss in sehr vielen Ländern geltend machen. Bis zum Zeitpunkt seines Wahlerfolgs als Senator blieben ihm jedoch die Schlüssel zur Staatskasse vorenthalten.

Inzwischen sind beide Seiten für Ricky Burdett Realität. Einerseits macht er seinen Einfluss als Berater durch »Urban Age« in vielen Ländern geltend, auf der anderen Seite erhält er Zugang zur Macht in London. Zusammen mit anderen Architekten machte er seine Ablehnung der ODA (Olympic Delivery Authority), der für die Organisation der Olympischen Spiele in London 2012 verantwortlichen Behörde, deutlich. Sie waren der Ansicht, die ODA sei zu sehr mit den Interessen der Spon-

24 »[...] deep connections between social cohesion and built form, between sustainability and density, between public transport and social justice, between public space and tolerance and between good governance and good cities that matter to the way urban citizens live their lives. Perhaps more so than ever before, the shape of cities, how much land they occupy, how much energy they consume, how their transport infrastructure is organized an where people are housed [...] affect the environmental, economic and social sustain-ability of global society. Cities are not just concentrations of problems – which they are – but that they are also where problems can be solved.« Ebd.

London vor den Olympischen Spielen 2012. **Luftansicht des Olympiageländes**

soren verbunden und die Meinung der einzelnen Projektleiter werde nicht in ausreichendem Maß gewürdigt.

Um ihren Kritiker zum Schweigen zu bringen, ernannten die Politiker Burdett zu ihrem »Gestaltungsberater«. Je näher der Termin im Jahr 2012 rückte, desto voller wurde sein Terminkalender, bis er schließlich seine gesamte Zeit für dieses Amt verwendete. Seine Arbeit bestand darin, Designer-Teams zu beauftragen, die Arbeiten zu beaufsichtigen und über die Einhaltung des Budgets und der Lieferzeiten zu wachen. Die Aufgabe glich seiner Tätigkeit in der Tate Modern, nun allerdings mit dem 20- bis 30-fachen Umfang. Denn diesmal war das Budget höher, es gab mehr Standorte und es stand mehr auf dem Spiel, ging es doch um die Präsentation des Landes in der Welt.

Burdett musste organisieren, entscheiden und Auswahlkriterien festlegen und entwickelte dabei seine eigenen »Leitlinien«:

»1) Zuerst spielt bei den Anforderungen das Design eine sehr große Rolle, ebenso wie die Lieferbarkeit und Funktionalität. 2) Dann ziehen wir los und suchen die absolut besten Talente, die für diese Aufgabe verfügbar sind, ungeachtet ihres Profils. 3) Und schließlich haben wir interne Mechanismen, mit denen das richtige Verhältnis zwischen Qualität des Designs einerseits und Zeit- und Budgetvorgaben andererseits gesichert ist.«[25]

Vor Burdett lag das Projekt seines Lebens: Er hatte den Auftrag, seine Stadt London in Zeiten der Krise zu verändern, und er stand aufgrund der vorangegangenen Olympischen Spiele in Peking unter enormem Erfolgsdruck. Er wird sich mit Architekten, Politikern und Journalisten herumgeärgert und das Programm mit viel Diplomatie umgesetzt haben. Im September 2005 schrieb er: »Architekten gestalten Städte. Politiker machen Politik. Mich interessiert, wie ich sie an einen Tisch bringen kann.«[26] Diesen Ausspruch hätte mit Sicherheit auch der geniale Moynihan unterschrieben.

25 »1) Firstly, the brief will always put design on a extremely high threshold, alongside deliverability and functionality. 2) We then go out and find the very best talent available for the job, regardless of profile. 3) Finally, we have mechanism in-house that ensure design quality is always balanced with restrictions such as time and budget.« Foster, Phin: Let the games begin. In: Designbuild, 1. August 2007

26 »Architects shapes cities. Politicians make policies. Getting them to talk to each other is what interest me.« Brief encounter: Ricky Burdett. In: Riba Journal, 112/2005

*IDEEN FÜR EINE RASANT
WACHSENDE BEVÖLKERUNG
(GIBT ES EIN MODELL, DAS SICH
BELIEBIG WIEDERHOLEN LÄSST?)*

Architekten entwerfen normalerweise für einen bestimmten Kunden, für einen bestimmten Ort und demzufolge in einem spezifischen Kontext. Maßgeschneiderte Immobilien sind aber ein Luxus, den sich die Mehrheit nicht leisten kann. Standardisierte Produkte, zum Beispiel von IKEA, haben kontinuierlich unsere Einstellung zum Wohnen beeinflusst. Es ist nun an den Architekten, über den so gefürchteten industrialisierten Wohnungsbau nachzudenken. Ihm gegenüber sind wir skeptisch, lässt sich doch in unseren Augen ein solches Konzept nur schwer an den einzelnen Nutzer anpassen. Und wir wissen, dass der Endpreis mit einer zunehmenden individuellen Anpassung steigt. Stellen wir uns also eine neue Frage: Können wir Wohnungen zu moderaten Preisen entwerfen, die nur über einen begrenzten Zeitraum hinweg einige Grundbedürfnisse erfüllen?

An zwei Beispielen wird im Folgenden gezeigt, wie diese als Konsequenz aus Migrationsbewegungen dem industrialisierten Wohnungsbau Auftrieb gaben: Die Rückkehr Tausender amerikanischer Soldaten aus dem Zweiten Weltkrieg führte zum Bau Tausender Eigenheime und zu einer neuen Art des Wohnens. Es entstand das Modell der Vorstadt aus Einfamilienhäusern mit Garten, das sich auf der ganzen westlichen Welt durchgesetzt hat. Heute sind noch weitaus größere Veränderungen im Gange. Die chinesische Landbevölkerung wandert in die Städte, und wir müssen darüber nachdenken, wie diese Menschen dort aufgenommen werden können. Daraus ergibt sich eine große planerische Herausforderung, denn in den nächsten 20 Jahren werden schätzungsweise 500 Millionen Chinesen auf der Suche nach einer besseren Zukunft vom Land in die Stadt ziehen.

Genauso wie damals in Amerika die Vorstädte entstanden, entsteht heute in China die hyperdichte Stadt. Um mit dieser Realität umgehen zu können, müssen wir uns sowohl Erfolge als auch Fehler der Vergangenheit bewusst machen. Levittown ist ein Beispiel für ein Konzept, das seinerzeit eine Lösung für viele Familien darstellte, das sich heute jedoch als unhaltbar erweist.

Damit die Menschen in ihr leben können, braucht die hyperdichte Stadt ein neues soziales Modell der Koexistenz. Elemente aus der virtuellen Welt sind nötig, um den Bewohnern genügend Raum für Freizeitaktivitäten, einen emotionalen Ausgleich und individuelle Bedürfnisse anbieten zu können, der ihnen in der Wirklichkeit nicht zur Verfügung steht. Für einen Großteil der Menschen wird das Thema der Standardisierung dann keine Rolle mehr spielen, denn alles Virtuelle lässt sich konfigurieren und an den Benutzer anpassen; im Unterschied dazu wird die Realität – aus Kostengründen – normiert sein.

Für Menschenmassen zu entwerfen stellt eine große Herausforderung dar, da das geeignete Modell hierfür noch nicht definiert ist. Wir müssen jedoch schnell handeln, denn die Landbevölkerung Chinas steht schon vor den Toren der Städte. Mit Sicherheit werden es die Chinesen selbst sein, die Lösungen entwickeln, denn die Intellektuellen dieses Landes werden derzeit an den besten Universitäten der Welt ausgebildet und sind in der Lage, westliches Wissen optimal mit asiatischer Praxis zu verbinden.

In der chinesischen Kultur ist alles im Fluss, alles verändert sich, alles ist anpassungsfähig – und dies gilt auch für die Architektur.

DIE MASSEN UND DIE ARCHITEKTUR –
AUF DER SUCHE NACH DER BESTEN
STRATEGIE

Wie kann man großen Bevölkerungsmassen gerecht werden? Und welche Standardlösungen kann man anbieten, die sich ohne Änderungen und Anpassungen für die größtmögliche Anzahl von Personen eignen? Es geht dabei nicht um das Prinzip »Customizing«, bei dem man von individuellen Anpassungswünschen ausgeht und diese entsprechend einkalkuliert. Auch auf die Zukunft ausgerichtete Überlegungen sollen hier keine Rolle spielen; vielmehr geht es darum, den aktuellen Bedarf zum günstigsten Preis zu decken.

Individuelle Anpassung bedeutet, eine Wohnung wie ein materielles Gut zu betrachten, das ein Leben lang halten soll. Allerdings wird ein großer Teil der Kunden seine Wohnung später anders nutzen als geplant oder sie einfach nur verkaufen. Denn in der Realität entwickelt sich die Gesellschaft in eine Richtung, wo das Dauerhafte der Mobilität weichen muss, wo wir auf der Suche nach einer unmittelbaren Befriedigung aktueller Bedürfnisse sind. Die Zukunft ist so unklar, dass es nicht mehr darum geht, wie sich der Nutzer seine Wohnung plant, sondern um die Frage, wie und wo er im Fall eines Arbeitsplatzwechsels, eines Beziehungsendes oder sogar einer Veränderung der allgemeinen Wirtschaftslage wird leben können oder müssen. Alles wird komplizierter, wenn nicht der Mensch selbst die Veränderung bestimmt, sondern stattdessen soziale oder wirtschaftliche Veränderungen das Weiterleben an einem Ort unmöglich machen.

1 Beck, Ulrich: Risikogesellschaft. Frankfurt 1986

Der Soziologe Ulrich Beck bezeichnet die heutige Gesellschaft als »Risikogesellschaft«.[1] Dabei bezieht er sich auf soziale, politische, wirtschaftliche und industrielle Risiken, die sich immer weiter den institutionellen Kontroll- und Schutzmechanismen der Industriegesellschaft entziehen. Er untersucht unter anderem das Phänomen der Individualisierung und hebt folgende für die Risikogesellschaft charakteristische Aspekte hervor:

· Heutige Risiken können in der Gesellschaft systematische, häufig irreversible Schäden verursachen.
· Rückkehr der Unsicherheit; Risiko als Anerkennung des nicht Vorsehbaren und der Bedrohungen der modernen Gesellschaft. In der reflexiven Gesellschaft wird die Gesellschaft zu einem Problem für sich selbst.
· In den neuen Gesellschaftsformen erlebt der Mensch eine Individualisierung, die ihre Wurzel in den sich auflösenden traditionellen Bindungen der Industriegesellschaft hat.

Levittown (1957), Luftansicht

· Die gemeinsamen, für die Gesellschaft sinnstiftenden Quellen erschöpfen sich und das Individuum sucht davon unabhängig in der neuen Gesellschaft nach einer Identität. »In Klassenlagen bestimmt das Sein das Bewußtsein, in Risikolagen umgekehrt das Bewußtsein (Wissen) das Sein.«[2]

· Es herrscht ein politisches und institutionelles Vakuum. Soziale Bewegungen sind eine neue Form der Legitimierung.

2 Ebd., S. 70

Als Konsequenz aus den sozialen Risiken leben wir in einer wachsenden Unsicherheit: Was als sicher galt, ist es nicht länger.

Streben wir Lösungen für Bevölkerungsmassen an, müssen diese für einen ganz bestimmten Zeitpunkt konzipiert sein. Ein Produkt muss zu einem erschwinglichen Preis konzipiert und hergestellt werden. Wenn die Masse es kauft, bleibt es auf dem Markt, bis dieser gesättigt ist.

Nach dem Zweiten Weltkrieg machte sich unter den Amerikanern, die nun von den Kriegsschauplätzen zurückkehren Optimismus breit. Viele junge Menschen wollten nicht wieder bei ihren Eltern leben und hatten die Sehnsucht, sich ein eigenes Zuhause zu schaffen. William J. Levitt (* 1907 in New York City, † 1994 Manhasset, NY) erkannte die zwingende soziale Notwendigkeit, neuen und billigen Wohnraum zu schaffen. So gelang ihm 1947 der Durchbruch mit einem revolutionären Angebot,

William J. Levitt
Time vom 3. Juli 1950

3 Levitt: »We channel labor and
materials to a stationary outdoor
assembly line instead of bringing
them together inside a factory.«
Lacayo, Richard: Suburban
Legend William Levitt. In: Time,
7. Dezember 1998

das für viele Familien den amerikanischen Traum von einem Eigenheim mit Garten
Wirklichkeit werden ließ: Auf einem ehemaligen Kartoffelacker in Nassau (Long
Island), der zu einem städtebaulichen Erschließungsgebiet umgewandelt worden
war, bot er Häuser zum Sonderpreis von nur 7990 Dollar an (heute entspräche diese
Summe ca. 64 000 Dollar), die bequem in monatlichen Raten von 58 Dollar über
30 Jahre abbezahlt werden konnten.

Das Gebiet war zwar nicht an den öffentlichen Personennahverkehr angeschlos-
sen, aber wenn man den Preis der Häuser mit dem einer schlechten Wohnung in
New York verglich, war die Aussicht auf ein Haus mit einem 228 Quadratmeter
großen Grundstück, einem Wohnzimmer mit offenem Kamin, zwei Zimmern,
einer voll eingerichteten Küche und einem Badezimmer durchaus reizvoll. Außerdem waren Heizung, Fernseher und Waschmaschine im Preis inbegriffen, wie
auch die Möglichkeit, das obere Stockwerk auszubauen.

Die Reaktionen ließen nicht auf sich warten: Bereits am ersten Wochenende kamen
20 000 Interessenten zur Baustelle, und innerhalb eines Tages waren 1400 Häuser
verkauft. Die Menschen standen nächtelang bei Wind und Wetter im Freien
Schlange in der Hoffnung, eines der Häuser zu erwerben.

Das Geheimnis der günstigen Bauweise lag in der Industrialisierung des Bauprozesses, sozusagen in der Organisation: »Wir führen Arbeit und Material an einem
Fließband im Freien zusammen statt in einer Fabrik.«[3]
Levitt arbeitete mit so vielen Fertigbauteilen wie möglich, alles konnte vor Ort
montiert werden, direkt auf der Baustelle. Hier sollte die Säge überflüssig sein, da
ihr Einsatz seiner Meinung nach immer bedeutete, dass vorher etwas nicht
gepasst hatte. Gern verglich er sein Unternehmen mit General Motors und prahlte
damit, dass er alle 16 Minuten ein Haus – beziehungsweise 37 Häuser pro Tag –
bauen könne, oder er hatte weitere Zahlen parat, mit denen er seine Zuhörer
begeisterte.

Die Bauausführung teilte er in 27 Schritte auf. Beispielsweise beauftragte er einen
Maler damit, ausschließlich rote Linien zu malen, oder einen Monteur, nur die
Füße von Waschmaschinen zu montieren usw. Jede einzelne Aufgabe war dem
jeweiligen Fachmann überlassen, um die 25 % der Arbeitszeit einzusparen, die ein
Arbeiter benötigt, um darüber nachzudenken, was er als nächstes tun wird.

Er verhandelte mit Banken, mit der Regierung und den Gewerkschaften, denn er
war darauf angewiesen, dass die Regierung für die Bankkredite bürgte, die Vetera-
nenorganisation Hypotheken mit niedrigen Zinsen an ihre Mitglieder vergab und
die Gewerkschaften nicht auf den Baustellen erschienen. Er setzte auch eine
Änderung der Bauvorschriften zugunsten seines Systems der Fundamentierung
mit Bodenplatten aus Beton durch. Bis zur letzten Schraube war alles vorprodu-
ziert, und Levitt verwendete sogar Holz aus seinem eigenen Wald, das ihn von

Levittown (1947): Material auf
der Baustelle, bereit zur Montage.
Die Montage war in 27 einzelne
Schritte aufgeteilt.

Preisschwankungen auf dem Holzmarkt unabhängig machte. Soweit es ihm möglich war, trennte er sich von allen Zwischenhändlern, um ihre Gewinnmargen nicht einkalkulieren zu müssen. Dank seiner Sparpolitik brachte jedes fertiggestellte Haus einen Gewinn von 1000 Dollar ein.

Das Ergebnis waren Einfamilienhäuser mit Garten und Satteldach, wie Vorschulkinder sie zeichnen würden. Sie standen alle aufgereiht an einer leicht kurvigen Straße, mit jeweils zwei Bäumen pro Parzelle. Die meisten Käufer dieser Häuser waren weiße Amerikaner aus der unteren Mittelschicht, und noch bis 1959 gab es Einschränkungen für Afroamerikaner, selbst wenn diese Veteranen waren.

Strenge Vorschriften wie »Sonntags ist das Aufhängen von Wäsche nicht gestattet«, »Zäune zwischen den Häusern sind nicht erlaubt« und »Einmal in der Woche muss der Rasen gemäht werden« regelten das Zusammenleben. Die ehemaligen Soldaten waren aber solche Vorgaben gewohnt, und sie konnten damit eine Zeit lang eine gewisse militärische Ordnung und Sauberkeit aufrechterhalten.

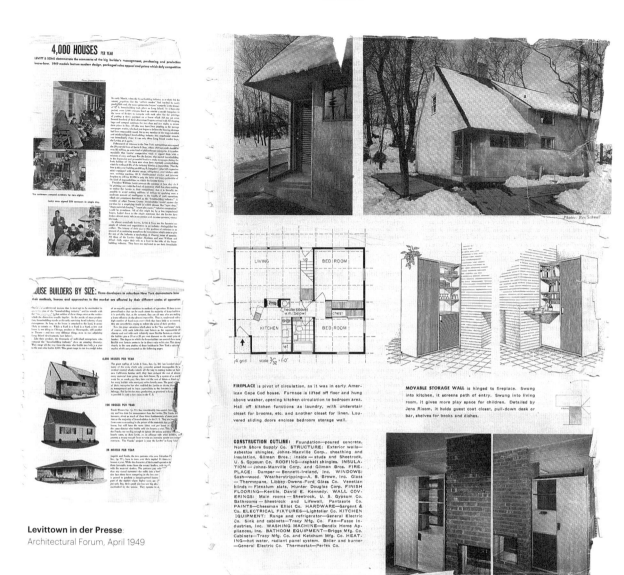

Levittown in der Presse
Architectural Forum, April 1949

Innerhalb von nur drei Jahren wurde der Kartoffelacker zu Levittown, NY, einer Stadt mit 17 447 von Levitt erbauten Häusern. Die Stadt wurde zum Inbegriff des amerikanischen Fortschritts. In den Medien gab es viele Berichte über sie, darunter natürlich auch Witze und Anekdoten. Häufig sendete das Radio Geschichten über Ehemänner, die ihre Seitensprünge damit rechtfertigten, dass sie sich einfach im Haus geirrt hätten, oder von Kindern, die verschwanden, weil sie nicht nach Hause fanden. Auch der Sänger Pete Seeger griff dieses Thema in seinem satirischen Song »Little Boxes« mit der Zeile »all made out of ticky tacky, and they all look the same« auf.

Levittown (1958), Luftaufnahme (links) und **Blick über Shanghai** vom Oriental Pearl TV Tower aus (rechts)

Und dennoch: Levitts Konzept war so erfolgreich, dass er es an anderen Orten wiederholte. Er baute Levittowns in Pennsylvania, Willingboro, Maryland und sogar in Puerto Rico. Bis Ende der 1960er-Jahre hatte er weltweit 140 000 Häuser gebaut. Levitt hatte Erfolg, weil er eine Antwort für eine Ende der 1940er-Jahre drängende Frage parat hatte: Wie lässt sich für zehn Millionen Amerikaner aus der unteren Mittelschicht angemessener Wohnraum schaffen?

Sein Erfolg fiel mit der Verbreitung des Automobils zusammen, mit dem sich Einkäufe bis nach Haus transportieren ließen, sodass es keine Rolle spielte, wie weit Levittown vom öffentlichen Nahverkehr entfernt war. Levitts Entscheidung, Baugrundstücke in der Nähe von Industriegebieten zu suchen, wo Arbeitskräfte gebraucht wurden, war goldrichtig. Denn dort konnten die Hausbesitzer Arbeit finden, um ihre Hypotheken abzuzahlen. Er stellte damals die richtigen Fragen und arbeitete daran, sie zu beantworten.

Doch welche Fragen stellen sich heute?

Der Architekt Qingyun Ma (*1965 in Xian) steht vor einer vergleichbaren Herausforderung wie Levitt damals: Wie sollen 500 Millionen Chinesen, die es in den nächsten 20 Jahren vom Land in die Stadt ziehen wird, in den Städten Wohnraum finden? Das Problem ist 50-mal größer und spitzt sich durch Platzmangel zu, hat China doch bereits heute schon in den Städten eine extrem hohe Bevölkerungsdichte.
Die Zahl der Chinesen, die in Städten leben, wird laut Studien von 572 Millionen im Jahr 2005 auf 926 Millionen im Jahr 2025 anwachsen und bis 2030 die Milliardengrenze erreichen. 2025 wird es in China bereits 219 Städte mit über einer Million Einwohnern geben. Zum Vergleich: Heute existieren in Europa 35 Städte

4 Nach: McKinsey and
Company: Preparing for China´s
urban billion. März 2008

dieser Größe und 24 Städte mit über fünf Millionen Einwohnern. Dieses Wachstum bedeutet für viele Städte einen hohen Druck bei unterschiedlichen Aufgaben, u. a. die Herausforderung, dieses Bevölkerungswachstum zu managen, genug öffentliche Gelder für Sozialleistungen zur Verfügung zu stellen und die Nachfrage nach Grund und Boden, Energie, Wasser und Natur zu erfüllen.[4] Diese Entwicklung lässt einen über hyperdichte Städte nachdenken und Methoden entwickeln, die zu ihrer Entlastung führen könnten.

Ma selbst hat die rasante Wandlung in seinem Land erlebt. Seine Geburtsstadt Xian liegt an der Seidenstraße, mit den Kaufleuten gelangten Nachrichten aus dem Westen dorthin. Von der ländlichen Umgebung während Mas Kindheit hat sich Xian in weniger als einem Jahrzehnt jedoch in eine Metropole wie New York verwandelt. Ma hat dies miterlebt, es hat ihn geprägt. Die Entwicklung dieser Stadt steht beispielhaft für die extreme Geschwindigkeit, mit der sich China in den letzten Jahren verändert hat.

Qingyun Ma studierte Architektur an der Universität Tsinghua in Peking und ein Stipendium ermöglichte ihm den Masterabschluss an der Universität von Pennsylvania. Er arbeitete im New Yorker Architekturbüro Kohn Pedersen Fox, wo er Bauten für amerikanische Großkonzerne entwarf. Damals lernte er Rem Koolhaas kennen und arbeitete zeitweise mit dem niederländischen Architekten zusammen, unter anderem am Gebäude der CCTV in Peking sowie an dem Buch »Great Leap Forward«. Koolhaas sagt über Ma, er fange »nicht wie die Mehrheit seiner Kollegen bei null an und macht mit der Vergangenheit kurzen Prozess, sondern versucht, Beziehungen zwischen der historisch gewachsenen Substanz und neuen Bauten zu etablieren. Das Besondere an seinen Arbeiten ist, dass diese chinesisch bleiben oder sich an das Chinesische annähern.«[5]

5 Serra, Catalina: El joven
arquitecto de Xi'an. In: El País,
14. Juni 2004

Im Jahr 1995 gründete Ma sein eigenes Architekturbüro unter dem Namen Mada. Vier Jahre später veränderte er den Namen und ging mit MADA s.p.a.m. nach Shanghai zurück, auf der Suche nach Entwicklungsmöglichkeiten – im vor Olympiabegeisterung strotzenden China, wo alles wuchs, sich bewegte und vor Ideen sprudelte.
Mit seiner eigentlich nur geringen Erfahrung wäre es normal gewesen, so anzufangen wie alle Architekten, wenn sie ein Büro eröffnen: Sie entwerfen ein Einfamilienhaus. Ma hingegen erhielt den Auftrag für den Entwurf des Wuxi Campus Center in Zhejiang, wo er eine Million Quadratmeter erschließen sollte. Von den enormen Ausmaßen des Projekts – eine Fläche, größer als das gesamte Werk von Kahn, Aalto oder Mies van der Rohe – ließ er sich nicht einschüchtern. Er stellte 40 Mitarbeiter ein und beauftragte weitere 40 externe Kooperationspartner.
Er startete mit dem ersten Teil des Campus, einer Fläche von 180 000 Quadratmetern, auf der u. a. eine Bibliothek, Studentenwohnheime, ein Hörsaalkomplex und Sportanlagen geplant waren.

Um der Führung des Büros, dem Bauwerk und dem Kunden Herr zu werden, bediente er sich der in China typischen Idee des »sùdù« (速度), was man mit »Geschwindigkeit« übersetzen könnte. Alles geht so schnell vonstatten, dass kein Raum für Zweifel oder gar Verbesserungen bleibt. Das heißt, eine Voraussetzung für »sùdù« sind klare und einfache Entscheidungen und Anweisungen. Der Architekt hat dabei die Kontrolle über den Bau. Ähnlich wie bei Levitt muss jeder wissen, was er zu tun hat. Improvisation ist hier fehl am Platz, alles muss koordiniert sein, dann erst funktioniert dieses Prinzip. Die Abläufe müssen einfach und eindeutig sein und in dieselbe Richtung gehen, sonst wäre die Führung so vieler Beteiligten an solchen Großprojekten nicht möglich.

Wenn man gegen die Zeit bauen muss, dann bleibt kein Raum für Korrekturen, dann kann man nicht innehalten oder abwägen, ob die Entscheidungen richtig oder falsch sind. »Ich würde sagen, dass sich die Entscheidung eines Designers in China unmittelbar auf die tatsächliche Konstruktion auswirkt [– im Gegensatz zur westlichen Welt, in der Änderungen erst noch in vielen Kontrollinstanzen überprüft werden].«[6] Davon träumen sicher einige Architekten, obgleich es Risiken birgt. Mit dieser hohen Geschwindigkeit werden in China Entwürfe laut Ma direkt so umgesetzt, wie der Architekt sie anfänglich geplant hat, mit weniger Zwischenschritten als im Westen. Er beschreibt dies so, als ob man einen Entwurf gar nicht erst als Plot ausdrucke oder im Modell sehe, sondern gleich als fertiges Gebäude. »Die gesamte Branche ist wie ein Plotter, der deine Entwürfe in 3-D ausdruckt.«[7]

Und so wird auf die Definition von Details oder auf Pläne mit einem Maßstab von 1:50 verzichtet. Viele der Entscheidungen werden bei Baustellenbegehungen getroffen, und das Gebäude definiert sich durch seine Grundidee, ohne dass auf eine Zeichnung zurückgegriffen werden muss. Bei einer Fassade z. B. können die unterschiedlichen Bereiche über Codes definiert sein. Das heißt: Bauteil A ist aus Aluminium, Bauteil B aus Beton und alle Verbindungen sind aus Stahl. Es handelt sich aber nicht um Fertigbauteile, sondern um Formeln, die quasi Konstruktionsanweisungen entsprechen und schließlich vom Mitarbeiter exakt umgesetzt werden können. Das System überlässt nichts dem Zufall, man kann damit Großprojekte bauen, bei denen für eine detailgetreue Planung weder Zeit noch Budget vorhanden ist. Die Lösung ist also eher ein Bauen in Prototypen.
Überraschungen sind daher nicht selten, und es kann sein, dass das Gebäude nach seiner Fertigstellung einige Meter höher ist als geplant. So etwas hat in China nicht die geringste Bedeutung. Hauptsache, das Gebäude wird im geplanten Zeitrahmen fertig und erfüllt seine Funktion.

Mit zunehmender beruflicher Praxis entdeckt Ma, dass der gezeichnete Entwurf allein ein Projekt nicht ausreichend beschreiben kann, wenn es immer komplexer wird, und dass es Werkzeuge braucht, die ihm die architektonische Sprache selbst nicht bietet. Es braucht eine Strategie, um Projekte solcher Größenordnungen zu verwirklichen.

6 Ma: »In China a decision made by a designer, I would say that it directly impacts the physical construct.« Jeevanjee, Ali: Qingyun Ma: The Idea Behind s.p.a.m. In: Archinect, 10. Dezember 2007

7 Ma: »The whole industry is almost like a plotting machine, plots your drawings out in a tree dimensional way.« Ebd.

Wuxi Campus, Zhejiang (2003),
MADA s.p.a.m.: Modelle, auf denen
Codes die unterschiedlichen
Bereiche der Fassade definieren
(links). Baustellenbild (rechts)

8 Ma: »I like spam because when I
first came to the United States the
only thing that I could afford to
have a sandwich with was spam.
Actually, I love it. I tastes so well.
Thinking about it, it´s actually
good, the idea behind spam is to
condense the nutritious agents by
not recognizing its original form.«
Ebd.

9 Auch im Namen seines Büros,
MADA – s.p.a.m., nimmt er dies
auf: So stehen die Abkürzungen
für Strategy, Planning, Architecture und Media.

10 Ma: »Planning with no social
strategy, or economical strategy,
is nonsense. So before you start to
plan, you have to work on strategies. Architecture is really a form
of representation of what we do,
it´s a form of representation of
social forces, of economical dyna-
mism. [...] Planning thinking leads
to strategy.« Wie Anm. 6

Ma erzählt zu dieser Entwicklung in seinem Denken gern eine Anekdote – sich an
seine Anfänge in den Vereinigten Staaten erinnernd –, als »das einzige, was ich
mir leisten konnte, ein Spam-Sandwich [war].« Abgesehen von dem Wort selbst
– im Englischen etwas Diffuses, etwas, das schwer zu erkennen ist – faszinierte
ihn auch das Produkt an sich: »Es handelt sich um eine Konzentration von Nähr-
stoffen, deren ursprüngliche Form nicht wiederzuerkennen ist.«[8]

Diese Idee,[9] übertragen auf die Architektur, bedeutet für ihn, dass Letztere die sich
kreuzenden gesellschaftlichen, politischen und wirtschaftlichen Interessen abbilden und erfüllen muss. »Eine Planung ohne gesellschaftliche oder wirtschaftliche
Strategie ist sinnlos. Das heißt, dass die Entwicklung einer Strategie vor der Planung stehen muss. Architektur ist in Wahrheit eine Repräsentation dessen, was
wir tun, eine Art Darstellung gesellschaftlicher Kräfte und wirtschaftlicher Dynamik. [...] Planerisches Denken führt zur Strategie.«[10]

Wenn er eine Aufgabe angeht, legt er zunächst Strategien fest, die darauf ausgelegt
sind, dem Kunden bezahlbare Lösungen anzubieten: »Es ist wichtig, die Idee mit
Geld zu verknüpfen.«[11]
Die Lösung ist aber nicht zwangsläufig ein Gebäude. Es könnte auch eine Skizze,
ein Bild, ein Immobiliengeschäft oder gar ein Buch sein.
Ma wurde von Anfang an mit großen Aufträgen betraut. Dies bot ihm den Vorteil,
dass er wirtschaftlichen Spielraum hatte, um in seinem Architekturbüro auch the-
oretisch zu arbeiten. Er investierte in die Publikation verschiedener Schriften über
Strategien zur Lösung realer Fragestellungen: »How to develop Junuan Island«,
»How to Develop the North Bund in Shanghai« und »How to Revitalize Shiuan«.

Bei all diesen Konzepten handelt es sich um »unaufgeforderte Architektur«, wie der niederländische Architekturhistoriker Ole Bouman sagen würde. Gemeint ist damit, einen Vorschlag ohne vorherigen Auftrag zu unterbreiten und damit die Aufmerksamkeit der Politiker zu wecken, denen wir Antworten liefern wollen. Voraussetzung dafür ist die Kenntnis der öffentlichen Interessen.

Die westliche Tradition basiert auf dem Bewahren historischer Bauwerke, die so lange wie möglich erhalten werden sollen. Die chinesische Tradition aber legt vor allem Wert auf die zwischenmenschlichen Beziehungen, die mit solchen Bauwerken verbunden sind. Es ist unerheblich, ob Gebäude wieder aufgebaut, abgerissen oder ausgetauscht werden, da ihr Wert an sich – auch wenn sie antik sind – nicht im Stein selbst verankert ist, sondern darin liegt, welche Bedeutung die Gesellschaft diesem Stein beimisst.

Ein Beispiel für den Wert der Beziehungen ist das Haus, das Ma in Xian für seinen Vater baute, obwohl dieser es eigentlich gar nicht brauchte. Die Nachbarn erwarteten dies aber, weil es so Tradition ist: »Um dem Dorf zu beweisen, dass man erfolgreich ist, muss man ein Haus bauen, ganz egal, was man schon alles erlebt hat.«[12]

Ein Haus zu bauen ist gleichbedeutend mit der Errichtung eines Denkmals für den Erfolg der Familie, es symbolisiert die Verbindung zu den eigenen Wurzeln und die sich daraus ergebenden Verpflichtungen. Ma baute das Haus wie früher im ländlichen Xian üblich. Es brauchte fünf Jahre, bis die Steine für die Mauern aus dem Fluss ausgewählt waren, und elf Jahre, um die Bauarbeiten abzuschließen. So lange dauerte es, da die Bauern sich nur in ihrer freien Zeit zwischen den Ernten um den Bau kümmern konnten.

Der Luxus liegt darin, genug Zeit zu haben, um warten zu können. Luxus bedeutet, ein Haus zu bauen, das die Beziehung zwischen einem Vater, seinem Sohn und ihren Vorfahren repräsentiert, die weder ihre Wurzeln noch ihre Nachbarn je vergessen haben, unabhängig von dem Ort, an dem Ma sich aufhält.

Die chinesische Kultur basiert auf dem Umgang mit der Zeit und auf dem spirituellen Wert, der jedem Objekt beigemessen wird. Nicht sein Alter ist entscheidend, sondern seine Bedeutung für die Gesellschaft. Wenn ein Bauwerk zu nichts mehr nutze ist, dann sollte es besser abgerissen werden. »Ein Architekt bewahrt keinen Raum, der Zukunftschancen verhindert. Da die Fläche begrenzt ist, würde dies die Entwicklung kommender Generationen einfrieren.«[13] Etwas zu bewahren, was nicht mehr gebraucht wird, bedeutet also seiner Meinung nach, potenzielles Wachstum zu behindern, Möglichkeiten einzuschränken und die kommenden Generationen mit Ballast zu beladen.

Ma ist nicht nur von der Vergänglichkeit von Gebäuden überzeugt, sondern inzwischen auch von der Vergänglichkeit von Prozessen. Im Jahr 2010 hat er den Bau

11 »[...] the important thing is to connect your idea to that money.« De Muynck, Bert: Architect in China. An interview with Qingyun Ma of MADA s.p.a.m. In: Ubiquitous China. Volume 8/2006

12 Ma: »That one has to build a house to prove to the village how successful he is, regardless of how far he has traveled.« Keune, Eric: Qingyun Ma: Accommodating Resistance. o.O. 2007

13 Ma: »[An] Architect does not preserve a space that prevents future opportunities. Since territory is limited, this would freeze development for future generations.« Anderton, Frances: The Wild West Meets the Wild East. Radiosendung KCRW, 17. Juli 2007

Wohnhaus des Vaters, Lantian (2002):
Architekten: MADA s.p.a.m.. Quingyun Ma
errichtete das Haus für seinen Vaters in der
Hügellandschaft des Jadetals. Der chinesischen Tradition nach steht es für den Erfolg
einer Familie.

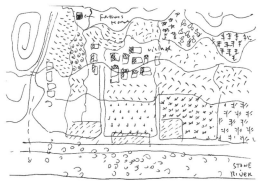

des Sitzes des Fernsehsenders von Xian, das Xian Centennial TV and Radio Center, abgeschlossen, dessen Entwurf der Kunde sieben Mal umgeändert hatte. Folglich hat Ma das Gebäude sieben Mal verändert und immer wieder neu angepasst. Er war dazu bereit, weil er begriffen hatte, dass es dem Kunden half, zu verstehen, was dieser wirklich braucht. Sein Skript, sein Konzept, entsteht in einem Prozess des Ausprobierens.

Gemeinsam mit Rem Koolhaas' Thinktank AMO überdachte er in einem Konzept für die Expo von Shanghai die Bedeutung einer Weltausstellung und wie diese in unserer Zeit zu organisieren sei. Mas Verständnis nach ergibt es eigentlich keinen Sinn mehr, dass in einer globalisierten Welt mit einer gemeinsamen Weltwirtschaft die Pavillons nach Ländern aufgeteilt sind. Die Ausstellung müsste vielmehr wieder ein Schaufenster sein für die revolutionären Trends von morgen, die unseren Alltag zukünftig bestimmen werden. »Denn auf einer Expo geht es um das, was als nächstes kommt«.[14]

14 »Because an expo is about ›next‹ [...].« Wie Anm. 6

Sinnvoll erschien ihnen hingegen eine thematische Anordnung der Pavillons. Die Menschen wollen wissen, wer die Stammzellen erforscht, wo sie untersucht werden, welche Wissenschaftler die Projekte leiten. Kurzum: Die Expo sollte abbilden, wie die Welt funktioniert, als ein auf Wissen aufgebautes Netzwerk. Selbst ein Architekt kann die Rolle eines Erfinders einnehmen – indem er Dinge miteinander in Beziehung setzt bzw. Beziehungen herstellt. Alles basiert darauf, das Bestehende neu zu interpretieren, um Lösungen für die Zukunft zu bieten. Darin besteht die Herausforderung.

Wenden wir uns wieder der Schwierigkeit zu, wie sich für 500 Millionen Menschen, die in der Hoffnung auf bessere Lebensbedingungen vom Land in die Stadt ziehen, eine Lösung finden lässt. Es ist offensichtlich, dass Levitts Ausweg hier nicht weiterhilft. China ist zwar in der Lage, Häuser zu bauen, hat aber in den Städten keinen Raum, sie unterzubringen. Zudem ist über die Jahre deutlich geworden, welche Probleme die amerikanischen Vorstädte mit sich gebracht haben: eine extreme Abhängigkeit vom Auto, fehlende fußläufig erreichbare Zentren, eine fehlende Infrastruktur, keine Konzepte, die ältere Generation in diese Strukturen zu integrieren, oder zu ökologischen Auswirkungen auf die Umgebung... Außerdem ist durch die geringe Bevölkerungsdichte der Unterhalt der Straßen zu teuer geworden. Levitts Modell war damals für so viele amerikanische Familien eine Erlösung, er hatte aber keine Vorstellung von der Vergänglichkeit wie Ma. Seine Häuser hätten damals gleichermaßen als ein kurzlebiges Produkt gebaut werden sollen, das man im Lauf der Zeit hätte abreißen und durch ein zeitgemäßes »Produkt« ersetzen können.

Levitt symbolisiert das amerikanische Modell, das sich auf der ganzen Welt verbreitet hat. Ma hat jetzt die Gelegenheit, eine Alternative zu entwickeln und das chinesische Modell der Hyperdichte vorzustellen: Gebäude mit begrenztem Haltbarkeitsdatum – die abgerissen werden können, sobald sie veraltet sind. »Jeder Gegenstand hat einen Lebenszyklus, genauso sollte es auch bei Gebäuden sein.

15 Ma: »Everything has a life cycle, as should buildings. Preservation is an action in sacrifice of future possibilities. The future needs its own space.« Miranda, Carolina A.: Asian Designers Are Schooling American Architects – Here's How. In: Fastcompany, 25. November 2008

16 Wie Anm. 6

17 Peter Rowe: »Indeed the growth rates have been high, but they are not unprecedented, if you consider the migrations in the US, during the post WW2 period on a normalized basis. What is unusual about China is that the period of growth is longer. The numbers don't suggest it is unprecedented in any way except in sheer magnitude. Which makes sense in a nation of 1.3 billion people.« Rowe, Peter: The Chinese City in the East Asian Context. FUIUF Conference. Shanghai, November 2006

Hochhausfassade in Hongkong

Bewahren bedeutet immer, Zukunftschancen zu opfern. Die Zukunft braucht ihren eigenen Raum.«[15]

Allerdings – die Anwendung seiner Theorie erfordert, dass sich Grund und Boden, wie in China, in Staatseigentum befinden. Wenn also ein Grundstück mit einer Förderung gepachtet wird und danach an den Staat zurückgeht, besteht die Möglichkeit zur Korrektur. Ein solches System ermöglicht Abriss und Neugestaltung, Erneuerung, Veränderung und Anpassung an jede Situation.

Als Rechtfertigung für seine These und damit die Politiker nicht zögern, sich von dem zu trennen, was keinen Nutzen mehr hat, erinnert Ma daran, dass Shanghai im Lauf der Geschichte sieben Mal wieder aufgebaut wurde. Betrachtet man die Veränderungen dieser Stadt in weniger als einem Jahrhundert genauer, sieht man deutlich, dass die Wolkenkratzer am heutigen »Bund« nichts mit den einstöckigen Häusern im Kolonialstil gemein haben, die zu Beginn des zwanzigsten Jahrhunderts das Bild prägten. »Alles ändert sich, alles fließt«: Ma bezieht sich auf Konfuzius und betont den Wert, den die chinesische Kultur der Veränderung seit jeher beimisst.[16]

Die womöglich umfangreichste Migration der modernen Geschichte der Menschheit naht. Sind wir heute bereits von Shanghai mit seinen zehn Millionen Einwohnern beeindruckt, prophezeit Ma, dass es in 20 Jahren zehn neue Satellitenstädte im Umkreis dieser Stadt geben und sich die Stadt auf 100 Millionen Einwohner ausdehnen wird. Und das Gleiche wird seiner Meinung nach in Peking, Tianjin, Guangzhou oder Shenzhen passieren. Die Menschen werden auf der Suche nach neuen Chancen in die Großstädte ziehen, ohne darüber nachzudenken, ob es Wohnraum gibt. Angezogen von der Hoffnung auf eine Zukunft, die sie über das Fernsehen zu kennen glauben, werden sie mit ihren Vorstellungen in die Städte strömen. Sie werden in die äußeren Stadtränder eindringen, sie urbanisieren und damit die Bevölkerungsdichte erhöhen.

Es ist nicht das erste Mal, dass sich dieser Prozess, aus dem sich Phänomene wie z. B. Levittown entwickelten, vollzieht, wie der Architekt und Stadtplaner Peter G. Rowe erklärt: »Tatsächlich sind die Wachstumsraten hoch, aber sie sind nicht beispiellos, wenn man sich (im Verhältnis) die Migrationsbewegungen in den USA direkt nach dem Zweiten Weltkrieg vor Augen führt. Das Ungewöhnliche im Fall Chinas ist die länger andauernde Wachstumsphase. Die Zahlen sind an sich nichts Neues, nur das Ausmaß ist neu – was bei einer Nation mit 1,3 Milliarden Menschen auch vollkommen evident ist.«[17]

Ma vertritt die Ansicht, dass Architekten auch an die sozialen Beziehungen in einer hyperdichten Stadt denken müssen. Sie dürfen sich nicht darauf beschränken, Gebäude zu bauen, sondern müssen überlegen, wie das sich in den Metropolen entwickelnde Leben koordiniert werden kann. Und sie müssen dazu beitragen, dass die Menschen in diesen Metropolen leben wollen.

**South China Science and Tech-
nology University**, Shenzhen
(2008), MADA s.p.a.m.: Renderings

Die Lösung könnte eine aktualisierte Version von Levitts System sein. Allerdings mit einer optimierten Produktionskette hinsichtlich Nachhaltigkeit und wirtschaftlicher Rentabilität. Ein System, das effizient, billig und schnell zu bauen ist und Mindeststandards an Qualität für die Bevölkerung sichert. Eine temporäre Lösung, vielleicht aus leicht montierbaren kleinen Wohneinheiten, dicht nebeneinander angeordnet. Die Einzigartigkeit der Einheiten müsste so herausgearbeitet werden, dass die Bewohner durch diese Individualität ein gewisses Maß an Behaglichkeit empfinden.

So, wie die Entwicklung der Automobilindustrie die Erreichbarkeit von Levittown – und in der Folge auch individuelles Reisen – ermöglicht hat, wird die Entwicklung einer Technologie notwendig werden, die den Menschen ein Leben in Städten mit einer extrem hohen Bevölkerungsdichte erlaubt.

Die neuen Technologien verändern heute – und in Zukunft noch stärker – sowohl die sozialen Beziehungen als auch unsere persönlichen Erlebnisse. Wir nutzen sie, um grundlegende Aspekte unseres Seins, wie das Fühlen oder das Berühren, durch Surfen, Internetzugang oder Personalisierung zu ersetzen. Und so basiert für Ma das Konzept, mit dem wir neue Wohnformen erschaffen können, auf der parallel zur realen Welt existierenden virtuellen 3-D-Umgebung einer fiktiven Welt, in der jeder als ein Avatar existiert. Wir brauchen seiner Meinung nach diese andere Realität, in der wir emotional überleben können. In der virtuellen Welt können wir in einem riesigen Häuserblock leben, in einem großen »Bienenstock«, und dabei unser virtuelles Ich in dem Dorf aufrechterhalten, in dem wir geboren wurden und wo wir in unseren Träumen immer leben werden. Die virtuelle Welt eröffnet uns den Zugang zu dem, was wir in der Realität nicht haben können, und ermöglicht uns die Verbindung zu den Freunden, die wir zurückgelassen haben, als wir vom Land in die Stadt gingen. Die Chinesen können sich an dieses Leben anpassen, denn sie halten nicht am physischen Objekt fest, sondern an der Beziehung, die es erzeugt.

Die heutige Generation der Heranwachsenden unterscheidet nicht mehr zwischen der virtuellen und der realen Welt. Die Realität ist mit dem Virtuellen verschmolzen, wobei Letzteres näher an ihrem Verständnis vom Leben ist. Über soziale Netzwerke können sie unmittelbar ihren Freunden, ihrer Musik, ihrem Urlaub oder ihren Interessen nah sein. Ihre reale Umgebung verliert an Bedeutung, sobald sie Zugang zum Internet haben. Und genau dies sind die Menschen, die Mas Meinung nach in einer solchen extrem dicht besiedelten Umgebung überleben können: diejenigen, die keine realen gemeinsamen öffentlichen Räume mehr brauchen, da sie diese in der virtuellen Welt finden; diejenigen, die alles Persönliche in ihrem virtuellen Raum zur Verfügung haben, weil es im echten Leben nicht bezahlbar wäre, oder schlichtweg weil es ihnen nicht wert wäre, etwas zu kaufen, das ihre extreme Mobilität behindern würde.

Die Veränderung hat bereits begonnen, die virtuelle Welt vermischt sich mit der realen. Selbst wie Utopien anmutende Renderings überzeugen Entscheidungsträger, ihr Schein zieht die Massen an. Sie gewinnen Wettbewerbe und verwandeln sich in gebaute Realität. Eigenartig ist dabei, dass sich Architekten immer mehr von dieser ursprünglich virtuellen Architektur inspirieren lassen.
Am Ende wird alles Materielle standardisiert und das Virtuelle individualisiert sein. Sonderanfertigungen werden aufgrund ihrer Kosten und ihres Energieverbrauchs nicht nachhaltig sein, wenn wir die Massen versorgen wollen. Das mag wie Science-Fiction klingen, aber die virtuelle Welt wird die Technologie sein, mit der wir die hyperdichte Stadt definieren werden.

Ma sucht nach Lösungen für sein Land, und die internationalen Fachleute warten schon auf neue Ideen. Mit dem Unterschied, dass die Impulse diesmal nicht aus dem Westen kommen werden. In China wird es wohl genug Menschen neben Ma geben, die sich der Herausforderung stellen wollen.

UNTERNEHMER

DER VERSUCH, NACHFRAGE ZU GENERIEREN: DER ARCHITEKT ALS PROJEKTENTWICKLER

Der Architekt vom Typ »Projektentwickler« plant Bauvorhaben wie ein Unternehmer immer im Hinblick auf die Rentabilität eines Gebäudes. Seine Entwürfe orientiert er daran, was seinem Kunden Einnahmen sichert und die Nachfrage des Endverbrauchers generiert. Um sich von seinen Berufskollegen abzuheben, findet er in seinen Entwürfen eine radikale Sprache und glaubt, durch seine Einzigartigkeit herausstechen zu können. Dabei verrennt er sich bisweilen in einen Wettlauf, der nicht zu gewinnen ist. Denn jeder möchte gern derjenige sein, der am höchsten baut, dessen Gebäude am hellsten leuchtet oder am größten ist, doch dabei kann man fast nur verlieren.

Architekten wie John C. Portman wollen dadurch auffallen, dass sie Innenräume von beeindruckender Größe entwerfen. Was zählt, ist ein überwältigender Eindruck für den Besucher beim Betreten eines Gebäudes, in den schwindelerregend hohen Atrien soll man die Spannung förmlich greifen können. Diese überdimensionierten Ausmaße der öffentlichen Räume rufen beim Besucher eine einzigartige Empfindung hervor, worin der Erfolg von Portmans Gebäuden liegt: Alle wollen in der »Raumschiffkapsel« hoch in das sich drehende Restaurant fahren. Aber genau wie auf einem Volksfest kann den Kunden das, was ihm in einem Jahr gefällt, im nächsten Jahr langweilen. Sei es, weil es sich wiederholt, oder weil er einfach älter und reifer geworden ist. Portman verfügt über die einzigartige Fähigkeit, in der erlebnishungrigen Öffentlichkeit eine Marktnische zu erkennen. Allerdings schafft er keine neuen Nischen. Er verwendet in seinen Projekten immer wieder dieselbe Idee, nur jedes Mal noch größer.

Der Architekt Jon Jerde bietet dem Besucher immer wieder neue »Erfahrungen« – etwas Emotionales, das man auch ohne großen Kostenaufwand simulieren kann. Jerde gelingt es, Räume – und seien sie nur fiktiv – zu schaffen, indem er ihre Nutzer mit grafischen Elementen »täuscht«. Da das menschliche Gehirn sowohl reale als auch fiktionale Bilder verarbeitet, erreicht Jerde mit der Simulation ebenso emotionale Reaktionen wie Portman mit seinen echten Gebäuden. Jerde war der erste, der Einkaufszentren plante, in denen das öffentliche Straßenbild nachgeahmt wurde. Diese Straßen waren immer sauber und sicher, für die Wartung war hier nun nicht mehr die öffentliche Hand verantwortlich, sondern der private Bauherr. Schleichend und kaum merkbar kam es so zu einer Privatisierung des öffentlichen Raums. Er wollte außerdem die Gefühle des Verbrauchers ansprechen und schuf Nischen, um jedem Kunden genügend Raum für sich zu bieten, in dem dieser die Eindrücke genießen konnte.

Sowohl Portman als auch Jerde erreichten am Anfang ihres Berufslebens eine sehr hohe Rendite, was die Bauträger dazu veranlasste, sie mit Aufträgen zu überhäufen. Sie haben aber nicht verstanden, dass sich die Nachfrage im Lauf der Zeit ändert. Im Gegensatz zum Angebot, das etwas Sichtbares und Greifbares ist, arbeitet die Nachfrage mit Träumen, mit Sehnsüchten und Vorstellungen, die letzten Endes zum Einkauf verleiten sollen.

Die Öffentlichkeit hungert nach neuen Dingen, nach neuen Eindrücken. Die Herausforderung besteht darin, die notwendige Nachfrage vorauszusehen oder zu generieren, damit es gelingt, den Markt zufriedenzustellen.

UNTERNEHMER UND WIRTSCHAFT-
LICHE STRATEGEN – PROJEKTE IM
GROSSEN MASSSTAB

Seit jeher gibt es unter den Architekten ein Tabu: Geld. Es scheint, als ob die Fähigkeiten, zu verhandeln oder die wirtschaftliche Umsetzbarkeit eines Projekts zu prognostizieren, nicht zu ihren Kompetenzen zählen. An den Universitäten lernen sie, wie man Gebäude plant, die integrativ, nachhaltig und flexibel sind. Übernehmen sie allerdings nicht auch die wirtschaftliche Leitung, laufen sie Gefahr, die Führungsrolle und während des Bauprozesses häufig auch die Kontrolle zu verlieren. Auf Auftraggeberseite stehen bei Bauvorhaben unterschiedliche Motive: Bei privaten Bauherren geht es um Investitionen, bei Aufträgen der öffentlichen Hand um Wählerstimmen. Folglich muss jede projektbezogene Entscheidung auch rentabel sein.

Einige Architekten übernehmen selbst die Rolle des Bauherrn, entweder um die Kontrolle über das Projekt zu behalten oder einfach nur, weil es niemanden gibt, der das Projekt finanziert. Will der Architekt sein eigenes Kapital investieren, muss er sich fragen, ob er bereit ist, anstelle der üblichen auch höhere Risiken einzugehen. Sollte das Bauvorhaben keinen Erfolg haben, nicht gefallen oder sich nicht verkaufen lassen, sind die eigentlichen Kritiken an dem Gebäude zweitrangig. Im Vordergrund stehen dann die eigene wirtschaftliche Lage und die Angst vor einer Insolvenz.

Charles Bulfinch (* 1763 in Boston, † 1844) ging als einer der Architekten in die Geschichte ein, die den Neoklassizismus in den USA verbreiteten und die am Bau des Kapitols in Washington, D.C. beteiligt waren. Zweifellos hätte man ihn in diesem Buch im Kapitel über die Vermittler behandeln können. Er ist aber auch deshalb so außergewöhnlich, weil er sich persönlich über alle Maßen in die Finanzierung von Projekten einbrachte. Er übernahm viel zu hohe Risiken und war am Ende finanziell ruiniert.

Bulfinch hatte sein Studium in Harvard absolviert und sammelte anschließend Berufserfahrung als Architekt. Seine Grand Tour führte ihn zwischen 1785 und 1787 durch Europa. Nach der Rückkehr in die USA baute er in Boston sein erstes Gebäude, die Hollis Street Church. Es folgten weitere Kirchen wie die von Tauton und von Pittsfield, verschiedene Wohnhäuser berühmter Persönlichkeiten sowie das Rathaus von Hartford (Connecticut) – alles im englischen, neoklassizistischen Stil erbaut. Häuser zu entwerfen war seine Leidenschaft, das Hobby eines hochgebildeten Mannes, mit dem er allerdings nichts verdiente. Seinen Lebensunterhalt bestritt er aus einer Erbschaft.

All dies änderte sich, als er – angetrieben von seinem bisherigen Erfolg – sich dafür entschied, den Entwurf Tontine Crescent in der Franklin Street in Boston umzusetzen. Er hatte 16 Doppelhaushälften geplant, die die elegantesten Immobilien des Landes sein sollten. In Ziegelbauweise im Stil von New Town, eines Stadtteils von Edinburgh (Schottland), errichtet, folgten die Häuser dem Kurvenverlauf der Straße. Sie fanden zunächst großen Anklang, und Bulfinch konnte dies als einen weiteren großen Erfolg verbuchen, bis im November 1794 der Jay's Treaty unterzeichnet wurde. Zwar sollte das von der amerikanischen und englischen Regierung unterzeichnete Dokument die durch den Unabhängigkeitskrieg entstandenen Streitigkeiten zwischen den beiden Staaten lösen, doch die Menschen zweifelten daran, dass der Staat die in der Verpflichtungserklärung ausgehandelten Vereinbarungen auch einhalten konnte. Die Investoren verschwanden, Bulfinch musste mit seinem eigenen Geld haften und wurde so mit einem Mal zahlungsunfähig. Er verlor alles.

»Meine eigene Unerfahrenheit und die meiner Mitarbeiter bei Geschäften dieser Art [...] führte dazu, dass ich mein gesamtes Hab und Gut verlor [...] und von nun an meinen Lebensunterhalt selbst verdienen musste.«[1]

Von nun an war er also gezwungen, in der Ausübung des Architektenberufs professioneller vorzugehen, und war dadurch einer der ersten in Amerika, der für seine Arbeit Geld verlangte. Das unglückliche Ende des Bauvorhabens Tontine Crescent hatte keine negativen Auswirkungen auf seinen fachlichen Ruf und Bulfinch erhielt immer bedeutendere Aufträge, wie beispielsweise für das Parlamentsgebäude in Boston, das Massachusetts Statehouse, und die Faneuil Hall am Marktplatz von Boston. Die größte Anerkennung erlangte er zweifelsohne im Jahr 1817, als ihn der damalige US-Präsident James Monroe zum Architekten für den Wiederaufbau des Kapitols bestimmte.

Bulfinch hat das Berufsleben in all seinen Facetten kennengelernt – die großartigsten Erfolge und die bittersten Niederlagen. Er ging nicht nur durch die Vielzahl seiner Errungenschaften als Architekt in die Geschichte ein, sondern auch als ein Bauherr, der seine im Verlauf des Projekts Tontine Crescent entstandenen Schulden nicht zahlen konnte und deshalb inhaftiert wurde. Wenigstens saß er im von ihm selbst entworfenen Gefängnis von Massachusetts ein, in dem er sich also ganz wie zu Haus fühlen konnte.

Ein weiteres Beispiel für einen Architekten, der sich in den finanziellen Ruin stürzte, ist sein gleichaltriger englischer Kollege John Nash (* 1752 in London, † 1835 auf der Isle of Wight), der u. a. durch die Entwürfe für den St. James's Park, den Trafalgar Square und den Royal Pavilion von Brighton bekannt wurde und den Wiederaufbau des Buckingham Palace auf den Weg brachte.

Im Jahr 1778 erbte Nash 1000 Pfund und fing an, mit diesem Geld zu spekulieren. Er arbeitete als Architekt, Bauleiter und Bauträger, kaufte Wohnhäuser, richtete

1 »My inexperience and that of my agents in conducting business of this nature [...] led me to surrender all my property [...] and I found myself reduced to my personal exertions for support.« Bulfinch, Ellen Susan (Hrsg.): The life and letters of Charles Bulfinch, architect. Boston 1896, S. 134

Villen für den Regent's Park,
London (ca. 1818–1833), John Nash

sie neu her und verkaufte sie danach zu einem sehr viel höheren Preis. Dies allerdings nicht immer erfolgreich, weswegen er im Jahr 1783 finanziell am Ende war. Er musste London verlassen und in Wales, woher er ursprünglich stammte, von vorn anfangen. Er ließ sein altes Leben hinter sich und spezialisierte sich als Architekt auf den Bau von Landhäusern. Innerhalb von nur zehn Jahren erwarb er sich einen solch guten Ruf, dass er wieder nach London zurückkehren konnte. Dank der guten Beziehungen seiner Frau zum Prince of Wales war er seit 1798 für den königlichen Hof tätig und erhielt 1811 seinen bislang größten Auftrag: die Erstellung eines Masterplans für den Regent's Park.

Der Name für diesen Park war nicht zufällig gewählt. Sein Kunde, George, Prince of Wales, war zum damaligen Zeitpunkt Prinzregent für seinen Vater George III. Das Projekt umfasste den Bau des Prinzenpalastes sowie weiterer 26 Villen für seine engsten Freunde. Nash entschied sich dafür, eine ländliche Gegend mit den dafür typischen Häusern mitten in der Stadt nachzubauen: Eine erfundene Landschaft, für die er einen Kanal, einen See, einen großen Wald, einen botanischen Garten und Villen plante.

Im Jahr 1818, direkt nach Baubeginn, musste jedoch der Bau der Prinzenresidenz sowie der meisten Villen gestoppt werden, da aufgrund der Napoleonischen Kriege die nötige Liquidität für den Weiterbau fehlte. Nash steuerte sein eigenes Geld bei, damit der Bau fortgesetzt werden und er mit seinem Projekt weiter voranschreiten konnte. So übernahm er erneut die Rolle des Bauherrn.

Ihm gelang die Fertigstellung des Kanals und des Parks, heute die grüne Lunge Londons. Auch neun Villen wurden unter seiner Beaufsichtigung von Nashs Schülern gebaut. Heutzutage zählen diese Anwesen zu den teuersten Grundstücken von ganz Großbritannien und dienen u. a. als Sitz für die US-Botschaft und die

London School of Economics. In jedem Fall war Nash sein unternehmerisches Gespür für die Bebauung einer Fläche von Nutzen, die einige Jahrhunderte später die exklusivste Wohngegend Londons werden sollte.

Bulfinch und Nash zeigten Unternehmergeist, indem sie bei Bauvorhaben finanzielle Risiken eingingen und so auch einige Male scheiterten. Auch wenn ihre Erfahrung mit jedem Projekt wuchs, brauchten sie zur Entwicklung und Umsetzung von großen Bauprojekten einen Förderer, einen Auftraggeber mit genügend Macht und Geld. Bulfinchs Mentor war der damalige US-Präsident Thomas Jefferson, den er auf seiner Grand Tour in Paris kennengelernt hatte. Nash war Architekt des Prince of Wales, des späteren Königs George IV.

Heute liegt die Vergabe großer Aufträge meist nicht mehr in den Händen einzelner Mäzene, sondern in denen großer Unternehmen und Konzerne. Doch deren Macht ist schwächer geworden, denn ein Geschäftsführer ist rechenschaftspflichtig gegenüber der Aktionärsversammlung, die Ergebnisse fordert. Es reicht heute nicht mehr aus, dass ein Projekt »beeindruckend« ist. Vor allem muss es rentabel sein.

Der Architekt John C. Portman Jr. (* 1924 in Walhalla, South Carolina) verstand diese unternehmerischen Zusammenhänge sehr genau. Wenn niemand zur Finanzierung seiner Projekte bereit war, übernahm er sie selbst. Er suchte nach Möglichkeiten, rentable Projekte umzusetzen, und wurde sein eigener Auftraggeber. Er wartete nicht mehr auf einen Auftrag, sondern generierte ihn selbst. Um solche Gelegenheiten zu finden, muss man in der Lage sein, die Möglichkeiten eines Orts zu erkennen und ein Gespür dafür haben, welche Nutzung und welche Größe hier für ein Gebäude in Frage kämen. Portman musste dabei zunächst die Sprache der potenziellen Investoren erlernen, um zu verstehen, nach welchen Parametern sie ihre Entscheidungen trafen.
In einem ersten Versuch plante er zusammen mit einer Wohnungsbaugesellschaft ein Ärztezentrum. Das Vorhaben scheiterte, da er nach einem Jahr noch nicht genügend Mieter geworben hatte. Er musste das Projekt beenden. Zwar erging es ihm nicht ganz so schlecht wie Bulfinch, aber er verlor 7500 Dollar – Geld, das er nicht hatte.

Um selbst mehr Zeit zu haben, sich nach geeigneten Bauplätzen und Projekten umzusehen, suchte er sich einen Geschäftspartner und schloss sich dem 20 Jahre älteren Architekten Griffith Edwards an, seinem ehemaligen Professor von der Georgia Tech. Edwards verfügte über exzellente Kenntnisse der Vorschriften und bautechnischer Details, was Portman mehr Zeit für die Planung und vor allem für die Suche nach neuen Projektmöglichkeiten verschaffte.

Im Jahr 1956 fand Portman eine neue Gelegenheit, das »Belle Isle Building«: Ein Gebäude in Atlantas Stadtzentrum – ursprünglich ein Parkhaus –, in dem zu jener Zeit Büros untergebracht waren, in denen die Anliegen von Kriegsveteranen bearbeitet wurden. Diese Büros sollten in ein neues Gebäude verlegt und die Räume folglich frei werden. Portman machte den Eigentümer ausfindig, sprach mit ihm über neue Nutzungsmöglichkeiten für sein Gebäude und schlug ihm den Umbau zu einem Einkaufszentrum vor – ein Vorhaben, für das er dann als Architekt zur Verfügung stehen würde. Portman kannte dieses Gebäude gut, hatte er dort bereits mehrere Sommer lang als Parkplatzwärter gearbeitet.

Der Eigentümer jedoch entgegnete, dass er selbst sich nur mit Autos auskenne und über einen Rückbau des Gebäudes in ein Parkhaus nachdenke. Außerdem seien ein solches Projekt und die damit einhergehende Belastung für ihn zu groß. Er würde Portmans Vorhaben nur für den Fall zustimmen, dass dieser dafür eine eigene Gesellschaft gründete: »Junger Mann, geh und gründe eine Gesellschaft, dann werde ich dir das Gebäude verpachten. Ob du dann daraus ein Einkaufszentrum machst oder etwas anderes, ist mir gleich.«[2]

Portman nahm die Herausforderung ohne zu zögern an. Er wollte ein auf Möbel spezialisiertes Einkaufszentrum bauen und machte sich auf die Suche nach Bekannten, die Beziehungen zu dieser Branche hatten. Der erste war der Möbelvertreter Randy Macon, und anschließend suchte er seinen alten Studienkollegen John La Rue auf, dem er zutraute, geeignete Mieter für das neue Einkaufszentrum zu finden. Zum Schluss kontaktierte er seinen ehemaligen Marine-Kameraden Herbert Marin. Dieser hatte große Erfahrung darin, Messen auf die Beine zu stellen. Sie teilten die Arbeit in vier Aufgabengebiete auf und beriefen Portman, den Initiator des Projekts, zum Vorsitzenden. Auf Messen suchten sie nach Mietern für ihr Objekt und mieteten in der ersten Phase 3700 Quadratmeter des 22 300 Quadratmeter großen Gebäudes an, allerdings nur in den ersten vier Stockwerken und in der zur Straße hin gelegenen Hälfte. Der Rest des Gebäudes wurde als Parkhaus genutzt. Bereits innerhalb sehr kurzer Zeit war die gesamte verfügbare Fläche vermietet, sodass sich das Einkaufszentrum immer weiter auf die Parkgarage ausdehnte, bis es schließlich das gesamte Gebäude einnahm.

Der wirtschaftliche Erfolg war enorm. Die vier Initiatoren erkannten, dass eine Nachfrage nach einer sehr viel größeren Fläche von etwa 185 000 Quadratmeter für Geschäfte und Büros bestand. Ganz offensichtlich war der Erfolg dieses Projekts auf seine günstige Innenstadtlage mit den wichtigsten Hotels der Stadt in der Nähe zurückzuführen. Sie entschieden sich, in derselben Gegend noch ein Gebäude zu errichten, und bemühten sich um das größte Grundstück der Innenstadt, an der Peachtree Street Ecke Harris Street, dem heutigen John Portman Boulevard. Sie kauften den Baugrund für den bis dato höchsten in Atlanta gezahlten Betrag, und auch dieses Projekt, der Atlanta Merchandise Mart, wurde ein Erfolg.

Portman kaufte von seinem Gewinn seinen Partnern ihre Anteile ab, um sich danach mit Trammell Crow zusammenzuschließen, einem auf die Entwicklung von Einkaufszentren spezialisierten Bauträger aus Dallas. Durch diesen Schritt gewann er an Professionalität und schließlich Marktmacht, worauf sich ihm neue Finanzierungsmöglichkeiten eröffneten. Gemeinsam erwarben sie ein Baugrund-

2 »Young man [...], you go out and form a Corporation, and I ll lease the building to you. Then you can make it a mart or anything else you want.« Portman, John; Barnett, Jonathan: The architect as developer. New York 1976, S. 24

Merchandise Mart, Atlanta (1961), John Portman: Die Aufnahme zeigt den Atlanta Merchandise Mart bevor weitere Gebäude an der Peachtree Street gebaut wurden. Er ist seitdem mehrmals erweitert worden.

stück in derselben Gegend, Peachtree Street Nr. 230, und begannen mit dem Bau
von Bürohochhäusern. Wieder einmal war ihnen der Erfolg sicher.

Bis zu diesem Zeitpunkt entwarf Portman funktionale und gesichtslose Gewerbe-
bauten, denn er wollte mit seinen Projekten ausschließlich Geld verdienen. Dies
sollte das Vertrauen der Banken in ihn festigen, um auch bei steigendem Einsatz
in zukünftige Bauvorhaben zu investieren.

Das nächste von Portman initiierte Projekt war der Bau eines Hotels an der Ecke
gegenüber dem Merchandise Mart. Es sollte nicht schwer sein, Gäste dafür zu
finden, da das Einkaufszentrum und die umliegenden Büros auch Menschen von
weiter weg anzogen. Hierfür jedoch änderte der Architekt seine bisherige Herangehensweise und entschloss sich, in die Gestaltung des Gebäudes zu investieren.
Er entschied sich für ein gigantisches, 22 Stockwerke hohes Atrium. Seine Idee
war, das Budget vor allem in diesen einzigartigen Innenraum als Anziehungspunkt
für Besucher zu investieren. Statt teurer Materialien, Teppiche, eleganter Holz-
schnitzereien und Leuchten setzte er auf Breite, Höhe und einen schwindelerre-
genden Raumeindruck. Da das Gebäude weder einen schönen Ausblick noch eine
interessante Umgebung hatte, wollte sich Portman auf das Besondere im Inneren
des Hotels konzentrieren. Es sollte eine immense Halle entstehen, wie man sie
noch nie zuvor gesehen hatte.

Vor dem Hintergrund der erfolgreichen früheren Projekte und weil potenzielle
Investoren, die nicht an den Merchandise Mart geglaubt hatten, diesen Fehler nicht
noch einmal machen wollten, gelang ihm die Finanzierung des Projekts. Doch dann
kam die Katastrophe: Als die ersten vier Stockwerke fertiggestellt waren – und es zu
etlichen Verzögerungen und Streiks gekommen war –, beschloss einer der Partner,
aus dem Projekt auszusteigen, da er nicht mehr an den wirtschaftlichen Erfolg des
Bauvorhabens glaubte. Völlig verzweifelt wurde Portman bei sämtlichen Hotelket-
ten vorstellig – u. a. Hilton, Sheraton, Loews und Western –, aber trotz seiner Bemü-
hungen zeigte niemand Interesse. Conrad Hilton persönlich spottete bei einer Din-
nereinladung in der obersten Etage des Merchandise Mart, von der aus man auf die
Bauarbeiten blicken konnte: »Dieses Betonmonster wird es niemals schaffen.«[3]

3 »That concrete monster will
never fly.« Ebd., S. 30

Zu guter Letzt fand sich dann doch ein Käufer: die Hyatt House Corporation,
damals noch eine kleine Hotelkette an der Westküste der USA. In der festen Überzeugung, das Hotel in Atlanta sei eine gute Referenz für die Erweiterung seines
Unternehmens, kaufte der Inhaber der Kette, Jay Pritzker, im Jahr 1967 das noch
unfertige Gebäude für 18 Millionen Dollar.

Die Pritzkers hatten bereits über Jahre hinweg ihren unternehmerischen Scharf-
sinn gezeigt. Die Familie aus Chicago hatte ihr Holzgeschäft so erfolgreich
betrieben, dass das Unternehmen bald zu einem Konglomerat mit mehreren
Tochtergesellschaften angewachsen war.

Die Idee, in das Hotelgewerbe zu investieren, war Jay Pritzker auf einer Reise gekommen, die ihn am 27. September 1957 nach Los Angeles führte. Während er am Flughafen auf seinen Flug wartete, saß er im Café »Fat Eddie's« und stellte überrascht fest, wie gut das Hotel besucht war, in dem sich das Café befand. Dieses Hotel trug den Namen seines Eigentümers, Hyatt R. von Dehn, und stand zum Verkauf. Pritzker erkannte, welches enorme Potenzial Hotels bieten, die nur für Geschäftsreisende gebaut werden: Hotels in unmittelbarer Nähe von Flughäfen, vielleicht sogar auf dem Flughafengelände selbst, waren genau das Richtige für Menschen, die wie er nur auf der Durchreise waren. Er bot dem Inhaber den damaligen Preis von 2,2 Millionen Dollar. Da er kein Blatt Papier bei sich hatte, schrieb er das Gebot auf eine Serviette. Der Verkauf war beschlossen und Pritzker begann, ähnliche Hotels an anderen Flughäfen zu eröffnen, u. a. in San Francisco, Seattle und San José. Jahre später antwortete er auf die Frage, was ihn zur Abgabe eines solch gewagten Angebots verleitet hatte, ihm sei seine Entscheidung sehr leicht gefallen: »Es war das erste Luxushotel, das ich an einem Flughafen gesehen habe.«[4]

Portmans Hotel in Atlanta weckte Pritzkers Interesse deshalb, weil er darin eine völlig neue Art von Hotel sah; diesen neuen Hoteltyp nannten sie »Regency«: ein repräsentatives Kongresshotel in unmittelbarer Nähe eines Gebiets mit großer wirtschaftlicher Aktivität. Mit diesem Entwurfskonzept für das Hotel Hyatt Regency Atlanta revolutionierten sie den Markt.
Von außen war das Gebäude groß und quadratisch, ein »Betonklotz«, der nicht erahnen ließ, was sich in seinem Inneren befand. Tunnelartig führte ein kleiner, schlecht beleuchteter Eingang bis zu einer der Ecken der Eingangshalle, die von den Mitarbeitern des Hotels auch »Jeeeeeeeeesus Christ ...... Corner« genannt

4 Pritzker: »simply the first first-class hotel that I had ever seen at an airport.« Ramirez, Anthony: Jay Pritzker, Billionaire Who Founded the Hyatt Hotel Chain, is dead at 76. In: New York Times, 24. Januar 1999

wurde – es gab kaum einen Gast, den der Anblick dieses großen und futuristisch
anmutenden Raums nicht in Erstaunen versetzte. Die Besucher blieben ange-
sichts dieser überdimensionalen, schreiend roten Halle wie angewurzelt stehen.
Von ihrem Dach hing an einem langen Seil ein metallenes Kunstwerk, das entfernt
an einen Sonnenschirm erinnerte. Es gab außerdem eine Bar, in deren Hintergrund hell erleuchtete »Miniatur-Raumfahrtkapseln« aus Glas ins Auge fielen.
Diese Miniaturkapseln waren Panoramaaufzüge, die den Besucher auf das Dach
des Hotels brachten. Hier erwartete sie das »Polaris«, ein sich drehendes Restaurant, untergebracht in einem UFO-förmigen Gebilde, das über der Stadt zu schweben und zur Landung auf dem Gebäude anzusetzen schien.

Die amerikanische Raumfahrt war 1967 auf ihrem Höhepunkt. Die Astronauten
wurden als Helden gefeiert und die Menschen wollten eigens das erleben, was vor
ihnen »die Helden der Nation«[5] erlebt hatten. In Portmans Gebäude wurde den
Gästen das Gefühl vermittelt, in ein »Raumschiff« einzusteigen und wie die Astronauten emporzufahren, um das Gefühl zu genießen, über der Stadt zu schweben.
Der Besuch des Gebäudes war ein besonderes Erlebnis. Die Geschwindigkeit der
Aufzüge, das Seil, an dem der »Schirm« hing, die scheinbare Zerbrechlichkeit der
blauen Plexiglas-Fenster des Restaurants in der Kuppel – all das war neu, alles war
futuristisch und das Hotel verfehlte seine Wirkung nicht. Die Auslastung betrug
bereits vom ersten Monat an über 90 % und das Hotel wurde zum Vorbild für alle
weiteren Hyatt Regency Hotels, die später in der ganzen Welt gebaut wurden.

Portman fand immer mehr Projektmöglichkeiten und erhielt zunehmend Geld-
mittel für Investitionen.
Der Gebäudekomplex mit dem Hotel an der Peachtree Street in Atlanta wuchs
stetig. Heute umfasst er 14 Blöcke mit insgesamt 1,76 Millionen Quadratmetern. Er
verband die Gebäude durch insgesamt 17 Flure, Gänge und Brücken auf drei unterschiedlichen Ebenen, allesamt Einkaufsstraßen und Büros, aber keine Wohnungen.
Es ist eine Abfolge von Räumen und Bereichen mit Brunnen und Bäumen, wo die
Menschen gern spazieren gingen und sich zugleich sicher fühlten – auf Komfort,
Sicherheit und Klimaanlagen musste der Besucher nicht verzichten. Portman
begeisterte gleichermaßen die Öffentlichkeit wie die Geschäftswelt.

Auch die Familie Rockefeller setzte auf Portman. Sie hielt ihn für den geeigneten
Fachmann, um das in den 1930er-Jahren entwickelte Konzept für das Rockefeller
Center zu erneuern, diesmal in San Francisco. Seit dem Bau des Rockefeller Centers
in New York hatte niemand mehr gewagt, etwas Ähnliches zu wiederholen:
Geschäfte, Theater, Fernsehstudios, Restaurants, ein offener Platz im Untergeschoss, auf dem man im Winter Schlittschuh laufen konnte, und 19 Hochhäuser, die
täglich 125 000 Menschen anzogen – und das mitten in Manhattan.

Für den Bau des Embarcadero Center in San Francisco, von der Presse »Rockefeller Center West« genannt, gingen die Brüder Rockefeller mit Portman eine Part-

5 Wolfe, Tom: Die Helden der
Nation. Hamburg 1983

Jin Mao Tower, Shanghai (1998),
Atrium, Skidmore, Owings & Merrill

**Thyssenhaus (»Dreischeiben-
haus«)**, Düsseldorf (1960), Helmut
Hentrich und Hubert Petschnigg:
Postkarte aus den 1960-er Jahren
(links) und das Modell des **Embarcadero** Center, San Francisco
(1971–1989), John Portman (rechts)

nerschaft ein. Seit geraumer Zeit schon hatten die örtlichen Behörden nach einem
geeigneten Bauherrn gesucht, der in der Lage sein sollte, die Gegend des heruntergekommenen Hafenviertels »Waterfront« zu neuem Leben zu erwecken. Auf
dem Baugrund, der acht Häuserblocks und eine Fläche von über 400 000 Quadratmeter umfasste, erbaute Portman einen Gebäudekomplex mit damals drei Wolkenkratzern von 20, 30 bzw. 45 Stockwerken. Ziel war es, Pereiras Transamerica
Pyramid als dominierendes Element der Skyline von San Francisco Konkurrenz
zu machen. In den Gebäuden sollten mehrere Kaufhäuser, drei Theater, Geschäfte,
Restaurants, ein Weinmuseum und das Hotel Hyatt Regency San Francisco mit
802 Zimmern entstehen, für das ein noch gewagteres Atrium als das in Atlanta
vorgesehen war: In Form einer umgekehrten Pyramide wollten sie so das Atrium
von Atlanta überbieten. Die Gebäude sind ungefähr auf Höhe der dritten Etage
über der Straße durch eine Art Plaza miteinander verbunden. Als einige kritische
Stimmen zum Projekt meinten, auf diese Weise entstehe eine kommerzielle Achse
weit über der Straße, was die Trennung zwischen öffentlichem und privatem
Raum noch verschärfe, argumentierte Portman, er halte damit Vorgaben der
Behörden ein, nach denen er im unteren Bereich des Gebäudekomplexes Parkplätze schaffen musste.

Das Embarcadero Center entsprach genau seinen Vorstellungen. Es war ein Kom-
plex von miteinander verbundenen Gebäuden, sowohl mit Büroräumen als auch
Freizeitmöglichkeiten, die zum Verbleib im Gebäudekomplex animierten. Es war
so konzipiert, dass Besucher das Gebäude mit dem Auto erreichen konnten, eine
Verbindung mit den Fußgängerzonen der Stadt war hingegen nicht vorgesehen.
Mit spektakulärem Interieur, verschiedenen Ebenen, Skulpturen und Pflanzen zur
Dekoration, so schien es, versuchte er diesen monströsen Bau zu bezähmen. Kam
man bei der Gestaltung des Gebäudeinneren dem Besucher noch so sehr entgegen,
wurden beim äußeren Erscheinungsbild mit seinen funktionalen Fassaden hingegen keine Zugeständnisse gemacht. Seit dem Bau des Gebäudekomplexes in
Atlanta waren Portmans Baukörper durch gegeneinander versetzte Volumen cha-
rakterisiert. Sie ähnelten in gewisser Weise dem im Jahr 1960 von Helmut Hentrich

und Hubert Petschnigg in Düsseldorf gebauten Thyssen Haus. Jonathan Barnett, ein Mitarbeiter Portmans, bestätigt zwar, dass in der Entwurfsphase in den amerikanischen Medien umfassend über das deutsche Projekt berichtet wurde, Portman selbst bestritt jedoch jegliche Beeinflussung.[6]

Für die Umsetzung des Bauvorhabens Embarcadero Center suchte Portman – neben den Rockefeller-Brüdern – nach weiteren Partnern. Dieses Mal jedoch nicht nur innerhalb seines Freundeskreises, sondern auch unter Kollegen: Er fand sie in Trammell Crow, der wusste, wie man verkauft (und der schon in Atlanta sein Partner war), sowie in Cloyce K. Box, der das Bauunternehmen George A. Fuller Co leitete, das bereits vorher (hauptsächlich in New York) komplexe und umfangreiche Bauvorhaben wie die Metropolitan Opera, das Gebäude der Vereinten Nationen oder das Seagram Building umgesetzt hatte und hier die Bauleitung übernahm.[7]

Die Hälfte des Gesellschaftskapitals gehörte den Brüdern David und Win Rockefeller. Ersterer war Präsident der New York City Chase Manhattan Bank und sein Bruder Gouverneur des Bundesstaats Arkansas. Die Beteiligung der Brüder bedeutete »Cash« und wichtige Beziehungen zur Politik.

Die andere Hälfte des Kapitals ging zu gleichen Teilen an Portman, der das gesamte Projekt leitete, und an Crow und Box.

Das Quintett gab ein perfektes Team ab. Da Portman sowohl Projektleiter als auch Teilhaber war, mit dem Einnahmen und Ausgaben geteilt wurden, waren sich die anderen sicher, dass er dafür sorgen würde, den Wert jedes investierten Dollars zu vervielfachen.

Das Vorhaben funktionierte in wirtschaftlicher Hinsicht, obwohl eine Anbindung an die Stadt fehlte. Die Gebäude, Geschäftsräume und Büros lockten zwar die Öffentlichkeit an, aber die Kunden gingen nicht mehr aus dem Gebäude hinaus auf die Straße. Sie kamen im Auto, spazierten durch das Gebäude oder kauften ein und fuhren dann wieder weg. Aus Portmans Bemühen, eine Fußgängerzone zu schaffen, hatte sich zwar ein attraktives Einkaufszentrum ergeben, es hatte jedoch nichts mit der Stadt zu tun. Es wirkte wie eine Einkaufsstraße, die keine war, mit Brunnen, Lichtern, Bäumen. Alles privat und überwacht. Letztendlich steht das Center für die Privatisierung des öffentlichen Raums und das Scheitern der städtebaulichen Integration.

Aber die Politiker sahen das Ganze – damals zumindest – mit anderen Augen, denn Portman war in der Lage, in jenen Gegenden Investoren anzulocken und Arbeitsplätze zu schaffen, in denen die Wirtschaftsleistung nach unten tendierte. Er organisierte Straßen und Geschäfte, die öffentliche Hand war nun für Dienste wie das Auswechseln von Glühbirnen und die Straßenreinigung nicht mehr zuständig. Sie sparte sich auch erhebliche Ausgaben für die Polizei, da die Sicherheit des Gebäudes in privater Hand war. Nun fielen Kompetenzen in den Verantwortungsbereich von privaten Investoren, für die bis dato die öffentliche Hand zuständig gewesen war: die Verwaltung des öffentlichen Raums.

6 Wie Anm. 2, S. 27

7 George A. Fuller Co: Dieses Bauunternehmen wurde 1882 in Chicago von den in Boston ansässigen Architekten und Ingenieuren George A. Fuller und C. E. Clark als Clark & Fuller gegründet. Die Firma wurde sehr schnell zum führenden Bauunternehmen für die ersten Wolkenkratzer der Welt, die in Chicago entstanden. Im Jahr 1890, als das Unternehmen von Fuller zu einer der ersten als Gesellschaft organisierten Baufirmen wurde (mit einem Kapitalwert von 750 000 Dollar), hatte es bereits Bauprojekte für mehrere Wolkenkratzer, einschließlich dem Bau des von Holabird & Roche entworfenen Tacoma Building, umgesetzt. Fuller gehörte zu den ersten echten Generalunternehmern: Für umfassende Bauprojekte verpflichtete und koordinierte er Hunderte von Arbeitskräften über zahlreiche Subunternehmen. Die Firma öffnete in den 1890er-Jahren ein Büro in New York und baute dort mehrere große Bauwerke, u. a. das New York Times Building und das von Daniel Burnham entworfene Flatiron Building. Dieses Gebäude wurde allerdings unter dem Namen Fuller Building bekannt, denn hier saß die Hauptgeschäftsstelle seines Unternehmens. Englischer Originaltext in: Wilson, Mark R.: George A. Fuller Co. In: Encyclopedia's Dictionary of Leading Chicago Businesses 1820 – 2000. 2004

Renaissance Center (RenCen),
Detroit (1977)

Dem Embarcadero Center in San Francisco folge der Auftrag für das Renaissance Center (RenCen) in Detroit – ein weiterer Portman-Komplex, den Henry Ford II mit einer Investitionssumme von 357 Millionen Dollar förderte. An der Finanzierung beteiligten sich darüber hinaus noch 28 Banken sowie 51 private Teilhaber.

Durch dieses Bauvorhaben sollte der Abstieg der Stadt aufgehalten werden, die nach den Unruhen im Jahr 1967, bei denen 42 Menschen ums Leben gekommen waren, in einer tiefen Depression versunken war. Mehr als 2000 Wohnhäuser hatten als Folge der Auseinandersetzungen zwischen der größtenteils schwarzen Bevölkerung und der Polizei gebrannt. Zu den Gründen für diese Unruhen zählten Arbeitslosigkeit und die extreme Gewaltbereitschaft der Polizei. Die weiße Bevölkerung hatte sich bereits größtenteils aus dem Stadtzentrum in die Vororte zurückgezogen, man spürte eine latente Rassentrennung. Die Unzufriedenheit war allgegenwärtig. Der Bau des RenCen war als Signal gedacht, wieder Vertrauen in die Stadt zurückzugewinnen und Investoren anzulocken.

Die Bauarbeiten begannen 1973. Drei Jahre später waren vier Bürohochhäuser mit 39 Stockwerken sowie ein Hochhaus mit 79 Etagen fertiggestellt. Neben einem großen Einkaufszentrum und Restaurants befand sich hier das damals höchste Hotelgebäude der Stadt. Es sollte sich jedoch als Fehler herausstellen, dass dieses Projekt in der Nähe des Detroit River und nicht im Zentrum der Stadt geplant war, wo es zu einer Belebung der Innenstadt und zu einer Verbindung mit den angrenzenden Stadtteilen beigetragen hätte.

Auf Bildern spiegelten sich die Gebäude im Wasser und sahen dadurch noch höher aus. Der Standort bot einen hervorragenden Blick auf die Stadt – diese erholte sich jedoch nicht. Der Bau zog die noch erfolgreichen Unternehmen der Stadt an, die Gebäude im Zentrum der Stadt dagegen leerten sich, niemand wollte dort einziehen. Aufgrund der enormen Größe des neuen Portman-Komplexes fand man allerdings nicht genügend Mieter für eine komplette Auslastung. Die Büros wurden genutzt, denn hier arbeiteten die Mitarbeiter der Ford Motor Co., doch die Restaurants, die Geschäfte und das Hotel blieben leer.

In Atlanta war Portman noch Schritt für Schritt vorgegangen. Zunächst hatte er ein Gebäude gebaut, dann ein weiteres. Er hatte sich Schritt für Schritt der Nachfrage angepasst. Hier in Detroit jedoch zerstörte er mit seinem überstürzten, unzählige Quadratmeter großen Bauprojekt den Markt und nahm damit der Stadt die Chance auf eine Belebung. Die Menschen fuhren mit dem Auto direkt bis zum Gebäude, das sie erst am Abend wieder verließen, um wieder zurück in die Vororte in ihr beschauliches Zuhause zu fahren – ohne mit dem gefährlichen Detroit in Berührung zu kommen. Das Problem wurde dadurch verstärkt, dass die ersten drei Stockwerke des Gebäudes als Gewerbeflächen genutzt wurden, wodurch sich der Büroalltag über der Stadt abspielte. Dies wiederum verstärkte seine Exklusivität, man grenzte sich noch mehr von der Stadt ab.

Der Gebäudekomplex war 1977 mit einer großen Gala des Detroit Philharmonic Orchestra und einem 300 Dollar teuren Dinner eingeweiht worden. Man hatte eine Skulptur und einen Brunnen von Isamu Noguchi installiert und den Bürgermeister von Detroits Partnerstadt Florenz, Elio Gabbuggiani, zu den Feierlichkeiten eingeladen. Laut einer Anekdote baten die Organisatoren sogar um die Leihgabe des David von Donatello, um ihn im RenCen auszustellen, was der italienische Außenminister jedoch verweigerte.

Auf diese Feier folgte die harte Realität. Bereits ein Jahr später gab der Bürgermeister Coleman A. Young bei einer Gruppe von Architekten eine Studie über das RenCen in Auftrag. Diese sparten nicht mit Kritik am Entwurf und der Bauausführung. Unter anderem wiesen sie darauf hin, dass die Wärmedämmung für das strenge Klima der Region nicht angemessen sei. Vor allem aber kritisierten sie die unzureichende Projektplanung, die sie für den ausgestorbenen Zustand in Detroits Innenstadt verantwortlich machten.
Eine der ersten Gegenmaßnahmen bestand darin, den Unternehmen im Stadtzentrum die kommunalen Steuern zu erlassen. Der Erfolg war gering. 1982 stellte man fest, dass die Bevölkerungszahl in der Innenstadt im Vergleich zum Jahr 1970 um 37 % gesunken war. Diese Zahlen wirkten zusätzlich abschreckend.
Zehn Jahre vergingen, bis die Stadtverwaltung die Initiative ergriff und versuchte, das Stadtzentrum mit dem RenCen zu verbinden – über den »People Mover«, einen Automatik-Zug, der auf einem überirdisch verlaufenden Rundkurs verkehrt. Im Jahr 1983 konnten die Eigentümer des Gebäudes die Kredite nicht mehr bedienen und es fiel in die Hände der Kreditgeber. Nach einer wechselvollen Geschichte ging es schließlich in den 1990er-Jahren an General Motors. GM setzte stark auf diesen Standort und entschied sich für eine Komplettsanierung sowie die Unterbringung seiner Konzernzentrale.

Trotz der Erfahrungen von Detroit blieb Portman seinen Prinzipien treu. Den Beweis dafür lieferte er mit dem Hotel Marriott Marquis in New York. Der Bürgermeister hatte Portman mit dem Ziel aufgesucht, den Times Square wiederzubeleben. In den 1980er-Jahren hatten zahlreiche Theater geschlossen und die Gegend verwaiste zusehends. Mit der Unterstützung der Stadtverwaltung sorgte Portman für den Abriss der fünf Theater Helen Hayes, Morosco, Astor, Bijou und Gaiety. So entstand eine Parzelle für den Bau eines Superhotels mit 2002 Zimmern. Die Bürger der Stadt demonstrierten gegen den Abriss, es kam sogar zu gerichtlichen Auseinandersetzungen vor dem Supreme Court, und selbst »Superman«, der inzwischen verstorbene Schauspieler Christopher Reeve (1952–2004), versuchte, das Projekt aufzuhalten, aber auch er konnte nichts gegen Portman ausrichten.

Marriott Marquis, New York (1985), Lobby, John Portman

Mit seiner enormen Größe und seinem überdimensionalen Atrium zeigt dieses Gebäude alle bekannten Effekte aus Portmans Repertoire. Aber anstelle eines Gebäudekomplexes entwarf er hier nur einen einzigen Wolkenkratzer mit einem Einkaufszentrum, einem Hotel und einem Theater mit 1600 Plätzen, in dem auch

ein sich drehendes Panorama-Restaurant nicht fehlen durfte, das das gesamte
Gebäude von oben dominierte. Die Lobby liegt im 8. Stockwerk, was dem Besucher einen Ausblick auf den Times Square bietet, ihn allerdings auch mehr vom
Geschehen dort entfernt. Weiter unten befinden sich das Einkaufszentrum und
im Untergeschoss Theater und Parkhaus.

Die größte Bedeutung haben in diesem Gebäude die vertikalen Elemente – die
Höhe der Lobby und die Aufzüge. Das Atrium läuft steil nach oben, was die Perspektive im Inneren noch verstärkt. Die Lobby ist ein starker Publikumsmagnet
und rentiert sich allein deshalb schon für die Geschäftsführung – trotz der permanent notwendigen Temperaturregelung und ganz zu schweigen von den steigenden Energiekosten in Zeiten des Klimawandels.

Letztendlich wirkt das Gebäude wie eine pompöse Fernsehproduktion mit vielen
Spezialeffekten und wenig Inhalt – und deshalb aber auch einfallslos, vieles ist vor-
hersehbar. Portman baute Gebäude zur Unterhaltung. Er wollte Emotionen erzeu-
gen, gehörte aber nicht zu denen, die die Wirkung ihrer Gebäude auf Fotos berück-
sichtigten. Besucher waren oft enttäuscht, wenn sie mit ihren Kameras – meist ohne
Weitwinkel – nur in Schnappschüssen Einzelheiten im Atrium oder die Aufzüge
festhalten konnten, aber nie den atemberaubenden Gesamteindruck.

Erst Mitte der 1980er-Jahre begann schließlich auch Portman, einen besonderen
Wert auf Fassadengestaltung, Details und Effekte zu legen, die auch auf Fotos gut
wirkten. Es war die Zeit, als die Verwendung effektvoller Renderings kurz bevor-
stand. Einige Architekten versuchten, bereits bei der Gebäudekonzeption zu
berücksichtigen, aus welcher Perspektive sich das beste Foto schießen lassen
würde. Das passende Motiv zu präsentieren wurde für manch einen wichtiger als
zu überlegen, wie die Erfahrung des Besuchers im Gebäude selbst sein mochte.
Man verkaufte also nicht mehr die physische Realität. Die Gebäude mussten so
gestaltet sein, dass sie ein möglichst breites Interesse auf sich zogen, auch wenn
nur eine Minderheit sie wirklich besuchte. Und diese Minderheit wiederum
machte ihren Besuch vom »Ruf« des Gebäudes abhängig.

Dadurch ergibt sich eine neue Ausgangssituation, in der Werbung, Fiktion und
eine manipulierte Wirklichkeit über die Realität des Gebäudes dominieren. Ob das
Gezeigte aus Stein oder aus Pappe ist, lässt sich nicht mehr erkennen. Willkommen in Hollywood.

Der Architekt Jon Jerde (* 1940 in Alton, Illinois) lebt in Los Angeles und versteht
sich auf die Macht der Bilder. Im Jahr 1984 bekam er die Gelegenheit, eine Art
Stadt zu »entwerfen« und sich dabei ausschließlich darauf zu konzentrieren, wie
sie im Fernsehen wirken würde.

Anlass waren die Olympischen Spiele in Los Angeles 1984, deren Bedeutung zu
dieser Zeit allerdings einen Tiefpunkt erreicht hatte: Nachdem die USA die Spiele
1980 in Moskau boykottiert hatten, war die weitere Zukunft der Olympischen

Gestaltungskonzept für die
Olympischen Spiele 1984 in
Los Angeles, Jon Jerde

Begegnung ungewiss. Und so zeigten weder das Land noch die Stadt großes Interesse an den Spielen. Letztendlich musste man schnell handeln, es mangelte an Geld und einer ausreichenden Planung. Die Lösung bestand schließlich darin, den Großteil der olympischen Anlagen der Stadt aus dem Jahr 1932 zu beleben. Man richtete 26 Spielstätten wieder her und baute nur Schwimmhallen und das Velodrom – für 95 Millionen Dollar – neu.

Jerdes Konzept bestand darin, die Anlagen mithilfe einer Art Kulissenarchitektur zu erneuern und mit vielen Farben und grafischen Elementen zu verschönern. Er nutzte die für gewöhnlich auf Baustellen verwendeten Gerüste und Verschalungen, die – mit einer einfachen Verkleidung oder Farbschicht versehen – jene Bereiche verdecken sollten, die vor der Kamera nicht gut wirken. Zusammen mit Deborah Sussmann, »Art Director« im Büro Charles & Ray Eames, entwickelte er den grafischen Entwurf.
Zur Verschönerung der Umgebung hängte er Transparente, Planen, Ballons, Fahnen und Drachen auf – um mit ihren auffälligen Farben Aufmerksamkeit zu erregen: Magenta, Rot und Gelb belebten die Anlagen und verwiesen gleichzeitig auf Ausgänge, Kassenhäuser oder Imbissbuden.

Jerde hatte den Auftrag nur auf Umwegen erhalten. 1982 wurde er gebeten, die Studentenwohnheime der UCLA (University of California, Los Angeles) in Wohnhäuser für die Athleten umzubauen. Er nutzte temporäre Elemente, um sichtbar zu machen, dass es sich um einen Teil des Olympischen Dorfs handelte. Er kannte die Macht von Schildern, Angeboten und Anzeigen bereits aus seiner Arbeit mit Einkaufszentren, und zwar durch seine Tätigkeit im Architekturbüro Charles Kober Associates, den Pionieren der »box-like Shopping mall«. Damit lassen sich Personenströme lenken und Anziehungspunkte generieren.
Die Verantwortlichen erkannten, dass man mit diesen Mitteln und durch den Fernseher das Olympische Dorf neu und strahlend erscheinen lassen konnte, und übertrugen ihm das gesamte Projekt. Die Zuschauer an den Bildschirmen der ganzen Welt sahen die Farben und assoziierten sie mit Modernität und Multikulturalität.

In Los Angeles, dem Mekka des Films, wurde Jerdes Konzept wie selbstverständlich akzeptiert, war die Stadt doch an die Bühnenbilder der Fernsehstudios gewöhnt. Bei vielen anderen Architekten stieß sein Vorgehen aber auf heftige Kritik. Man sah hier eine günstige Gelegenheit für städtebauliche Veränderungen ungenutzt verstreichen, von der bereits viele andere Austragungsorte der Olympischen Spiele profitiert hatten. Der große Unterschied bestand jedoch darin, dass Los Angeles zu dieser Zeit für große Infrastrukturprojekte nicht auf eine Finanzierung durch die öffentliche Hand zurückgreifen konnte. Den privaten Investoren ging es um Effekte mit einem temporären Charakter, die dem Sportereignis eine gewisse Einheit verleihen sollten. Die Veränderungen waren nur für die zweiwöchige Dauer der Spiele bestimmt.

Die Strategie, Jerde diese Aufgabe anzuvertrauen, stellte sich als äußerst rentabel heraus, denn es gelang ihm, der Stadt mit nur sehr wenig Mitteln einen neuen Charakter zu verleihen. Und dies, obwohl die dort vorherrschende urbane Struktur mit ihrer Zersiedelung im Widerspruch zu Jerdes Konzept der Einheit stand.

Jerde erstellte eine Art Handbuch, dessen Vorgaben seine ca. 600 Projektmitarbeiter leicht umsetzen konnten. Neben den Stadien und den wichtigsten Sportanlagen gab es insgesamt 170 olympische Austragungsorte, der Großteil davon auf dem Universitätsgelände. Hier kam erschwerend hinzu, dass man mit den Arbeiten erst nach Semesterende beginnen konnte.

Letztendlich wurden die Spiele ein großer Erfolg, sowohl beim Publikum als auch als Werbung für das amerikanische »Show Business«. Für die Veranstalter waren die Spiele ebenfalls rentabel: Sie nahmen 270 Millionen Dollar ein – mehr Geld als bei allen anderen Olympischen Spielen.

Kurz danach knüpfte Jerde mit dem Bau des Einkaufszentrums Horton Plaza im kalifornischen San Diego an diesen Erfolg an. Bereits seit Anfang der 1970er-Jahre wollte die Stadtverwaltung das Zentrum erneuern und das Hafengebiet mit der Innenstadt verbinden. In den vielen Bars, Striplokalen, Tattoo-Shops und abrissreifen Häusern im Zentrum der Stadt trafen sich oft die Soldaten auf Heimurlaub, denn in San Diego befand sich der Hauptstützpunkt der US-Marine, die Naval Station (NAVSTA). Das Zusammenleben zwischen der Stadtbevölkerung und den Marinesoldaten wurde immer schwieriger, um nicht zu sagen, es war unmöglich. Die Stadt lobte Wettbewerbe für verschiedene Vorhaben aus. Frank Gehry, zu diesem Zeitpunkt noch lange kein »Stararchitekt«, war wie Jerde auf Einkaufszentren spezialisiert und präsentierte zusammen mit dem Bauträger James Rouse einen Entwurf. Gehry hatte Jerde bei einem Wettbewerb für ein Einkaufszentrum in Santa Monica im Jahr 1980 ausgestochen – diesmal aber ging der Zuschlag für das Projekt an Jerde. Er setzte das Bauvorhaben in San Diego zusammen mit dem Bauträger Ernest Hahn um und es wurde für sie zur Goldgrube.

Er entwarf ein Einkaufszentrum, das sich über sechs Blocks erstreckte und in dem Farben und eine gewisse Unregelmäßigkeit das Bild bestimmen sollten. Er wollte

James Rouse, Time vom 24. August 1984

Kinos, Geschäfte und Restaurants integrieren und machte dafür das, was bereits 1984 in Los Angeles funktioniert hatte: einige Spielregeln festlegen und danach »freie Hand lassen«. Er beauftragte sechs Mitarbeiter aus seinem Büro mit dem Entwurf für je ein Objekt und wies sie an, während der Entwurfszeit so wenig Kontakt wie möglich zueinander zu haben. So sollten möglichst unterschiedliche Lösungen entstehen. Er wollte Vielfalt der Gebäude und Formen und bestimmte 49 helle Farbtöne, die sie verwenden und kombinieren sollten. Dieses »Konfetti« sollte für Leben sorgen. Er fügte Plattformen, Türme und Brücken hinzu, verengte und verbreiterte die Wege, verdeckte und enthüllte die Straßen. Die Vielfalt sollte die Besucher bezaubern.

»Das eigentliche Projekt bestand darin, Menschenströme zu analysieren und die Logik herauszufinden, wie sie irgendwo hinein-, hindurch- oder herumgehen. Wenn diese Frage erst einmal beantwortet ist, können Erlebnisräume mit aus einem, zwei, drei, oder vier Akten bestehenden Sequenzen entworfen werden. Es war dieser Abwechslungsreichtum, der die Menschen verzauberte, wenn sie dort unterwegs waren. Hier waren Brücken, Ebenen, Terrassen und allerlei Dinge, die es in dieser Art von Umgebung vorher noch nie zu sehen gegeben hatte. Und dann konnte man dort ganz nebenbei auch noch einkaufen.«[8]

Im Vergleich zu Portmans Bauten erscheint die Umgebung weniger kalt und monumental, näher am Menschen. Die eigentliche Ebene für die Besucher war nicht mehr hoch über der Straße angesiedelt, sondern auf Straßenniveau, was die Stadt und das Einkaufszentrum zusammenwachsen ließ. Jerde hatte erkannt, dass das Einkaufszentrum ein Ort sein konnte, an dem Gemeinschaftsleben stattfand, wo man Nachbarn oder Freunde traf und zwischenmenschliche Beziehungen pflegte. »Das Einkaufszentrum war der letzte verbliebene Ort, an dem ein Gemeinschaftsleben in Amerika existierte.«[9]
Dafür musste man sich vom Hauptziel, dem Verkauf, ein Stück weit verabschieden. Horton Plaza war neuartig, da es nicht den klassischen Entwurfsregeln für Einkaufszentren folgte, den Verbraucher nicht in die Irre führte und ihm nicht das Sonnenlicht vorenthielt. Es sollte ein Ort werden, in dem die Menschen sich gern trafen, gemütlich bummelten, etwas tranken. »Der Hang zum Konsum treibt die Menschen aus dem Haus und führt sie zusammen.«[10] Mit der Entspannung würde dann auch die Kauflust kommen.

Dieses neue Konzept war ein voller Erfolg. Auf dieselbe Art, wie einst Portman von allen kopiert und die Lobby zum festen Bestandteil eines jeden Hotels einer gewissen Größe wurde, überschlugen sich die Einkaufszentren in der Umsetzung der Idee, Unterhaltung als Mittel zur Verkaufsförderung einzusetzen. Die Entscheidung basierte auf konkreten Zahlen: Theoretisch liegt ein »erfolgreiches« Einkaufszentrum an einem optimalen Standort (wie beispielsweise an Straßenkreuzungen mit viel Verkehr) und kann pro Jahr ca. 9 Millionen potenzielle Käufer anlocken. Horton Plaza jedoch verzeichnete im ersten Jahr bereits 25 Millionen Besucher.

8 »The project was to come up with a logic of human movement to get to it, throught it, back around and so on. Having one that, it was to create almost one-act, two-act, three-act, four-act sequence of chambers of experience. It was high variety, so people would be enchanted by moving through this place. It had bridges and platforms and terraces an all sort of things no one had ever seen before in these types of environments. And, incidentally, you could buy stuff.« Silver, Allison: Jon Jerde. In: Los Angeles Times, 20. Dezember 1998

9 »The shopping centre was the last place left where American communal life existed.« Heathcote, Edwin: When good things come in mall packages. In: Financial Times, 20. August 2001

10 »The consumption addiction is what will bring people out and together.« Anderton, Frances: At home with: Jon Jerde; The Global Village Goes Pop Baroque. In: New York Times, 8. Oktober 1998

Alle wollten nur noch Jerde. Die Stadt, die Politiker, aber vor allem die Bauherren. Alle wollten dasselbe Modell weltweit wiederholen, und so expandierte sein Architekturbüro. Interessanterweise fühlten sich die Japaner am stärksten von Jerdes Idee angesprochen. Sie waren erfahrene Konsumenten, denen dieses neue Modell, sich durch Unterhaltung potenziellen Käufern anzunähern, gefiel.

Japan befand sich in einer Phase starken wirtschaftlichen Wachstums, Mitte der 1980er-Jahre kam es zu einem nie vorher dagewesenen Anstieg der Grundstückspreise. 1985 wurde der Bau eines neuen Flughafens, des heutigen Kansai International Airport, beschlossen. Den dicht besiedelten Städten in dieser Gegend, wie beispielsweise Osaka und Kobe, fehlte es an genügend Platz dafür. Darüber hinaus wehrten sich die Anwohner gegen einen solchen Bau, da sie die dadurch entstehende Lärmbelästigung fürchteten. Die Lösung fand man darin, den neuen Flughafen auf einer künstlich anzulegenden Insel zu bauen. Auf dieser Insel, durch eine drei Kilometer lange Brücke mit dem Festland verbunden, sollte eine neue Stadt entstehen, Rinku Town, deren Masterplan neben dem Flughafen ebenfalls in Jerdes Händen lag. Der Architekt ließ seine gesamten Erfahrungen aus dem Bau der Einkaufszentren in die Entwürfe einfließen. Geschäfte, Sportgelände, Wohngebäude, Häuser, Büros, Restaurants, Hotels – und mit ihrer Nähe zum Flughafen hätte diese neue Stadt zudem eine ausgezeichnete Verkehrsanbindung. Alles sollte ansprechend werden und alle waren davon überzeugt, dass dieses Vorhaben auch finanziell erfolgreich sein würde. Die Zukunft sah vielversprechend aus.

Jerde plante die Stadt als einen Ring, auf der einen Seite abgegrenzt von einer Mole und auf der anderen Seite von einem Kanal. Eine leicht gekurvte Mole war nach Meinung von Ingenieuren für das Anlegen von Schiffen nicht besonders geeignet, aber die Funktionalität spielte hier nur eine untergeordnete Rolle. Das wichtigste war, dieser Stadt eine Identität zu verschaffen, sie in ein Wahrzeichen zu verwandeln, das jedem, der einmal auf dem Kansai International Airport gelandet war, in Erinnerung bleiben sollte – die beste Werbung, um Unternehmen nach Rinku Town zu ziehen.

Masterplan **Rinku Town**, Japan
(1988), Jon Jerde, Entwurf

Ende des Jahrzehnts platzte jedoch die japanische Blase (バブル景気 baburu keiki, wortwörtlich: »Boom der Blase«). Die Lage auf dem Grundstücksmarkt in Japan war zuvor so dramatisch, dass die Preise hier fünf Mal so hoch waren wie in den USA. Nun fielen sie deutlich auf ein Viertel ihres ursprünglichen Werts. Infolgedessen wurde das Projekt der neuen Stadt gestoppt, und der Flughafen wurde nach Entwürfen von Renzo Piano erst im Jahr 1994 eröffnet. Trotz allem blieb Rinku Town keine Stadt auf dem Papier, denn die Vereinigten Arabischen Emirate griffen dieses Konzept für ihre künstlichen Inseln in Palmenform auf. Vor allem ging es ihnen um Aufmerksamkeit – Jerdes gigantische Idee erfüllte diesen Zweck und wurde nun in Dubai umgesetzt.

Trotz des unglücklichen Endes seines Flughafenprojekts in Osaka erhielt Jerde weiterhin viele Aufträge. Im Jahr 1993 überraschte er erneut mit einem Plan. Die Uni-

Universal City Walk, Los Angeles
(1993), Jon Jerde

versal Studios beauftragten ihn mit dem Bau einer Mischung aus Einkaufsstraße
und Themenpark. Der Universal City Walk in Los Angeles sollte als eine Straße von
ca. 500 Meter Länge bereits existierende Filmstudios miteinander verbinden – eine
Fußgängerpromenade mit Kinos, Geschäften, Restaurants und einem Hotel. Die
Besonderheit des Projekts war, dass es noch nichts bereits Erbautes gab, was eine
absolute Gestaltungsfreiheit beim Entwurf dieses Geländes bedeutete. Jerde
beschloss, sich dabei mit den Bedürfnissen der zukünftigen Gewerbetreibenden
auseinanderzusetzen. Es bestand also von Beginn der Entwurfsphase an ein enger
Kontakt zwischen Projektplanern und Pächtern. Jerde entwarf die Fassaden und
wählte Symbole und Farben, die den jeweiligen Produkten am ähnlichsten waren,
gleichzeitig aber auch eine Beziehung zur Filmwelt aufwiesen.
So entstanden eine Reihe Fassaden mit großen Schildern und Leuchtreklamen,
hinter denen die eigentlichen Gebäude verschwanden. Es scheint sich um Kulissen zu handeln, obwohl es tatsächlich Gebäude sind. Jerde entwarf die Geschäfte
zusammen mit ihren Betreibern auch deshalb, um zu entscheiden, wie man am
besten Aufmerksamkeit auf sich ziehen und folglich die höchsten Umsätze erzielen konnte. Und am Ende entstand aus dem Übermaß an Farben und Formen ein
Gleichgewicht, eine gewisse Einheitlichkeit.

Das Ergebnis wich nicht allzu sehr von Chinatown, Little Tokyo oder Olvera Street
ab, alles Viertel, die den Besucher an einen weit entfernten Ort versetzen. Der Universal City Walk bildet die Filmwelt nach. Und Kino bedeutet Übertreibung, Unterhaltung – genau das, was Jerde wollte. Der Unterschied zu den zuvor genannten

11 »[…] it´s a thing. It´s a entertainment place you go to.« Wie Anm. 8

Fremont Street, Las Vegas (1995), Jon Jerde

12 »If you designed the human experience, it would serve the final purpose, to sell stuff better than anything you could think of.« Ebd.

Vierteln bestand darin, dass das Projekt privat finanziert war. Hier wurde nicht im Rahmen der Stadtentwicklung eine neuer Bezirk geplant, sondern es entstand gezielt »ein Objekt […] – ein Ort, den man zur Unterhaltung besucht.«[11]

Als die Hauptstadt des Glücksspiels ist Las Vegas wie keine andere Stadt auf Freizeitbeschäftigung ausgerichtet. Mitte der 1990er-Jahre trat man mit einem Problem an Jerde heran: Die Fremont Street war schon immer das Herz der Glücksspielindustrie im gesamten Staat Nevada gewesen. Sie liegt im Stadtzentrum von Las Vegas, neun Kasinos reihen sich hier aneinander. Es sind zwar nicht die größten Kasinos, aber die ältesten. Anfang der 1990er-Jahre waren sie umgebaut und für die kommenden Jahre gerüstet worden.

Das Problem bestand nun darin, dass die meisten Touristen den Las Vegas Strip weiter im Süden der Stadt besuchten, auf dem sich 19 der 25 weltweit größten Hotels befanden. Die Situation hatte sich seit der Eröffnung des Casino Luxor mit einem angeschlossenen Hotel mit 4407 Zimmern 1993 noch verschärft. Das Gebäude in Form einer Pyramide mit 30 Stockwerken war noch größer, höher und spektakulärer als alle übrigen Hotels. Die Pyramide war hohl, wodurch es Raum für ein überdimensionales Atrium (im Stil von Portmans Entwürfen) gab, das die Touristen mit seinen grenzenlosen Ausmaßen faszinierte. Welche Möglichkeiten konnte es also geben, die Touristen in die Fremont Street zu locken?

In Las Vegas zählt allein der Superlativ. Jerde entschied sich dafür, auf genau dieses Konzept zu setzen: Wenn es auf dem Las Vegas Strip das größte Atrium der Welt gab, würde er eben aus der Fremont Street das größte Kasino der Welt machen und dort das größte »Foyer« erbauen, das der Mensch je gesehen hat. Auch wenn es lächerlich scheint, fasziniert der Zusatz »das größte« die Touristen, die unbedingt die Phänomene aus dem Guinness Buch der Rekorde mit eigenen Augen gesehen haben wollen.

Sein Vorschlag war also das weltweit größte »Foyer« – die Überdachung der gesamten Fremont Street. Dazu plante er eine Struktur, die sich zwischen den Eingängen aller Kasinos spannt und diese so miteinander verbindet. Diese Fläche ließ sich für Projektionen und Shows nutzen – das Lichtermeer war ausschließlich dazu da, die Touristen zu beeindrucken und unterhalten. Das Konzept funktionierte, es brachte Besucher und Aufmerksamkeit. Es gab sowohl Konzerte als auch Dokumentarfilme über die Geschichte der Stadt und sogar simulierte Silvester-Feuerwerke. Die Menschen bevorzugen offenbar Fiktion – scheint sie doch immer besser als die Realität.[12]

Jon Jerdes Bekanntheit als Problemlöser wuchs. Es folgten weltweit Projekte u. a. in Rotterdam, Hamburg, Warschau, Hongkong und Taipeh.
Schließlich baute Jerde doch noch in Japan, 1996 wurde das in der Stadt Fukuoka direkt am Fluss Naka gelegene Einkaufszentrum Canal City Hakata eingeweiht. Die Auftraggeber wollten ein Einkaufszentrum ähnlich dem Horton Plaza, das

aber den Charakter der Umgebung widerspiegeln sollte. Jerde war von Anfang an klar, dass der Fluss in unmittelbarer Umgebung der Schlüssel zu seinem Entwurf war. Seine Idee war eine Art Grand Canyon, durch den der Fluss fließen und wo die Gebäude an seinem »Ufer« emporragen sollten. Die Idee funktionierte, denn ein Canyon ist an sich etwas Enges. Und genau damit rechtfertigte er seine Entscheidung, mit großer Dichte zu bauen und dabei beinahe das gesamte Grundstück in Anspruch zu nehmen.

Die Japaner waren begeistert, und mit der Canal City Hakata landete der Architekt, was die Rentabilität anging, einen weiteren Treffer. Im ersten Jahr konnte die Canal City Hakata 16 Millionen Besucher verzeichnen und sorgte so für eine Wiederbelebung des Stadtzentrums von Fukuoka. »Diese Objekte sind gewaltige Konsumtempel, doch wir behandeln sie wie kommunale Gebäudekomplexe, in denen man zufällig auch einkaufen kann. Wir stellen Klebstoff für die Stadt zur Verfügung.«[13] Die Stadt erhielt aufgrund ihres Wandels und ihrer Kraft zur Veränderung im Jahr 1997 die von der Zeitschrift AsiaWeek's vergebene Auszeichnung »Best City in Asia«. In Canal City Hakata gibt es Theater, Kinos, ein Einkaufszentrum, ein Bürogebäude sowie ein Hyatt Hotel. »Dabei verschwimmen die Grenzen zwischen städtischen und kommerziellen Bereichen.«[14]

Das Projekt erinnerte an die Entwürfe von Portman. Aber es war nicht Jerde, der diese Richtung bestimmt hatte, sondern die Projektentwickler. Um ihren Forderungen nachzukommen, entwarf Jerde extravagante und raumgreifende Bauten, wie beispielsweise ein Theater in Form einer Kugel. Ähnlichkeiten zu Portman zeigen auch die vielen Stockwerke der einzelnen Gebäude sowie die verbindenden Wege und Ebenen – teils auf Straßenniveau, aber auch 5 Stockwerke höher. Der natürli-

13 »These things are vast consumption machines, but we treat them as communal complexes that happen to have shopping in them. What we provide is urban glue.« Ouroussoff, Nicolai: Fantasies of a City High on a Hill. In: Los Angeles Times, 9. April 2000

14 »The distinctions between civic and commercial realms are blurring.« Ebd.

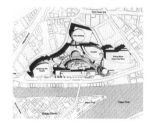

Canal City Hakata, Fukuoka (1996), Jon Jerde

che Lichteinfall und die Kontaktmöglichkeiten für die Menschen gerieten dabei fast ein wenig außer Acht. Was zählte, waren herausstechende Farben und leicht kurvige Formen, es sollte »mehr Leben« entstehen. Das Wasser erstrahlt und bewegt sich, wodurch ein phantastisches Bild aus Licht und Klang entsteht. Das Projekt verbindet gleichsam Portmans Monumentalität mit Jerdes »Entertainment«.

Das Konzept erwies sich als rentabel und wurde vielfach in anderen Städten, in anderen Zusammenhängen und für andere Kunden kopiert. Die Formel bestand darin, die Quadratmeterzahl, die man für den Bau eines solchen Gebäudes benötigt, und das Geld, das man durch den Verkauf verdienen möchte, ins richtige Verhältnis zu setzen. Die Gewinnmöglichkeiten sind verlockend, wenn man als Referenz die Canal City Hakata zugrunde legt, die im ersten Jahr ein Verkaufsvolumen von über 500 Millionen Dollar generiert hat. Allerdings entstehen dann Probleme, wenn die Entscheidungsträger der Meinung sind, dieser Erfolg ließe sich unendlich wiederholen.

Palmeninsel Jumeirah, Dubai (2006), PTW Architects

Und so wurden auf einmal Gebäude ausschließlich auf der Grundlage von Zahlen und Statistiken, von Grafiken und Ablaufszenarien erbaut. Außerdem versuchte man, die Strategien von Portman und Jerde in anderen Kontexten anzuwenden und sogar noch zu übertreffen. Das Ergebnis waren Gebäude mit Atrien, die noch höher, noch heller waren und in denen noch mehr passierte. Theoretisch scheint der Bau von Inseln z. B. in Form von Palmen, wie die Jumeirah in Dubai, finanziell ertragreich zu sein. Konzepte wie diese haben einen Wiedererkennungswert, werden über die Medien übertragen, sie sind einzigartig und verbinden vor allem das Objekt immer mit dem Aspekt des »Entertainment«. Ihr Erfolg scheint sicher. Aber lässt sich die Idee des »Entertainment« ohne Weiteres in einen ganz anderen kulturellen Kontext übertragen, im Fall von Dubai an einen Ort, an dem die Menschen nicht ausgehen, sondern zurückgezogen in ihren Häusern leben?

Künstliche Inseln, **Tulpe vor Randstad**, Fotomontage, Innovatieplatform

Wir entwickeln Fassaden, Projekte und Gebäude und hoffen dabei, den zuvor erreichten Erfolg wiederholen zu können. Die Projekte unterscheiden sich zwar formal, sind jedoch inhaltlich identisch. Dieselbe Anzahl an Quadratmetern, dieselben Relationen. Die künstlichen Inseln, die geklonten Hochhäuser, die Millionen von Wohnhäusern ohne Käufer sind Beispiele für diese Unüberlegtheit. Wir waren nicht in der Lage, vom RenCen in Detroit zu lernen, dessen Auslastung nie gelang. Damit ein Projekt funktioniert, ist eine Planung entsprechend der Nachfrage unerlässlich. Als Portman das Hyatt Regency in Atlanta plante, hatte er bereits drei Einkaufszentren gebaut, die den Bau eines Hotels tatsächlich notwendig gemacht hatten. Aber es ist ein Fehler zu denken, dass wir für ein »besonderes« Gebäude automatisch neue Nutzer finden. Wenn alle Gebäude »besonders« sind, ist keines von ihnen wirklich notwendig.

Die Niederländer zeigten vor einiger Zeit auch Interesse daran, eine künstliche Insel zu bauen, in Form einer Tulpe. Sie wollten Tausende Tonnen an Material verwenden – alles nur für ein Symbol, das ausschließlich aus der Luft sichtbar wäre. Die Insel würde sich direkt vor Randstad, einem Ballungsgebiet zwischen Rotterdam und Amsterdam, befinden. In Zeiten des Klimawandels hätte sie zum einen eine Schutzfunktion für die bestehenden Deiche, zum anderen könnte durch das Projekt zusätzliches Bauland generiert werden.

Dieser Fall ist anders gelagert als der von Rinku Town oder der künstlichen Palmeninsel Jumeirah und ähnelt eher den künstlichen Inseln vor Miami. Wenn man dort, wo es an Baugrund mangelt und die Siedlungsdichte hoch ist, neuen Grund und Boden erschafft, ist dies auf lange Sicht sicher erfolgversprechend. Dafür lässt sich das Beispiel des Unternehmers Carl G. Fisher heranziehen, der im Jahr 1925 eine Brücke bauen wollte, die das Zentrum von Miami mit Miami Beach verbinden sollte.[15] Dazu plante er elf künstliche Inseln in einer Reihe, um hier die Pfeiler für die zwölf notwendigen Brückenabschnitte zu errichten.

Fisher erhielt die behördliche Genehmigung für das Ausbaggern der Bucht und somit auch die für die Aufschüttung dieser für die Brückenpfeiler notwendigen Inseln. In diesem Moment dachte niemand daran, die Fläche der Inseln zu begrenzen.

Man ging davon aus, dass die Kosten für die Genehmigung durch die Stadt von einer Gebühr für das Überqueren der Brücke getragen werden. Die Stadtregierung profitierte zusätzlich, sorgte der private Investor darüber hinaus selbst noch für das kostenlose Ausbaggern des Hafens. Die Überraschung war allerdings groß, als die Inseln bis auf ihr heutiges Ausmaß wuchsen. Und der Inhaber aller Inseln war kein anderer als Fisher.

Heutzutage sind fünf dieser Inseln bewohnt, einige der Grundstücke gehören zu den exklusivsten in den USA und sind im Besitz von Prominenten. Fisher zahlte für den Bau der Brücke 8 Millionen Dollar und verkaufte die Inseln für 88 Millionen Dollar.

Wir müssen über Strategien nachdenken, die langfristig Werte schaffen mit Projekten, für die am Markt eine Nachfrage besteht. Und vor allem müssen wir untersuchen, wie in der Vergangenheit Geld verdient und wie es verloren wurde, um in der Zukunft entsprechend zu handeln. Denn es werden nur solche Bauvorhaben finanziert, deren Rentabilität wir belegen können – und dazu brauchen wir Fallstudien, um überzeugen und bauen zu können.

Künstliche Inseln vor Miami, Miami Beach (1925), Carl Fisher

15 Siehe dazu auch: Sancho Pou, Eduard: Pin-ups, Racetracks and Baby Elephants, or How to Develop an Artificial Island Strategy. San Rocco 1, März 2011

FUNCTION FOLLOWS STRATEGY

Der nordamerikanische Architekt Louis Sullivan fasste 1896 seine Überlegungen in der berühmten Formel »Form follows function« zusammen, einem der bedeutendsten Leitsätze der Architekturtheorie des 20. Jahrhunderts. Er brach mit der architektonischen Tradition der vergangenen Jahrhunderte und konzentrierte sich bei Bauprojekten auf ihre Funktionalität.

Sein Leitspruch fand breite Anerkennung und diente als ein Konzept für die moderne Architektur. Dessen ungeachtet entwickelte sich – ausgehend von Charles Luckmans Lever House – eine neue Form des Entwerfens, bei der man Gebäude nicht nur nach ihrer Funktionalität, sondern auch nach strategischen Gesichtspunkten plante. Bei dieser Strategie sollte die Architektur als Werbung fungieren, dem Unternehmen damit zur Popularität verhelfen und in der Folge auch dessen Gewinne steigern. Luckman war als führender Vertriebsexperte der USA in der Lage, ein Gebäude als Marketinginstrument einzusetzen. Er wurde in dem Augenblick erfolgreich, als deutlich wurde, dass er die Probleme seiner Kunden lösen konnte. Damit vervielfachten sich seine Aufträge.

Art Gensler ist der Architekt, der in der »Hitlist« der Architekten – gemessen am größten Budget – die Nummer eins ist. In seinem Unternehmen arbeiten die meisten Architekten, er hat die meisten Büros weltweit. Für seine Entwürfe verwendet er Strategien und reduziert seine Arbeit nur ungern auf den Bau von Gebäuden. Statt Verträge als Auftragnehmer seiner Klienten zu unterzeichnen, eröffnet er Konten mit ihnen und berät sie bei der Entscheidungsfindung – sei es zur Notwendigkeit eines Baus, zur Optimierung ihrer Geschäfte oder dazu, welchen Großunternehmer sie dafür beauftragen sollten. Er trägt Daten der Baustellen, der Gebäude sowie zur Effizienz zusammen und ist so in der Lage, die erwarteten Gewinne eines Geschäfts einzuschätzen. Die Unternehmen beauftragen

ihn, weil er den Erfolg oder den Misserfolg einer Idee erahnen kann. Seine Meinung ist in allen Führungsetagen gefragt. Auf diese Weise ist er an strategischen Entscheidungen seiner Kunden beteiligt.

Rem Koolhaas repräsentiert die Nummer eins für eine ganze Generation. Seine oft gewagten Projekte begeistern Studenten wie Fachleute gleichermaßen. Auch er legt großen Wert auf die Bedeutung von Strategien und hat innerhalb seines Architekturbüros mit AMO eine Struktur geschaffen, die sich mit dem Verkauf von Ideen an seine Kunden wendet, unabhängig davon, ob diese später einmal realisiert werden. Damit kann er mehr Dienstleistungen anbieten und vor allem Themen erforschen, die ihn interessieren. Seiner Ansicht nach ist die physische Existenz eines Bauwerks, der berührbare Bereich, nur ein kleiner Teil der Architektur. Im Gegensatz dazu betrachtet er die Arbeit als Berater, mit dem Immateriellen also, als einen Prozess, bei dem er sein architektonisches Denken vertiefen kann und das ungebaute Werk somit an Wert gewinnt.

Koolhaas wie Gensler kennen Strategien und beide nutzen sie für ihre Projekte. Als Konsequenz entfernen sie sich von Fall zu Fall von der Funktionalität, die Sullivan propagierte, und folgen einem neuen Leitsatz: »Function follows strategy«. Bestand früher die Strategie darin, ein Gebäude so beeindruckend und auffallend wie möglich zu gestalten, um wie beim Lever House die wirtschaftliche Macht eines Unternehmens zum Ausdruck zu bringen, versuchen die Unternehmen jetzt, immaterielle Erlebnis- und Unterhaltungskonzepte zur Stärkung einer Marke zu entwickeln, wie beispielsweise beim Apple-Store. Das Immaterielle bestimmt das Materielle. Das Digitale bestimmt das Physische. Die Beratung ist in Form von strategischem Denken bei der Architektur angekommen.

DIE NUMMER EINS – WER HAT DIE ERFOLGREICHSTE STRATEGIE?

Die bisher untersuchten Beispiele führen zu der Frage, welches Konzept das beste ist, welchem Beispiel wir folgen sollten. Jeder Architekt steht für eine bestimmte Strategie. Da wir nun die unterschiedlichsten kennengelernt haben, stellt sich als nächstes die Frage, wie wir sie nutzen wollen. Eine nach der anderen? Alle zusammen, alle gleichzeitig?

Am Anfang einer Untersuchung steht immer eine Reihe von Vermutungen. Man verfolgt sie weiter, bis man zu einem Resultat kommt, das man vielleicht zu Beginn schon erahnt hat. Doch auf dem Weg dorthin gibt es Überraschungen. In unserem Kontext scheint Rem Koolhaas am ehesten dem Profil eines »Architekten-Strategen« zu entsprechen. Wie kein anderer schafft er es, seine Trümpfe in der Hand zu behalten und sie schließlich durch ein aufsehenerregendes Bauwerk auszuspielen. Er nutzt die subtilen Kanäle, tritt aber auch sehr offensiv auf. Er verfasst Bücher, Streitschriften, Slogans oder entwirft Ladengeschäfte und Wolkenkratzer. Und er verkauft sie wie kein anderer. Koolhaas schien immer derjenige zu sein, dem man nacheifern sollte, bis Frank Gehry auf der Bildfläche erschien: Gehry ist der bekannteste Architekt mit dem größten Wiedererkennungswert durch seine Formensprache, die Nummer eins. Die breite Masse liebt ihn und insbesondere für Politiker verkörpert er den möglichen Retter aus allen städtebaulichen Problemen, denn sie wollen mit ihm das Erfolgsrezept von Bilbao wiederholen.

Zu Beginn seiner Berufstätigkeit arbeitete er zunächst im Architekturbüro von Luckman und Pereira, dessen Student er an der USC war. Bevor er bekannt wurde, arbeitete er viele Jahre lang für den auf Einkaufszentren spezialisierten Bauträger James Rouse und konkurrierte dabei in Wettbewerben z. B. mit Jon Jerde. Von Rouse lernte er, Gebäude für den Handel zu entwerfen. »Shoppingmalls sollen die Besucher zum Kaufen anregen. Sie dienen nicht dem menschlichen Komfort. Die Toiletten sind in den Ecken des Gebäudes angeordnet, d. h. der Besucher muss an allen Geschäften vorbei, um zum WC zu gelangen. Als Santa Monica Place eröffnete, war Rouse sehr stolz auf dieses Einkaufszentrum. Seiner Meinung nach hatte ich einen phantastischen Ort gebaut, was ich aber nicht so sah. Und so liefen wir am Eröffnungstag zusammen durch Santa Monica Place und er sagte ›Das ist großartig‹. Auf einmal kam eine junge Frau auf uns zu und fragte ›Sind Sie hier zuständig?‹ Wir trugen beide Namensschilder. Jim schaute sie an und sagte: ›Das ist Herr Gehry, der großartige Architekt, der dieses Einkaufszentrum entworfen hat.‹ Sie sah mich an und entgegnete: ›Na ja, dann habe ich aber mal eine Frage: Wo zum Teufel befinden sich die Toiletten?‹«[1]

1 »Shopping centers are designed to stimulate an impulse buy. They aren't designed for the comfort of human being. They're designed with all the toilets in the corners of the building: if someone needs one, they have to walk past all the stores to get to it.
When Santa Monica Place opened, Jim Rouse, of the Rouse Co. in Columbia, Md., was so proud of that shopping center. He thought I'd done this amazing place – it wasn't – but we were walking around Santa Monica Place together when it first opened and he was saying, ›This is great.‹ As we were walking, one young lady came up to us and said, ›Are you guys honchos (on charge)?‹ We were both wearing name tags. Jim looked at her and said, ›This is Mr. Gehry, this is the great architect who designed this center.‹ And she looked at me and said, ›Well, I have one question: Where the f...'s the bathroom?‹« What's in store for the future? WWD, 29. März 2002

Gehry kannte sich aus, wenn es um Besucherströme, Zugänge und Schaufensterauslagen ging. Er wusste, was die Kunden ablehnten und was ihnen gefiel. Von dort aus war es nur eine logische Konsequenz, ein Gebäude wie das Guggenheim in Bilbao zu entwerfen – ein Bauwerk, das sich durch sich selbst verkauft.

Gleichzeitig hat sich Gehry immer für Kunst interessiert, obwohl er diese Leidenschaft nur selten auf die Architektur übertragen konnte. Er entwarf Lampen und Skulpturen und zeichnete viele Skizzen auf Papier, doch er lebte seine künstlerische Seite nie wirklich aus.

Ende der 1970er-Jahre zog er mit seiner Familie nach Santa Monica in ein schmuckloses Holzhaus, das er mithilfe einfacher Materialien wie Metallplatten oder Holzdecken erweitern wollte.

Bei diesem Haus konnte er seiner Kreativität freien Lauf lassen und alles ausprobieren, was ihm in den Sinn kam, ohne die Zustimmung eines Kunden abzuwarten. Als der neue Anbau fertig war, hatte dieser weder Achsen noch Symmetrien. Es gab nur Schichten, Ebenen, Ergänzungen und eine Vielzahl an Fenstern und Türen, was später als dekonstruktivistische Architektur bezeichnet wurde. Die Eigentümlichkeit des Hauses brachte es auf die Titelseiten. Es unterschied sich erheblich von allem Bisherigen und rief Kontroversen hervor – bis hin zu Schüssen, die ein Nachbar auf das Haus abgab.

Gehry war sich jedoch seines Kurswechsels nicht bewusst gewesen, bis sein bester Kunde zu Besuch kam. Rouse war von Gehrys Haus beeindruckt, gab ihm jedoch gleichzeitig zu verstehen, dass er, falls er in diesem Stil weiterbauen wollte, seine Zeit nicht mit Einkaufszentren verschwenden sollte. Gehry versuchte sich an einem Design, das Rouse niemals bezahlen könnte. »In gewisser Weise muss ich wohl überzeugt davon gewesen sein, dass ich das Richtige tat und die Grenzen immer weiter verschob. Ich war mir dessen nur nicht bewusst, bis er (Rouse) mich darauf aufmerksam machte, dass ich mit seinem Unternehmen niemals weiterkommen würde. Das zeigte er mir sehr deutlich. Sie waren nicht an Design interessiert, für sie zählte der Profit.«[2]

Rouse ermutigte Gehry, seinen eigenen Architekturstil zu entwickeln. Dieser gab sein auf Einkaufszentren spezialisiertes Architekturbüro mit 40 Mitarbeitern auf und eröffnete ein neues mit nur drei Angestellten. Er nahm andere Aufträge an und veränderte seine Arbeitsweise. Nach fünf Jahren hatte er wieder Fuß gefasst und einen Stil entwickelt, der auf seiner eigenen Formensprache basierte. Noch dazu fand er heraus, wie er diese mit einem CAD-Scanner parametrieren konnte. Und er schaffte es, diese Formen wie ein Möbeltischler oder Bildhauer auf Gebäude wie das Guggenheim-Museum in Bilbao anzuwenden.

Das Gebäude überzeugte durch sein Design, seinen individuellen Stil und seinen Wiedererkennungswert. Die Fassade schien durch Zufall entstanden zu sein, wohingegen die Innenräume der Logik eines Einkaufszentrums folgten. Im Guggenheim gibt es Durchgänge, Schaufenster, ganz unterschiedliche Deckenhö-

Gehry's Wohnhaus, Santa Monica (1978), Frank O. Gehry

2 »I had somehow convinced myself that I was doing the right thing, that I was pushing the boundaries as best I could. I didn't realize, until he (Rouse) pointed it out, that I was never going to get anywhere with his company. He pretty much laid it out for me. They weren't interested in design. They were interested in the bottom line.« Breaking out of the box. In: Success, 1. November 2008

hen und große Räume. Obwohl ein Rundgang vorgegeben ist, besteht die Möglichkeit, sich – wie in einer Mall – seinen eigenen Weg zu suchen.

Manche Räume versetzen ihre Besucher in Staunen, wie beispielsweise die Lob-
bys von Portman. Die Menschen erkennen sie, weil sie einzigartig sind. Nie zuvor
hatte man etwas Vergleichbares wie das Museum in Bilbao gesehen. Wie das
Lever House wurde es nach strategischen Gesichtspunkten konzipiert, und
nicht zuletzt sollte es sich selbst verkaufen. Luckman war damals bereits
bewusst, welchen Einfluss ein Gebäude in den Medien erreichen kann, was als
kostenlose Werbung für den Architekten oder für das Unternehmen wirkt, das
im Gebäude residiert.
Gehry kennt diese Strategien, sie sind aber nicht das entscheidende Kriterium für
seine Entwürfe. Für ihn sind sie bei seiner Arbeit zunächst zweitrangig, denn er ist
vor allem auf der Suche nach einer formalen, unmissverständlichen und klaren
Ausdrucksstärke für seine Entwürfe. Sein Werk gründet auf ästhetischen Kriterien, vorwiegend aus der Kunst, die er mittels moderner Technologien beschreibt.
Wenn er sich überhaupt Strategien bedient, dann weil er versteht, wie Einzelhandel, Ladengeschäfte oder Shoppingmalls funktionieren. Ihm ist bewusst, dass for-
males Design keine Beständigkeit hat. Spätestens nach zehn Jahren ist ein Raum
veraltet und muss neu gestaltet werden.
Begreift man Architektur als etwas Dauerhaftes, darf man sich nicht mit Ladenbau
befassen – dessen ist sich auch Gehry bewusst. Niemand kann die Zukunft dieser
Bauten einschätzen. Tatsächlich wurde das Einkaufszentrum Santa Monica Place
von Gehry – 1980 fertiggestellt – bereits 1989 aufwendig umgebaut und weitere
neun Jahre später von Jon Jerde noch einmal neu gestaltet. Wenn es um die Wirtschaftlichkeit von Bauwerken geht, ist der Name des Architekten uninteressant.

Die Entwürfe für Gebäude basieren heute auch darauf, dass sie die Anforderungen der Nutzer oder des Marktes erfüllen. Diese im Fall eines Einkaufszentrums
offensichtliche Regel könnte man auf die gesamte Architektur ausweiten. Ein
Projekt wird nicht mehr nur durch seine Gestalt definiert, sondern durch
bestimmte Strategien.

Wir sollten folglich damit beginnen, Strategien statt Gebäude zu entwerfen. Dies
bedeutet, Räume und deren Beziehungen zu konzipieren. Es spielt keine Rolle, ob
diese Räume echt oder virtuell sind, denn Beziehungen werden immer real sein.
Wir als Architekten müssen in der Lage sein, vollkommen in diese Welt einzudrin-
gen, unabhängig davon, ob sie gebaut wird oder nicht. Es sind hier jedoch nicht
ungewöhnliche Formen wie Blasen, Falten oder Blobs gemeint – Strategien haben
keine Form, sondern dienen Zielen und Zwecken.

Dies lässt sich besonders gut am Beispiel des Einzelhandels analysieren. Dessen
Räume könnte man als »lebendig« bezeichnen. Um Käufer anzusprechen, müssen
sie immer wieder angepasst werden, ihre Wirtschaftlichkeit wird somit häufig

überprüft. Und sie sind der Ausgangspunkt für Verkaufstaktiken, die sich dann auf die gesamte Bandbreite der Architektur ausdehnen.

WER IST DIE NUMMER EINS IM VERKAUF? DIE APPLE STORES

Rein rechnerisch betrachtet, belief sich der Umsatzrekord der Apple Stores in den ersten drei Jahren auf die magische Zahl von einer Milliarde Dollar jährlich. Sie »gehörten zu den Einzelhandelsgeschäften, die am schnellsten die Milliardengrenze innerhalb eines Verkaufsjahrs erreicht und damit den bisherigen Rekordhalter, den Modeeinzelhändler The Gap, [in Amerika] überholt hatten.«[3]

Bei der Planung der Apple Stores war die erste Überlegung, was das Besondere der Geschäfte sein könnte. Die Produkte waren bereits über lizenzierte Verkäufer und über das Internet erhältlich. Nur um die Verkaufszahlen zu steigern, wäre die Investition ziemlich hoch gewesen. Es war also an der Zeit, über eine Strategie nachzudenken, mit der die Art und Weise des Verkaufs geändert werden könnte. Es sollte ein Ladengeschäft entworfen werden, in dem man alles anfassen konnte, das Dynamik ausstrahlte und wo man dem Kunden hilfsbereit zur Seite stand. Diese Kriterien sollte jemand umsetzen, der in der Lage war, einen solchen Wechsel herbeizuführen und zu gestalten: Ron Johnson, Wirtschaftswissenschaftler an der Universität Stanford.[4] Er war bereits 16 Jahre lang für Target, eine große amerikanische Discountmarktkette, als Verantwortlicher für die Vermarktung tätig. Johnson hatte Target von Grund auf umgestaltet und sich dabei den Modehersteller und -vertrieb GAP zum Vorbild genommen. Das Unternehmen hatte beschlossen Anfang der 1990er-Jahre, nicht, wie bisher üblich, über andere Geschäfte die eigenen Produkte zu verkaufen, sondern selbst Läden zu eröffnen. Somit hatte man die Absatzkontrolle selbst in der Hand, konnte seine Läden verwalten und die Lager dann räumen, wenn es am besten passte. Werbekampagnen unterstützten dieses Procedere und sollten neue Trends vorgeben. So beschleunigte sich der Durchlauf, die Kunden kamen mehrmals pro Monat in die Geschäfte. Ständig gab es neue Produkte oder es wurde zumindest der Anschein erweckt, indem Schaufenster, Auslagen und Firmenschilder erneuert wurden. Johnson erkannte die Möglichkeit, einige dieser Maßnahmen auf Target zu übertragen: Sie würden Eigenmarken herstellen und sie in ihren Geschäften zu erschwinglichen Preisen für jeden Geldbeutel verkaufen.

Er traf den Architekten und Designer Michael Graves, der eine edle Teekanne für Alessi entworfen hatte, die fast 135 Dollar kostete. Johnson schlug ihm vor, Designs für Target zu entwerfen – von der Notwendigkeit überzeugt, Designprodukte zu »demokratisieren«, sie für die Allgemeinheit erschwinglich zu machen. »Den Menschen ist nicht bewusst, dass es ebenso schwer ist, ein billiges Produkt herzustellen wie einen Luxusartikel oder etwas Teures; manchmal ist es sogar schwieriger. Wir kämpfen ständig um unsere Budgets, sei es in der Architektur oder in der Herstellung von Gegenständen.«[5] Graves nahm das Angebot an. So entstan-

3 »Apple's stores were the fastest retail operation to ever reach $1 billion in annual revenues, taking just three years to reach the mark, beating out the previous record-holder, clothing retailer The Gap.« Apple has a list of 100 Potential Store Sites. ifo Apple-Store, April 2004

4 Den Erfolg, den Johnson gemeinsam mit Steve Jobs bei Apple hatte, konnte er in den letzten Jahren bei JC Penny nicht wiederholen: Jopson, Barney: New dog, old tricks. In: Financial Times, 13. April 2013

5 »People don't realize it's just as hard to make a cheap thing as it is to make an elite or expensive thing; in some cases it's harder. We're always fighting – in architecture or object making – budgets.« Tischler, Linda: Target Practice, 1. August 2004

den neue Markenprodukte – erkennbar an einem soliden Design und einem günstigen Preis. Innerhalb von fünf Jahren entwarf Graves über 800 Objekte. Doch statt sich auf die eigenen Entwürfe zu beschränken, sorgte er dafür, dass die Devise vom günstigen Design auf die gesamte Produktpalette übertragen wurde. Damit stiegen die Umsatzergebnisse des Unternehmens und folglich auch sein Markenwert. Mit einer einfachen Werbekampagne hätten sich diese Ergebnisse nur schwerlich erreichen lassen.

Als der Gründer und frühere Chef des Unternehmens Apple, Steve Jobs, auf Johnson aufmerksam wurde, bat er ihn darum, darüber nachzudenken, wie dem Verbraucher die Botschaft übermittelt werden konnte, dass Apple-Produkte etwas Besonderes, aber erschwinglich sind. Jobs war der Überzeugung, dass sich Computerverkäufer nicht genug Mühe gaben, die Fähigkeiten der Apple-Produkte zu erklären. Daher hielt er es für notwendig, eigene Geschäfte zu eröffnen, um diesen Kommunikationskanal kontrollieren zu können.

Apple entwarf einen Prototyp für ein Ladengeschäft in einem Lager in der Nähe des Firmensitzes in Cupertino (Kalifornien), wozu Johnson ein Jahr lang inkognito unter dem Namen John Bruce arbeitete, um zu verhindern, dass ihre Pläne bekannt wurden. Das Motto hieß »shop different«: Eine Erlebniswelt für die Kunden, in der sie aufregende Dinge erleben sollten statt nur einzukaufen, wo sie sich wohlfühlen und etwas lernen konnten. Das Erscheinungsbild der Geschäfte stimmte mit der Corporate Identity der Apple-Produkte überein – einfach, intuitiv und logisch. Damit sollten sowohl das Interesse neuer Käufer geweckt als auch die Eigenschaften der Marke unterstrichen werden. Neben einer Vorstellung der Produktneuheiten war eine Vorschau auf zukünftige Entwicklungen vorgesehen, wobei der Kunde aber nicht den Eindruck gewinnen sollte, er befände sich in einem Geschäft. Vielmehr war beabsichtigt, »wie eine große Bibliothek zu wirken, wo es Tageslicht gibt und die wie ein Geschenk an alle erscheint. Unsere Apple Stores sollten sich in einer perfekten Welt befinden.«[6]

6 »But the most important thing we set in our design criteria, is we wanted to like a great library, which has natural light, and it feels like a gift to the community. In a perfect world, that's what we want our stores to be.« Wie Anm. 3

Als sie über den Vertrieb ihrer Produkte im Laden nachdachten, kamen sie auf die Idee von »Erlebniswelten«, in denen der Käufer Erfahrungen sammeln sollte. Und so richteten sie Bereiche ein, in denen man digitale Anwendungen ausprobieren konnte – wie E-Mails abrufen, Fotos bearbeiten oder Filme schneiden. Die Läden wurden in vier Bereiche aufgeteilt: 25 % der Fläche im Eingangsbereich war für Produkte bestimmt, 25 % für Musik, Filme und Fotos, 25 % für Zubehör und schließlich 25 % für die sogenannte Genius Bar.
Diese gehört zu Johnsons Erfindungen. Was kann es Besseres geben, als technische Fragen kostenlos und direkt, also face-to-face an einen Fachmann zu richten, in unserer heutigen Welt, in der Fragen nur noch von Callcenter-Mitarbeitern beantwortet werden, die irgendwo in einer anderen Stadt oder gar in einem anderen Land sitzen? Die Idee war eine Bar, an der die Kundschaft etwas trinken geht und dabei gleichzeitig mit jemandem reden kann, der ihr Problem löst. Am Anfang

schenkte man kostenlos Evian Wasser aus. Dies wurde jedoch nach einem halben Jahr wegen der enormen Nachfrage aufgegeben.

Sie wollten den Kunden das Gefühl vermitteln, dass der Ladeninhaber eher ein Freund und Berater ist als jemand, der etwas verkaufen will, was keiner braucht. Daher erhielten die Verkäufer auch keine Provision. Außerdem legte man Wert auf einen kundennahen After-Sales-Support. Sie wollten Vertrauen aufbauen, den Kunden an das Unternehmen binden und langfristig Umsatz machen. Er sollte sich als Teil einer Community fühlen. Apple schaffte es wieder einmal, die Regeln des Marktes auszuhebeln.

Jobs: »In meinen Shops sollen nicht nur Produkte, sondern auch Belohnungen verkauft werden. […] Wenn ich meinen Kindern etwas mitbringe, möchte ich dafür ein Lächeln. Ich will nicht, dass der Fahrer von UPS angelächelt wird.«[7]

Der beste Beweis dafür, dass eine Geschäftsidee funktioniert, sind ihre Nachahmer: Alle kopierten die Lobby von Portman – und unzählige Unternehmen haben das Konzept der Genius Bar übernommen. In Amerika erfand die große Supermarktkette Whole Foods grocery zum Beispiel die »Advice Bar«, in der Kunden bei ihrer Kaufentscheidung, aber auch mit Rezeptvorschlägen beraten werden.

Außerdem versuchten sie, die Stores in den besten Gegenden zu platzieren. Damit stellten sie die Prinzipien des Einzelhandels infrage, nach denen der Verkauf von teuren Produkten wie Autos oder Computern weit außerhalb des Stadtzentrums stattfand, üblicherweise auf einem günstigen Grundstück in einem Vorort mit großem Parkplatz. Laut Marktstudien macht es Verbrauchern nichts aus, extra hinauszufahren, um ein besonderes Produkt zu erwerben.

Johnson und Jobs planten trotzdem genau das Gegenteil. Ein Auto oder einen Computer kauft man nicht jeden Tag – aber die Technologie ändert sich alle paar Wochen. Um auf dem neuesten Stand zu bleiben, sollte der Kunde mindestens einmal pro Monat in den Laden kommen. Apple entschied sich also dafür, die Läden dort einzurichten, wo der größte Publikumsverkehr herrschte: Einkaufsstraßen mit Modegeschäften, in der Nähe von Touristenmagneten wie Museen, Bahnhöfen oder Einkaufszentren. Damit sollte Laufkundschaft gewonnen werden, denn »die Leute werden niemals 20 km fahren, um ins Geschäft zu kommen, aber ein paar Schritte sind kein Problem.«[8]

Der erste Apple Store wurde 2001 im Tyson Corner Center, Virginia, eröffnet, ein weiterer am selben Tag in der Glendale Gallery von Glendale, Kalifornien. Das Design des dritten, in Pasadena eröffneten Ladens wurde schließlich zum Vorbild für die weiteren Geschäfte. Ihre Atmosphäre sollte nach Johnsons Worten »attraktiv, leicht zugänglich, vorausschauend, qualitativ hochwertig, interaktiv und intelligent«[9] sein.

2004 begann der Bau von 100 Ladengeschäften, die sich an dem in Pasadena orientierten. Natürliche Baumaterialien wie Steinplatten für den Fußboden und Holz

7 »My stores would sell not merely products but also gratification. […] When I bring something home to the kids, I want to get the smile. I don´t want the U.P.S. guy to get the smile« Age executive. In: Chain Store, 2001

8 »They will never drive 10 miles to look at us, but they will walk 10 feet.« Lohr, Steve: Apple a success at stores. In: New York Times, 19. Mai 2006

9 Wie Anm. 3

für die Möbel kamen zum Einsatz – aber das Ungewöhnliche war die Idee, Glas nicht nur für die Schaufenster, sondern auch für die Treppen zu nutzen. Um ihre Gebrauchsfähigkeit, Haltbarkeit und Feuerschutz zu gewährleisten, war Forschung und die Entwicklung von Patenten notwendig.

Jeder würde die Glastreppe ausprobieren wollen. Um den Eindruck der Transparenz und Lichtdurchlässigkeit zu verstärken, gibt es in dem Laden eine Galerie aus Glas, ein weiterer Kunstgriff. Das Licht soll kontrolliert und ohne Reflexe einfallen, um Störungen auf den Bildschirmen zu vermeiden. Alle Eigenschaften sind mit Bedacht gewählt, um die Funktionalität des Apple Stores und seiner Produkte zu unterstreichen.

2012 gab es weltweit fast 400 Geschäfte, die Expansion geht mit dem gleichen Ladenkonzept mit geringfügigen Abweichungen weiter. Die Strategie selbst wird immer wieder neu definiert, abhängig davon, wie sich die Zahlen in jedem Laden entwickeln. Diese Informationen fließen für die Optimierung des nächsten Shops zusammen. Auf diese Weise lässt sich ermitteln, welche Geschäfte am meisten Umsatz bringen, und diese Informationen lassen sich dann in andere Länder und Märkte weitertragen.

Manchmal nutzt jedoch die beste Strategie nichts, wenn es an Platz fehlt und alle guten Lagen in der Innenstadt bereits besetzt sind. Oder nicht zugänglich, weil die Konkurrenz im Hintergrund die Fäden in der Hand hält. In diesem Fall muss man einen Ort schaffen, wo es auf den ersten Blick keinen gibt.

Wie damals, 2005 in New York, als Apple in der 5th Avenue einen Laden eröffnen wollte. Monate vergingen und es schien unmöglich, einen Ort zu finden, an dem das Wahrzeichen des Unternehmens mit dem Logo des Apfels im Big Apple stehen könnte. Zudem war Sony bereits seit dem Jahr zuvor mit seinem Laden Sony Style in der Stadt präsent. Sie hatten im Erdgeschoss ihres US-amerikanischen Firmensitzes einen Laden eröffnet, der sich an der Ecke Madison Avenue und 55. Straße befand. Trotz großer Schaufenster kamen nur wenige Kunden. Der Laden lag zwar unweit der Touristenstrecke der 5th Avenue, um zu ihm zu gelangen, musste man ihn jedoch bewusst ansteuern. Zudem funktionierte das Konzept von Sony nicht, es fehlte eine emotionale Bindung.

Da sich kein geeigneter Laden fand, erschuf Apple einen: Sie wählten den besten Standort der Stadt, die Kreuzung 5th Avenue und 59. Straße, an der Stelle, an der die Avenue bis zum Central Park ausläuft, am Eingang des majestätisch anmutenden Plaza Hotels. Gegenüber befand sich das Hochhaus von General Motors, 1968 mit seiner unterirdischen Plaza erbaut, die seither immer als Fehlschlag angesehen wurde. Die New Yorker Immobilienmakler nannten sie »the Well« [den Brunnen], andere »the Pit« [die Grube] – denn sie roch nach Leere, und niemand sah sich bemüßigt, diese auszufüllen. Hier eröffnete Apple seinen Flagshipstore.

Keiner hätte geglaubt, dass auf diesem unattraktiven Platz bald der so beliebte Apple Store 147 stehen würde. Wie Phönix aus der Asche erschien der Ort völlig

Apple Flagship-Store, New York (2006), Bohlin Cywinski Jackson. Das Bild zeigt die überarbeitete und im Jahr 2011 realisierte Konstruktion, bei der die Fassaden sich aus nur noch drei (anstatt zuvor 18) einzelnen Glaspaneelen zusammensetzen.

unerwartet in neuem Glanz. Ausschlaggebend dafür ist ein Glaswürfel von fast zehn Metern Breite. Der leere, rahmenlose Glaskubus wirkt so, als ob das Glas schwebt. Der Zugang zum Untergeschoss erfolgt über einen Panoramaaufzug bzw. eine ihn umgebende, von Licht durchflutete Treppe. Es wirkt wie ein geheimer Eingang zu einer Welt, die nur Eingeweihte kennen, die erwartet werden und die man umsorgt. Der Eingang in eine Höhle der technologischen Schätze. Und all dies mitten in Manhattans Upper East Side.

Dieser Laden ist ein unglaublicher Erfolg. Die Kunden gehen dort ein und aus; als ein weiteres Wahrzeichen der Stadt erinnert es an die Pyramide von I. M. Pei vor dem Louvre in Paris, wenngleich ohne die Abgeschiedenheit des Jardin des Tuileries. Tagsüber wirkt der Glaskubus so flüchtig, dass er völlig im Verkehr von New York verschwindet. Erst nachts, wenn das Logo strahlt und die Lichter aufflammen, fängt er an zu leuchten.

Wenn Luckman den Apple-Laden sehen könnte, würde er sicher darauf bestehen, dass sein Konzept des Bahnhofs Penn Station unterhalb des Madison Square Garden aufgegangen sei. Er hatte allerdings keine Glastreppen gebaut, er spielte auch nicht mit dem Lichteinfall. In seiner Welt suchten die Menschen noch nach der Sonne und nicht nach digitalen Antworten.
»›Die Apple Stores verkaufen digitale Lebenswelten, keine Produkte‹, so Ted Schadler, Analyst bei Forrester Research. ›Die Läden können als Boutiquen gesehen werden, in denen man Lösungen erhält.‹«[10]

10 »›The Apple stores are selling digital experiences, not products,‹ said Ted Schadler, an analyst at Forrester Research. ›Its stores can be seen as solutions boutiques.‹« Wie Anm. 8

GENSLER, DER FÜHRENDE MARKENARCHITEKT

Apple wollte den Eindruck vermitteln, dass man in ihren Läden Probleme lösen konnte. Um ihre eigenen Herausforderungen zu bewältigen, beauftragten sie den Architekten Art Gensler. Sein Architekturbüro hat inzwischen die meisten Apple Stores entworfen, darunter den größten, den Apple Store Nr. 235 in der Londoner Regent Street. Gensler ist deshalb ein so guter Problemlöser, weil er in alle Richtungen denkt, sich nicht auf ästhetische Fragen beschränkt und auch die Wirtschaftlichkeit im Blick hat. »Als Architekt muss man Probleme lösen. Dazu gehört natürlich vor allem die Frage der Ästhetik. Sie spielt aber nicht die wichtigste Rolle. Die größte Rolle spielt das Geld, das habe ich von meinen Kunden gelernt.«[11] Apple hatte ein Konzept und kannte die Strategie, brauchte aber jemanden, der sie auf der ganzen Welt umsetzen und vor allem kontinuierlich verbessern konnte. Wenn Apple aber bereits eine Strategie hatte, was war dann die Aufgabe des Architekten? Wer ist Art Gensler?

Gensler ist ebenfalls eine Nummer eins: Er führte bereits die Top 100 der wichtigsten Architekturbüros weltweit an – ein Ranking, das die britische Zeitschrift Building Design jährlich nach Kriterien wie Auftragsvolumen, Anzahl der dort beschäftigten Architekten und Anzahl der Büros aufstellt. Aufgrund der Fakten zu dieser Zeit – 31 Büros, 1360 Architekten auf der Gehaltsliste, 3000 Mitarbeiter insgesamt und über 500 Millionen Dollar Umsatz – war Gensler im Jahr 2009 auf Platz 1 dieser ungewöhnlichen Liste, auf der nur wenige bekannte Architekten stehen. Den dritten Platz belegte Norman Foster, Skidmore, Owings & Merrill standen an sechster Stelle. Von Gehry dagegen keine Spur: Die Privatwirtschaft unterscheidet sich erheblich von der kreativen Welt.

Dass man auf dieser Liste nur wenig bekannte Namen liest, ist nicht verwunderlich. Auch Gensler gehört zu den Architekten, die lieber im Hintergrund bleiben. Es sind die Architekten, die nicht ihre eigene Architektursprache verwirklicht sehen wollen, sondern dem Kunden den Vortritt lassen. So auch Gensler: »Der Fokus soll dort gesetzt werden, wo er hingehört. Es ist nicht mein Projekt. Es gehört dem Kunden. Lerne die Sprache und das Geschäftsgebaren des Kunden. Finde heraus, wie er sein Geld verdient und was seinen Erfolg ausmacht.«[12]

Gensler hat kein eigenes, wiedererkennbares Design. Er konzentriert sich nicht auf seine eigene Handschrift, sondern auf den Stil des Kunden. Wenn er gefragt wird, ob es einen typischen Gensler-Stil gibt, antwortet er mit Nein, »es gibt eine Qualität à la Gensler, die auf der Anpassung an das Budget und an die Vorgaben beruht.«[13] Er stützt sich vor allem auf Strategien. Gensler hat den klassischen Grundsatz »form follows function« durch »function follows strategy« ersetzt. Aber er beherrscht beide Grundsätze. Er bietet nicht nur Design, sondern auch Fachwissen. Bevor er mit dem Entwurf eines Gebäudes beginnt, hilft er dem Kunden dabei, die Kosten, Investitionen und den Einfluss seines Gebäudes auf den Markt einzuschätzen. Während des gesamten Prozesses, von der Standortauswahl bis zum Bau

11 »Architecture is about solving problems. One of the problems is aesthetic – it's the most obvious, but it's not necessarily the most important. Money is the most important and I learned that lesson from my clients.« Wilson, Lizette: The art of architecture. In: San Francisco Business Times, 28. Oktober 2005

12 »Put the focus where it belongs. It is not your project. It is the customer's. Educate yourself in your customer's business and language. Know how they make their money and what defines their success.« Capps, C. Ronald: Flying with Eagles. In: SMPS Marketer, August 1999

13 Business of architecture. A conversation with Art Gensler. 14.04.2007. http://www.archi.ru/ events/news/news_current_press. html?nid=5817&fl=1&sl=1. Abgerufen am 18.04.2013

selbst, bleibt er an der Seite des Kunden. Egal, wo die Baustelle sein und was sie kosten wird, er steht dem Kunden zur Seite, um dessen Denk- und Arbeitsweise zu analysieren. Er interessiert sich dafür, wie dieser sein Geld verdient, um seine Investitionen gewinnbringend einzusetzen. Weder braucht er Projektmanager noch spezialisierte Bauunternehmer. Er ist derjenige, der ein Projekt leitet, und derzeit gibt ihm der Erfolg Recht.

Zusammen mit seiner Frau Drucilla, die als Buchhalterin und Sekretärin mitarbeitete, und dem Bauzeichner Jim Follet eröffnete er 1965 sein Architekturbüro. Skidmore, Owings & Merrill hatten gerade das Alcoa Building in San Francisco entworfen und Genslers Architekturbüro war mit der Anpassung der Büros an die Bedürfnisse der Mieter beauftragt. In den 1960er-Jahren, also mitten im Boom des Dienstleistungssektors, wollten sich viele Beraterfirmen und Anwälte in San Francisco niederlassen oder dort einen Sitz eröffnen. Gensler ergriff hier seine große Chance, indem er die Anpassung der Büroräume an die entsprechenden Arbeitsprozesse der Kunden als Leistung anbot.
Wettbewerber gab es damals nicht, da die Architekten keine Aufträge für Innenraumgestaltung annehmen wollten, war man doch der Ansicht, dass dies von Dekorateuren oder Schreinern durchgeführt werden sollte. Gensler professionalisierte dieses Prinzip der Neuordnung und schaffte es so, Räume zu rationalisieren und effizienter zu gestalten. »Von Anfang an bestand die Unternehmenskultur darin, unter business-to-business-Bedingungen zu arbeiten. Wir waren keine Dekorateure«,[14] kommentiert Ed Friedrichs, einer seiner ersten Mitarbeiter.
Nach dem Alcoa Building gestaltete er gut die Hälfte der Räume der Bank of America um, die im zweithöchsten Bauwerk von San Francisco Ende der 1960er-Jahre untergebracht war, übertroffen nur von Pereiras Transamerica Pyramid.

Mit seiner Strategie, die Arbeitsumgebung in Unternehmen zu optimieren, konnte er das Vertrauen seiner Kunden gewinnen. Durch Statistiken und Umfrageanalysen belegte er, dass sich die Leistung eines Mitarbeiters durch solche Maßnahmen erhöht, in der Folge die Produktivität steigt und damit auch die Umsätze des Unternehmens.
Er erhielt Folgeaufträge seiner Kunden – nicht nur Büros neu zu strukturieren, sondern auch neue zu bauen
Er wusste sehr genau, was die Unternehmen brauchten, und entwickelte sich mit der Zeit vom Raumgestalter zum Architekten und dann zum Berater. »Gensler ist eher der Architekt seiner Kunden als ein typischer Architekt seiner Zunft.«[15]
Aufgrund dieser einfachen Prämisse konnte er sich damals eine Marktnische erobern, wo er keine Konkurrenz hatte.

Ein Beispiel dafür sind die Geschäfte von GAP, die Johnson sich für die Entwicklung seiner Strategie für Target zum Vorbild nahm. Gensler hat über 3000 Läden weltweit für diese Kette gebaut und sogar eine eigene Abteilung innerhalb seines Unternehmens eingerichtet, die sich ganz auf die Bedürfnisse von GAP konzentriert.

14 »The culture very early on was to work on business-to-business terms. Not be interior decorators.« Wie Anm. 11

15 »Gensler is a client´s architect, rather than an architect´s architect.« Slavid, Ruth: Leader of the pack. In: Building Design, Januar 2009

Dass er den Auftrag erhielt, lag jedoch nicht daran, dass er das größte Architekturbüro der Welt hatte. Umgekehrt ist sein Büro heute das größte der Welt, gerade weil er so viele Läden gebaut hat.

Die Geschichte geht auf das Jahr 1969 zurück, als Gensler gerade begonnen hatte als Architekt zu arbeiten und er den GAP-Gründer Don Fisher eines Tages am Strand traf. Die beiden unterhielten sich, und schließlich erhielt Gensler den Auftrag für die Gestaltung des ersten Ladens auf der Ocean Avenue von San Francisco. Der Laden war ein voller Erfolg und viele weitere folgten. Genslers größtes Verdienst ist sicherlich, dass ihm der Kunde 40 Jahre lang treu blieb. Als 2009 eins der Tochterunternehmen von GAP, »Banana Republic«, ihren Sitz in London eröffnete, war wieder Gensler ihr Architekt.

Gensler verkauft Strategien und seine Erfahrung. Er weiß, was seinen Verkaufserfolg ausmacht, er muss nur seine Daten analysieren und kann beurteilen, ob ein Ladengeschäft erfolgreich sein wird oder nicht. Er ist überall auf der Welt im Einsatz und weiß daher genau, was funktioniert. Aufgrund dieser Erfahrung hat Apple ihn beauftragt.

Seine Informationen lässt er in den Entwurf seiner Bauten einfließen. In diesem Moment wird der architektonische Aspekt eines Projekts zugunsten des strategischen zurückgestellt, denn er muss Schritt für Schritt vorgehen. Um dem Kunden während des gesamten Prozesses zur Seite zu stehen, erweitert der Architekt seinen Tätigkeitsbereich maximal: Vor dem eigentlichen Entwurf steht die optimale Standortberatung, dann die Anpassung des Gebäude an die Bedürfnisse des Kunden und schließlich das beste Bauunternehmen zum günstigsten Preis. Genslers Begabung als Berater ermöglicht ihm eine bessere Überwachung des Ergebnisses und gleichzeitig höhere Einnahmen. »Oft geht es bei Projekten zuerst um den kreativen Teil, also darum, wie sie aussehen, wie sie aufgebaut sein sollen, bevor überhaupt das Entwurf ins Spiel kommt.«[16]

16 »Often the creative part – what the Project ought to be, how it should be put together – is the issue before any design can even start.« Harrigan, John; Neel, Paul: The executive architect. New York 1996, S. 33

Als Berater hat er es auf diese Weise geschafft, die Definition des Begriffs »Auftrag« zu verändern: Früher wurde er für einzelne Bauwerke beauftragt, heute für Budgets. Er eröffnet ein Konto mit einem Kunden und verwaltet von da an dessen Liegenschaften, versucht diese anzupassen und zu optimieren. Um diese Dienstleistung zu entwickeln, durchlief er unterschiedliche Phasen.

Wie andere Architekturbüros auch bot Gensler in den 1960er-Jahren jeweils die üblichen Leistungen wie Vorentwurf, Genehmigungsplanung und Werkplanung an, allerdings mit einem Schwerpunkt auf der Innenraumgestaltung. Der Mehrwert, den er anbot, lag darin, dass seine Architekten die Sprache des Kunden verstanden und sich somit besser an dessen Bedürfnisse anpassen konnten. In der nächsten Phase, in den 1970er-Jahren, weiteten sie das Angebot auf Bedarfsanalysen aus, d. h. vor der Ausarbeitung des Vorentwurfs untersuchten sie das Unternehmens, um noch passgenauer arbeiten zu können: Welche Abteilungen mussten nah beieinander liegen, wie viele freiberufliche und fest angestellte Mitarbeiter waren beschäftigt usw. Gensler vertiefte sich somit in ein für Architekten – zu dieser Zeit – eher untypisches Geschäft. Schließlich beschäftigte er sich in den 1980er-Jahren intensiver mit den Organisationsstrukturen von Unternehmen generell, sozusagen der Stufe vor der Bedarfsplanung Es ging dabei nicht um den physischen Raum, sondern um die Struktur und Entwicklung des Unternehmens, die ein multidisziplinäres Team von Wirtschaftsexperten und Beratern in Zusammenarbeit mit der Unternehmensführung definierte. Zunächst sollten klare Ziele sowie die Geschäftsstrategie definiert werden, um auf dieser Grundlage dann den tatsächlich benötigten Raum zu planen. Sie unterstützten den Kunden bei der Einschätzung von Sinn und Unsinn der Errichtung eines Gebäudes und bei der entsprechenden Standortauswahl. In den 1990er-Jahren entschieden sie sich, den gesamten Prozess abzudecken, und erweiterten ihr Portfolio erneut. Neben dem Entwurf und der Bauüberwachung beauftragten sie nun auch die Baufirmen. Sie hatten die Verantwortung für das Budget und konnten so besser für eine im Kosten- und Zeitrahmen liegende Bauausführung sorgen.

In unserer heutigen Zeit geht es weniger um das konkrete Bauprojekt als vielmehr um den Kunden selbst, die Betreuung und Beratung findet durch alle Prozessphasen hindurch statt. Gensler vergleicht sich in diesem Zusammenhang gern mit einem Rennwagen, der extrem hohe Geschwindigkeiten erreichen kann. Es beginnt mit dem Entwurf und dem Bauen, doch irgendwann werden Anpassungen und Ausbesserungen notwendig, um die maximale Fahrleistung zu gewährleisten. Im Architekturbüro passiert das Gleiche, denn dort wird das Gebäude laufend optimiert. Es wird ständig hinterfragt, wie viele Leute wie arbeiten, ob mehr Mitarbeiter im Büro Platz finden, ob weitere Büroräume gemietet werden müssen, wie hoch der Immobilienpreis in der Umgebung ist, wie der reale Status der Instandhaltung aussieht, welche Steuererleichterungen sich durch den Einsatz alternativer Energien ergeben usw. So entstehen Unmengen von Daten, mit deren Hilfe Entscheidungen getroffen werden können.

Die große Veränderung für die Architekten besteht nun darin, dass sie hierbei für die Unternehmen als Berater tätig werden. Sie verwalten die Informationen, die mehr sind als bloße Empfehlungen, sondern genaue Daten, nützlicher als eine Bilanz, durch deren optimale Mischung sich Rentabilitätsberechnungen und Quoten ergeben. Der Architekt verwandelt sich damit zu einem Verwalter von Informationen, die entscheidend dafür sind, wo wieviele Quadratmeter wann gebaut werden sollen. Eine Unterstützung für Unternehmen bei der »Entwicklung ihrer Zukunftsvisionen.«[17]

Bisher gingen Architekten davon aus, dass diese Arbeitsweise nur großen Büros eigen ist, in denen Bauprojekte wie bei Luckman wie am Fließband entworfen und realisiert werden – wo nicht die architektonische Qualität des Projekts, sondern nur die wirtschaftliche Rendite zählt. Als würde die Architektur vernachlässigt werden, um der Wirtschaftlichkeit Platz zu machen.

Erster GAP Store, San Francisco (1969) und **erster GAP Store in China**, Shanghai (2010). Art Gensler

17 »We are helping organizations to develop visions of their future.« Ebd., S. 269

Wir bilden uns ein, uns nicht dieser Art von System zu unterwerfen, und sind nicht bereit, auf unseren Anspruch an hochwertige Architektur zu verzichten. Wir widerstehen also der vermeintlichen Diktatur des Marktes – auch wenn sich das in unseren Einnahmen widerspiegelt. Lieber weiterhin Gebäude entwerfen, die unsere Handschrift tragen, und ein Architekturbüro haben, das nicht von wirtschaftlichen Interessen beeinflusst wird. Aber ist das nicht etwas weltfremd?

Es war jedoch jahrzehntelang die Botschaft an den Hochschulen, die sich schwer damit tun, dass der Markt den Beruf verändert. Gensler gehört zu denen, die frühzeitig erkannt haben, dass Unternehmen von uns Architekten eine Dienstleistung wünschen – für die wir aber nicht ausgebildet wurden. Dies lässt eine Kluft zwischen der akademischen und der alltäglichen Welt entstehen, über die wir nachdenken müssen. Denn es gibt nur einen Gehry, so wie es nur einen Picasso gegeben hat. Es ist unmöglich anzunehmen, dass jeder Architekt seine eigene Handschrift durchsetzen kann. Die Zukunft unseres Berufs hängt davon ab, ob wir Projekte angehen, mit denen wir einen Beitrag für die Gesellschaft leisten. Wir müssen unseren Egos und bestimmten unrealistischen Vorstellungen abschwören. Wir sollten uns nicht länger nur auf das Entwerfen von Gebäuden konzentrieren, sondern stattdessen auch Strategien entwerfen. Wir sollten in der Lage sein, für die Allgemeinheit Antworten zu finden, die sich nicht nur auf das Architektonische beschränken, sondern Ideen, Handlungsformen und Strategien entwickeln, die eine stärkere Auswirkung auf die gesellschaftlichen Strukturen haben.
Der niederländische Architekt Rem Koolhaas (* 1944 in Rotterdam), eine weitere Nummer eins, macht uns Hoffnungen und zerstört gleichzeitig unsere Vorstellung von den unabhängigen Architekten. Ihm ist es gelungen, die Theorie des Universitätsprofessors mit der Praxis eines Verkäufers zu verbinden, weil er verstanden hat, wie der Markt funktioniert.

KOOLHAAS IST DIE NUMMER EINS UND GLEICHZEITIG DIE NUMMER 41

Die Genialität von Koolhaas wird unterschiedlich bewertet: Auf der einen Seite ist er für seine Studenten die Nummer eins: ein Agitator, der in seinen Büchern über Modernität berichtet und überwältigende Projekte auf der ganzen Welt realisiert. Er unterrichtet in Harvard, hält Vorträge, hat den Pritzker-Preis gewonnen, steht internationalen Gremien vor. Eine ganze Generation verehrt ihn und wünscht sich, mit ihm – oder auch wie er – zu arbeiten. Auf der anderen Seite belegte diese Architekturikone nur Platz 41 in dem Ranking, das Gensler anführte: die Top 100 aus der Welt der Architektur, bewertet nach Kriterien wie Auftragsvolumen, Anzahl der Büros, Anzahl der angestellten Architekten.

Koolhaas erhielt oft Preise für Entwürfe, die nie gebaut wurden, da sie zu riskant oder zu futuristisch waren. Um sie zu rechtfertigen, sah er sich gezwungen, einen

neuen Diskurs anzuregen, eine Theorie aufzustellen, die alle Schritte begründete. Er hatte den schwierigen Weg einer Architektur beschritten, die keine Zugeständnisse an den Kunden macht. Seine Tätigkeit als Herausgeber und Autor ermöglichte ihm eine Auseinandersetzung mit Fragestellungen und – nicht minder wichtig – ließ ihn auch zu Ergebnissen kommen. Über das Schreiben hat Koolhaas die Möglichkeit, sein Werk zu diskutieren und zugleich seine theoretischen Überlegungen zu verbreiten.

Koolhaas hat den »[...] Anspruch, den Beruf zu modernisieren und neu zu erfinden, indem ich unsere Expertise hinsichtlich des Ungebauten einsetze.«[18]

Sein Werk »S, M, L, XL«[19] gehört zur den besten und wichtigsten Beiträgen im zeitgenössischen Architekturdiskurs. Dieses Kompendium von Projekten ist zur Bibel für eine ganze Generation geworden, es hat Kultstatus erreicht. Koolhaas hat deshalb so viele Anhänger, weil er eine Architektur präsentiert, die Funktionalität bis zum äußersten radikalisiert. Gleichzeitig hat er »keine ästhetische Handschrift«, wie Joshua Prince-Ramus bemerkt, »[...] es gibt keine unmittelbar erkennbaren Schnörkel in seiner Arbeit. Koolhaas ordnet ein Gebäude nach seinen Funktionen, seiner Nutzung und seinem Inhalt, statt sich auf die Form oder den Stil zu konzentrieren.«[20]

Koolhaas vermeidet jegliche einheitliche Formsprache oder Stilvorgabe. Seine Projekte konzentrieren sich vollkommen auf den Nutzen, die Inhalte und die Abläufe. Anstatt »Autorenarchitektur« zu präsentieren, gibt er einer Methode oder einem System Raum. Mithilfe seiner Studenten kann er dies verwirklichen. Sie unterstützen ihn dabei, mit zahlreichen Varianten eines Entwurfs zu experimentieren. Er entwickelt ein Programm und überträgt dann eine Sequenz, eine Bewegung, ein Schema oder eine Geschichte, die alles verbindet. Wie beim Tetris-Spiel werden in seinen Modellen die einzelnen Volumen – die unterschiedlichen Bereiche und Nutzungen eines Gebäudes – umgestellt, verschoben oder sogar verformt. So lange, bis die endgültige Anordnung gefunden ist. Einmal angeordnet, »verpackt« er alles nach vorab definierten Kriterien. Diese Umhüllung, die Fassade, lässt erahnen, was sich dahinter befindet. Je drastischer und gewundener die Hülle, umso größer sind die Erwartungen, die das »Geschenk« weckt. Beispiele für diesen Entwurfsprozess sind das städtische Konzerthaus »Casa da Música« in Porto und die Bibliothek von Seattle. In gewisser Weise stellen sie das akkumulierte Vermächtnis vieler früherer, unverwirklichter Gebäudeentwürfe dar.

Mit dem Kongresszentrum in Lille wurde Koolhaas in den 1990er-Jahren von einem, der entwirft und Vorschläge macht, zu einem, der tatsächlich baut. Dass er bereits ein hohes Ansehen genoss, zeigte der Auftrag von Edgar Bronfman Jr., der der Entwicklung seines Büros einen entscheidenden Impuls geben sollte. Der Enkel von Samuel Bronfman, der zunächst Luckmann und später Mies van der Rohe mit dem Seagram Building beauftragte, betraute Koolhaas 1995 mit dem Entwurf der Bürogebäude für Universal in Los Angeles. Kunde und Architekt befassten sich vier Jahre lang mit den unterschiedlichen Möglichkeiten und entwickelten ein Pro-

18 My ambition is to modernize and reinvent the profession by making use of our expertise in the unbuilt.« Wolf, Gary: Exploring the unmaterial World. In: Wired, Juni 2000

19 Koolhaas, Rem; Mau, Bruce: S,M,L,XL. New York 1995

20 »Koolhaas does not have a signature aesthetic; there is no immediately recognizable flourish in his work. Rather than focusing on shape or style, Koolhaas organizes a building by its functions, uses, and content.« Mc Gregor, Jena: The Architect of a Different Kind of Organization. In: Fast Company, 1. Juni 2005

gramm für das Gebäude. Dazu mussten sie herausfinden, wo die Verbindungen zwischen Künstlern und Angestellten waren, wo eher Privatheit vorherrschte, was in dem hypothetischen Fall des Verkaufs von einem Teil des Unternehmens passieren würde – kurzum, sie erforschten sämtliche Funktionsabläufe.

Das Ergebnis waren Bürotürme, über städtebauliche Elemente miteinander verbunden, die eine Einheit bilden und so einen Austausch zwischen allen Abteilungen – seien es Buchhalter oder Kreative – ermöglichen sollten. Der Entwurf überzeugte den Kunden. Zur gleichen Zeit fusionierten jedoch Time Warner und AOL und präsentierten damit ein neues Modell: die Verbindung der Zeitungs- und der audiovisuellen Welt mit dem Internet – und setzten damit ein eindeutiges Zeichen in Richtung digitale Welt. Der Vorstand von Universal vertagte daraufhin das Projekt, weil man Zweifel an einer so großen Investition in Büros hegte, also in etwas Materielles, während sich die Konkurrenz in Richtung des Virtuellen bewegte. Trotzdem war die Führung von Universal mit dem Ablauf zufrieden. Koolhaas hatte sie ihre internen Strukturen analysieren und darüber nachdenken lassen, wie sie ihre Arbeitsweisen verbessern konnten. Die Diagramme und Schemata trugen letztendlich zur Optimierung ihres Geschäfts bei.

Der Kunde schätzte die Analyse, die OMA für das Unternehmen erstellt hatte, auch wenn vielleicht etwas zu viele Informationen für sie enthalten waren. Wenn sie nicht versucht hätten, »the world's first completely openable facade« zu schaffen, hätten sie ihre Arbeit innerhalb von sechs Monaten statt vier Jahren geschafft. Damals erkannte Koolhaas, dass die Konzepte während des Entwurfsprozesses einen Wert an sich haben, unabhängig vom gebauten Werk.

Angeregt durch diese Idee, richtete er in seinem Büro eine Abteilung für Beratung von Strategieentwicklungen ein. Als spiegelverkehrte Lesart seines Büronamens entstand AMO. Fortan stand OMA als Abkürzung für »Office of Metropolitan Architecture« und AMO für »Architecture Media Organization«.

Koolhaas teilt dazu » [...] das gesamte Feld der Architektur in zwei Teile auf: Der eine entspricht dem aktuellen Bau, dem Dreck auf den Baustellen, der großen Anstrengung bei der Umsetzung eines Projekts, der andere Teil ist virtuell und beinhaltet alles, was mit dem Konzept von ›reinem‹ architektonischen Denken zusammenhängt. Durch die Trennung haben wir die Möglichkeit, architektonisches Denken von der architektonischen Praxis zu befreien. Dies führt unweigerlich zu einer weiteren Frage nach dem Bedarf an Architektur, inzwischen hat sich jedoch die Art der Befragung geändert. Zunächst waren die Bauwerke das Medium dafür, nun sind es intellektuelle Aktivitäten parallel zum tatsächlichen Bauprojekt.«[21]

21 »We divide the entire field of architecture into two parts: one is actual building, mud, the huge effort of realizing a project; the other is virtual – everything related to concepts and ›pure‹ architectural thinking. The separation enables us to liberate architectural thinking from architectural practice. That inevitably leads to a further questioning of the need for architecture, but now our manner of questioning has changed: first we did it through buildings; now we can do it through intellectual activities parallel to building.« Sigler, Jennifer: Rem Koolhaas. In: Index Magazine, 2000

Die Arbeit mit AMO ermöglicht ihm überhaupt erst eine Projektplanung auf breiterer konzeptioneller Basis. Dabei verzichtet er auf gestalterische Fragen, um sich allein den Konzepten zu widmen. Ähnlich wie in Politik und Wirtschaft, wo man bei Projekten die Rendite genau aufschlüsselt.

AMO wird zu einem Werkzeug, mit dem Koolhaas vor dem Bauprozess dessen Verbindung zur physischen Realität des Gebäudes löst. Er nutzt architektonische

Formen, um Lösungen für wirtschaftliche und politische Herausforderungen zu finden. Er zeigt, wie man zu Entscheidungen und zu der Macht, nach ihnen zu handeln, gelangen kann.

Bewertet werden die Szenarien und die Konsequenzen des menschlichen Handelns, man erforscht Beziehungen und stellt diese in Diagrammen, Zeichnungen und Daten dar. AMO trat in Erscheinung, gerade als das Internet populär wurde. Zu einem Zeitpunkt, als das Immaterielle, das Virtuelle an Wert gewannen – Verlinkungen, Verbindungen, Beziehungen. Es erinnert an Genslers Anlayse der Unternehmensstrukturen – mit dem Unterschied, dass Gensler diese seit den 1980er-Jahren anwandte und Koolhaas erst in diesem Jahrhundert damit begann, verfolgen beide mit ihren Methoden dasselbe Ziel: den Entwurf von Strategien.

Die ersten Projekte, mit denen sich AMO beschäftigte, setzen sich mit der Definition von Marken auseinander. Der ehemalige Präsident der Europäischen Union, Romano Prodi, beauftragte das Büro mit der Entwicklung eines Konzepts, das dem Zusammenhalt der verschiedenen Länder der EU dienen sollte. Die Einheit und gleichzeitig die Verschiedenartigkeit im neuen Europa sollte über eine neue eigene Fahne definiert werden. Das Ergebnis war eine Fahne, die sich aus den Farben der einzelnen Flaggen der Länder zusammensetzte. In einer Abfolge aus farbigen Streifen sahen sie wie ein Barcode aus und bildeten dabei eine Einheit. Jeder Bürger konnte die Fahne seines Landes wiedererkennen.

Koolhaas entwickelt Konzepte, er ist Berater – und erweitert dabei seinen Aktionsradius.

1998 beauftragte die niederländische Regierung Koolhaas mit der Entwicklung eines Konzepts für einen Flughafen der Zukunft. Der Architekt fügte sich in ein multidisziplinäres Team ein, das die Schiphol Group und KLM Royal Dutch leiteten. Dieses Team musste Antworten für eine Öffentlichkeit finden, die in Befürworter einer Erweiterung des Flughafens Schiphol und Befürworter eines Neubaus gespalten war. Ein neuer Flughafen würde die Probleme der bisherigen Lärmbelästigungen für Anwohner lösen.

Koolhaas schlug den Bau eines neuen Flughafens auf einer künstlichen Insel mitten auf dem Atlantik vor, den Beispielen der Flughäfen von Hongkong und Osaka folgend. Da es dort keine Anwohner gibt, würde sich kein Nachbar beschweren, und der Flughafen könnte 24 Stunden in Betrieb sein, im Gegensatz zu allen anderen Flughäfen, die ein Nachtflugverbot haben. Es wäre der Knotenpunkt, über den Passagiere und Waren nach ganz Europa gelangten.

Neben dem Flughafen sollte eine Stadt mit Hotels, Büros und Einkaufszentren für die »Transitbevölkerung« entstehen. Diese müsste gar nicht erst niederländischen Boden betreten oder Grenzkontrollen passieren, noch müsste sie ein Visum für Europa haben. Es wäre wie ein Freihafen, ein riesiger Duty-free-Shop ohne nationale Beschränkungen. Ein Ort, an dem die Menschen Geschäfte machen, einkaufen können oder sich einfach begegnen. Wie Koolhaas ausführt, wäre die Insel von einem neuen Typ Menschen bewohnt, der »kinetischen Elite«, wobei er sich hierbei eines

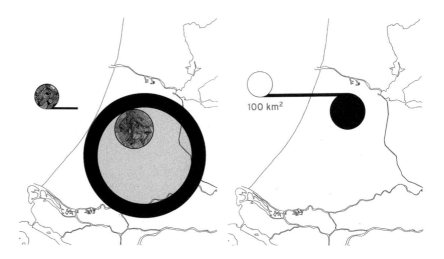

Schiphol, Studie für einen neuen Flughafen (1998), OMA/AMO, Rem Koolhaas

22 »›the kinetic elite‹, borrowing a term coined by the German philosopher Peter Sloterdijk. These are the people whose personal lives are entirely subordinated to business demands, who travel hundreds of thousands of miles every year, who need not a home but a home base, a comfortable and convenient nest in which to recuperate while waiting for the next flight. It is an elite whose status is proportional to what they sacrifice in ordinary human satisfactions. Confined to tiny spaces, fed out of standardized plastic containers, condemned to follow prescribed routes, they are an entirely indoor species. By building a city dedicated to their convenience, OMA solves a seemingly unsolvable dilemma: Airports must be close to population centers, but noisy airplanes must stay far away from backyard barbecues. OMA's Schiphol is designed to attract a new type of human being, for whom backyard barbecues are as archaic as hunting for meat in the jungle, and for whom the muffled sound of planes through thick walls is a ubiquitous and therefore unnoticed element of the environment.« Wie Anm. 18

Terminus des deutschen Philosophen Peter Sloterdijk bedient, »[...] Menschen, deren Privatleben komplett den Anforderungen des Geschäftslebens untergeordnet sind, die jährlich Tausende von Kilometern reisen, die kein Haus, sondern einen Stützpunkt in der Heimat brauchen [...]. Sie geben sich mit wenig Raum zufrieden, ernähren sich aus standardisierten Plastikbehältern, sind dazu verdammt, vorgeschriebene Wege zu gehen [...]. OMA löst ein scheinbar unlösbares Dilemma mit dem Bau einer Stadt nach ihren Bedürfnissen. Flughäfen müssen in der Nähe von Ballungszentren sein, aber laute Flugzeuge dürfen nicht beim Grillen stören. OMAs Schiphol wurde dazu entworfen, einen neuen Menschentyp anzuziehen, der Grillfeste im Hinterhof so archaisch findet, wie im Dschungel nach seiner täglichen Fleischration zu jagen, und der das gedämpfte Geräusch von Flugzeugen, das durch dicke Mauern dringt, als gewohntes Begleitgeräusch nicht mehr wahrnimmt.«[22]

Koolhaas verkauft seine Projekte darüber, dass er von einer neuen Art von Gebäuden, von einer neuen Gesellschaft erzählt – so grau und futuristisch, als sei sie direkt aus einem Buch von George Orwell entsprungen. Eine Stadt auf dem Meer, umgeben von Flugzeugen, die zu gar keinem Land gehört. Das Modell dafür existierte schon, Jerdes nicht realisiertes Projekt Rinku Town bei Osaka, die er als »Stadt der Muße« mit Bezug zum Meer plante. Mit Landungsbrücken, Uferpromenade und Einkaufszentrum für Familien. Aber genau diese wollen nicht dem Fluglärm ausgesetzt sein und nicht mit der Bedrohung durch einen Flugzeugabsturz leben, sondern ihre Ruhe haben.

Koolhaas hat begriffen, dass es noch den anderen Typ Menschen gibt, der bereit ist, in diesem 24 Stunden geöffneten Innenraum zu leben. Wo es keine Ablaufpläne und keine Routine gibt und wo jeder auf der Durchreise ist. Er kennt sich auf diesem Gebiet aus, er ist auch Teil dieser kinetischen Elite, fliegt selbst 300 Tage im Jahr.

Koolhaas belegte die wirtschaftliche Rentabilität seiner Idee gegenüber möglichen Investoren und Politikern mithilfe einer Aufstellung der Verkaufsprozentsätze pro Quadratmeter Einzelhandel: In einer Stadt kann man 600 Dollar pro Einheit und pro Jahr erreichen, in einem Flughafen erhöht sich der Umsatz auf bis zu 1200 Dollar. So versuchte er die Verantwortlichen zu überzeugen: mit wirtschaftlichen Prognosen. Letztendlich wurde der Flughafen – ähnlich wie das Gebäude von Universal – aber nicht gebaut, weil neben der Finanzierung auch ein politischer Konsens und Entschlossenheit fehlten. Man entschied sich stattdessen, Schiphol zu erweitern und wählte Beständigkeit.

Koolhaas hat seine bedeutendsten Projekte außerhalb der Niederlande realisiert – die Casa da Música in Porto, der Sitz von CCTV in Peking oder die Zentralbibliothek in Seattle. Doch um sich darüber klar zu werden, wie man sich positionieren und ein Projekt angehen muss, gibt es immer eine wichtige Vorarbeit von AMO: Analysen und Studien der Problemstellungen, die sie dann in Büchern[23] präsentieren. Dies wiederum dient dazu, sich zu positionieren, Projekte vorzustellen und in der Folge Wettbewerbe zu gewinnen.

1997 veröffentlichte Koolhaas das Buch »MoMA Inc.«, von dem nur ein Exemplar für einen einzigen Kunden verlegt wurde. Es war sein besonderer Wettbewerbsbeitrag zur Erweiterung des MoMA in New York. Er rechnete sich hinsichtlich der eingeladenen Wettbewerbsteilnehmer und der Jurymitglieder nur dann Chancen aus, wenn die Jury seine intellektuelle Leistung berücksichtigen würde: »Ich war mir vollkommen im Klaren darüber, dass ich sie (die Jury) herausfordern musste, denn bei dieser Teilnehmerliste könnte ich auf einer anderen Ebene niemals gewinnen. Wir hätten vermutlich nur eine Chance, wenn sie den Wettbewerb als intellektuelle Leistung betrachten würden, was sie in gewisser Weise schon angekündigt hatten. Sonst bestünde keine Hoffnung.«[24]

In dem Buch stellt er dar, wie sich ein Museum positionieren sollte, um sich zu verkaufen. Da sich die Tate Modern und das Guggenheim bereits neu erfunden hatten, war nun der passende Moment für das MoMA gekommen. Koolhaas verlor den Wettbewerb – was aber vielleicht auch nur daran lag, dass das Buch den Zusatz »Inc.« im Titel trug. Das Museum war zwar wie ein Unternehmen organisiert, doch da er diese Tatsache so explizit aussprach, verletzte er die Sensibilität einiger potenzieller Auftraggeber, die sich immer noch wie Renaissance-Mäzene sahen.

Koolhaas nutzte also das Medium Buch, um seine Ideen zu verbreiten und für sein Architekturbüro zu werben. Er ist nicht der einzige, der auf diesem Weg für seine Projekte und Ideen wirbt: Als nach Kennedys Ermordung die Unterstützung für das Projekt Pennsylvania Avenue fehlte (siehe Politik, S. 75ff.), war es Nat Owings, der ein Buch mit sämtlichen bis dato angefertigten Skizzen und Studien herausbrachte, um an dieses Projekt zu erinnern. Er schickte luxuriös eingebundene Kopien an jedes amerikanische Kongressmitglied und schaffte damit, das Interesse an dem Projekt am Leben zu erhalten. Darüber hinaus ließ er in seinem Buch kei-

23 Koolhaas, Rem: Great leap forward. Köln 2001; Ders.: The Harvard Design School Guide to Shopping. Köln 2001; Ders.: Al Manakh. Volume 12/2007

24 »I was totally aware that I need to challenge them (Jury) because with that list (of participants), I could never win on any other basis. Only if they went for it as an intellectual effort, which of course they announced at some point, would we stand a chance. Otherwise there was not hope.« Rem Koolhaas in conversation with Beatriz Colomina. In: El Croquis 134/135, 2007

25 »In an effort to firm up our efforts on the Avenue, we got out what we called the Green Book, which is a magnificent report. It´s really well done. We got 5000 copies out. [...] We sent one to every member of Congress, to which I might add I convinced that 90 percent of those books were never read by anybody; I don't think Congressman have time to look at anything much. We learned this. The only way you're going to get a congressman to know what you're talking about is to tell him personally. Then President Johnson finally wrote me a letter thanking me very much for carrying out the direction of the Pennsylvania Avenue Council. [...] This report was very good, and I got my cursory letter of thanks from the President. He was pretty busy. So we were dead. But I claimed that I wasn't dead for the simple reason that we had a report out and I was the editor of it, and, therefore, I was still in business as long as the book was in circulation« Frantz, Joe B.: U. T. Oral History Project 76-5. General Services Administration National Archives and records service, März 1970

26 »The nature of the city has changed radically from the public to the private. The vast majority of urban substance that is built now is private. The major shift is that the city used to be free, and now you have to pay, whether it's a museum or a store.« Wie Anm. 21

nen Zweifel daran, dass er für dieses Projekt am besten qualifiziert war. Auch wenn Owings davon ausging, dass »[...] vermutlich 90 Prozent dieser Bücher nie gelesen wurden«, lernte er daraus, »dass der einzige Weg, sich bei einem Kongressmitglied ins Gespräch zu bringen, nur über die persönliche Ansprache funktionierte. [...]«[25]

Für Owings diente das Buch also als Vorwand, sich den Politikern zu nähern. Aber er war auf der Suche nach mehr – dem Auftrag. Also bewarb er das Buch, und das Ergebnis ließ nicht auf sich warten: Die Zeitschrift Look interessierte sich dafür und veröffentlichte eine Reportage mit Fotografien seiner Modelle über das neue Washington, D.C. Unter der sehr heterogenen Leserschaft der Zeitschrift war auch die First Lady. Sie bat ihn um die Vorstellung des Projekts der Pennsylvania Avenue, hatte sie mit dem »Comitee for the beautification of Washington, D.C.« selbst Interesse an der Neugestaltung der Hauptstadt. Lady Bird Johnson wurde zu Owings wichtigster Fürsprecherin. Dies war im ersten Schritt besser als ein Vertrag: Es bedeutete, im Weißen Haus zu sein, und das nur dank eines Buchs.

Koolhaas legt zwar mehr Präzision an den Tag, verfolgt aber dieselben Ziele. Durch die Veröffentlichung von Büchern wird er zu einem Spezialisten für bestimmte Themen und erreicht damit eine Legitimation seiner Arbeit. Manche Bücher sind Veröffentlichungen der Arbeiten seiner Studenten, denen er Essays hinzufügt. So z. B. der »Harvard Design School Guide to Shopping«, in dem er sich mit der komplexen Welt der großen Kaufhäuser befasst. Das Buch behandelt die Entwicklung von Verkaufsflächen. Dabei bezieht er sich auf Statistiken, die zeigen, wie sich das Geld bewegt, wie schnell es sich wieder regeneriert und welche Kräfte es im Umlauf halten. Seine Studie vergleicht Einkaufszentren mit Museen und Wohnungen und wertet sie dadurch auf – hatte sich zuvor noch keiner der großen Architekten für Einkaufszentren interessiert.
Neben den Gebäuden selbst werden hier auch die Ausstattung und die Technik thematisiert, die das Funktionieren eines Einkaufzentrums bestimmen. Klimaanlagen, Rolltreppen und Werbung sind seiner Meinung nach die Elemente, die hier ausschlaggebend sind: Die Klimaanlage kann große Flächen ohne Fenster oder ohne Verbindung nach außen belüften und Rolltreppen ermöglichen den Wechsel zwischen den Stockwerken, wodurch der Besucher den Kontakt mit der Straße verliert. Die Abfolge von Angeboten, die Lichter und Waren, die er unterwegs sieht, führen ihn immer tiefer ins Innere des Gebäudes. Damit entfernt er sich vom öffentlichen Raum, um sich an einen privaten, leichter vorhersehbaren, langweiligeren und kontrollierteren Ort zu begeben. »Das Wesen der Stadt hat sich radikal von der Öffentlichkeit ins Private verschoben. Der große Teil städtebaulicher Substanz, der heute gebaut wird, ist privat. Die größte Veränderung dabei ist, dass eine Stadt früher frei zugänglich war und man nun für alles bezahlen muss, egal ob es sich um ein Museum oder einen Laden handelt.«[26]

Mit zunehmender Praxis gelangt Koolhaas zu ähnlichen Schlussfolgerungen wie Jerde. Der öffentliche Raum wurde privatisiert und die Menschen sind nun gelangweilt davon, dass man ihnen immer nur Waren anbieten will. Sie sind auf der Suche nach neuen Erfahrungen – andernfalls bleiben sie zu Hause und machen ihre Einkäufe vom Sofa aus über das Internet.

Beim Entwerfen von Läden sucht Koolhaas zuallererst nach einer Möglichkeit, viel Fläche oder Raum zu schaffen, in dem keine Produkte verkauft werden und wo stattdessen ohne Verkaufsdruck interessante Dinge passieren können. Er ist auf der Suche nach einer weniger aggressiven Annäherung an den Konsum. Durch Prada erhielt er die Möglichkeit, seine Ideen zu verwirklichen: Als eine hochwertige Marke für Kleidung und Accessoires wollte man sich zu Beginn des neuen Jahrtausends in den USA stärker präsentieren und dazu Läden in New York, San Francisco und Los Angeles eröffnen. Zudem suchte man noch nach einem ganzheitlichen Markenkonzept. »Sie baten uns um ein Angebot für die Expansion des Unternehmens, bei der sie jedoch nicht ihr Image des Kultivierten und Mondänen sowie ihre Experimentierfreude aufgeben wollten. Es ging also um eine maßstabsgetreue Ausdehnung, mit der sie trotz ihrer erhöhten Präsenz interessant oder überraschend bleiben konnten. Wir erarbeiteten eine Reihe strategischer und organisatorischer Vorgaben. Auf der Grundlage dieser Faktoren definierten wir, wie ein Ladengeschäft aussehen und wie seine Nutzung erweitert werden könnte. Dann gaben sie uns den Auftrag für drei Läden. Ergänzend sollten wir zusammen mit ihnen ihre virtuelle Identität entwickeln. Wir arbeiteten ebenso an technischen Fortschritten, die den Aufenthalt in einem Geschäft noch angenehmer gestalten konnten. Wir versuchten also, die Umkleidekabine, die Verkaufstheke neu zu konzipieren und einige der üblichen Irritationen im Einzelhandel zu vermeiden. [...] Wir wollten also einen Prada Laden in Soho entwerfen, der immer noch wie ein Laden wirkt, aber alle Verkaufselemente an einem Punkt konzentriert und den Rest des Raums für öffentliche Veranstaltungen offen lässt. Wir hatten die Idee, dass das Besondere, das Prada anbieten könnte, eine gewisse Großzügigkeit gegenüber dem Publikum wäre – dass nicht ständig plumper Kommerz herrschen muss.«[27]

Der erste Prada-Laden, den sie Epicenter nannten, eröffnete 2001 in Soho in New York. Die Gewerbefläche, auf der sich zuvor das Guggenheim Soho befand, umfasst 23 000 Quadratmeter, verteilt auf Erdgeschoss und ersten Stock. Die Investitionssumme lag bei 40 Millionen Dollar. Der Boden des Erdgeschosses ist auf seiner gesamten Breite bis zur Höhe des Kellergeschosses abschüssig und bildet eine Art große Welle, da er auf der anderen Seite wieder ansteigt. Dieser Raum wird von Zeit zu Zeit zu einem Theatersaal umfunktioniert oder bietet Sitzmöglichkeiten, von wo aus man sich umschauen oder die ausgestellten Schuhe betrachten kann. Per Knopfdruck hebt sich eine Bühne für Vorführungen aus dem Boden. Reine Effekthascherei. Die Wände sind mit großzügigen Wandmalereien geschmückt, die sich von einem zum anderen Ende des Ladens spannen. Dies sind im wahrsten Sinn des Wortes »wallpapers« – Wände aus Papier. In jeder Saison werden die Wände neu mit einem Motiv aus der aktuellen Kollektion

27 »They asked us to make a proposal for how they could manage their expansion without losing their reputation for adventure and experimentation. So it dealt with an explosion of scale – how they could remain interesting or surprising in spite of their much greater presence. We addressed a series of strategic and organizational issues. Based on those factors, we defined what a store could be, and how the experience of a store could be extended. Then they asked us to do three stores. Complementary to those stores we're involved in defining their identity in virtual space. We're also working on technological advances that can make the experience of being in a store better – we're trying to reinvent the dressing room, the cash register; we're trying to remove some of the traditional irritants of shopping. [...] So we want to make a Prada store in Soho that is still a store, but that can contract all its commercial elements into a single point and liberate the rest of the space for public events. We thought that one unique thing Prada could offer is a degree of generosity toward the public – that there doesn't always have to be heavy-handed commercial presence.« Ebd.

Epicenter, Prada, New York
(2001), OMA/AMO, Rem Koolhaas

tapeziert. Es handelt sich dabei um Collagen und Zeichnungen von so bedeutenden Künstlern wie Damien Hirst, der z. B. die Wand 2007 gestaltete. Von der Decke
bis zum Erdgeschoss hängen Metallboxen, die als kleine mobile Auslagen fungieren. Alles ist extrem »hip«, von einer großen Mobilität, aber gleichzeitig ohne viel
Nutzen. Der eigentliche Verkauf findet erst im Kellergeschoss statt. Dahin gelangt
man, ohne sich dessen bewusst zu werden – denn die Welle »spült« einen automatisch dorthin. Es gibt Regalwände und Garderobenständer mit Kleidern. Alles
ähnelt dem typischen Konzept von Luxusboutiquen, mit extrem teuren Materialien. Beim Eintritt in die Umkleidekabine verdunkelt sich die transparente Tür
durch elektronische Impulse. Die »Spiegel« zeigen die Silhouette der Person, aber
verlangsamt. Tatsächlich handelt es sich nicht um Spiegel, sondern um Kameras,
die das Bild projizieren, sodass sich der Kunde aus verschiedenen Perspektiven
betrachten kann, ohne sich umdrehen zu müssen. Das Computersystem erkennt
die Stammkunden, über deren bisherige Einkäufe es informiert ist, und gibt so
Empfehlungen zur Kombination der Kleider.

Alles wirkt technologisch sehr ausgefeilt, aber wenig praktisch. Außerdem will
niemand nur Kleidung von einer Marke tragen. Am Ende gehen die Kunden durch
den Laden wie durch ein Museum. Sie treten ein, betrachten alles, lassen sich von
den extrem hohen Preisen für Schuhe oder Abendkleider beeindrucken. Manche
kaufen T-Shirts oder Mützen als Souvenirs, damit sie zeigen können, wo sie gewesen sind. Die Presse nimmt von dieser Besonderheit Notiz, womit kostenlose Werbung entsteht und der Laden zu einer weiteren Touristenattraktion für die Stadt

wird, wie seinerzeit das Lever House. Wieder einmal steht der Architekt über der Marke: Der Laden funktioniert leer besser als mit vielen Kunden, obwohl er so sehr danach strebt, dass ihn so viele wie möglich besuchen. Nur leer ist es möglich, die Einzelheiten zu genießen. Bei Prada wird der Architekt verkauft, der den Laden entworfen hat. Hier unterscheiden sich Koolhaas und Gensler, der von Apple nicht als Urheber genannt werden möchte.

Nichtsdestotrotz ähneln sich ihre Strategien. Beide Läden sind nicht nur Geschäfte, sondern versuchen, zu einem öffentlichen Raum zu werden – Apple sucht die Behaglichkeit der Bibliothek und Prada greift auf die Verwegenheit eines Varietétheaters zurück. Beide wollen über den reinen Verkauf hinaus bekannt werden und zu einem Ort des Austauschs von Ideen und Kreativität, sei es durch die »Genius Bar« oder den multifunktionalen Raum.

Bei beiden Projekten spielte die Überlegung, wie man von einer Ebene auf die nächste gelangt, eine wichtige Rolle. Koolhaas bezieht sich wie bereits erwähnt im »Harvard Design School Guide to Shopping« auf die revolutionäre Erfindung der Rolltreppe, die eine Bewegung im Raum ohne Anstrengung ermöglicht. Bei Prada übersetzt er dies durch die Welle. Durch ihre Großzügigkeit und Weite kann der Kunde abwärts gehen, ohne sich dessen bewusst zu werden, denn die Waren begleiten ihn beim Hinuntergehen. Während er hinabsteigt, entdeckt er neue Produkte, auf denen dann seine Aufmerksamkeit ruht.

Mit der Idee einer scheinbar fragilen Glastreppe hat Apple es geschafft, dass normale Tätigkeiten, wie zu Fuß hoch- und hinabzusteigen, zu einer ganz neuen Erfahrung werden. Die große Transparenz der Stufen und die Lichtdurchlässigkeit ermöglichen einen intuitiven Blick auf das nächste Stockwerk. Diese Treppe lädt uns gleichsam in die nächste Etage ein. Der Besucher soll so lange wie möglich im Laden bleiben, muss aber nicht unbedingt etwas kaufen. Hier wird die Marke an sich verkauft, daher sind die wichtigsten Produkte oder Dienstleistungen so weit von der Straße entfernt wie möglich. Die »Genius Bar« befindet sich immer ganz hinten im ersten Stockwerk – wie die Eier und das Brot im Supermarkt, damit der Kunde den gesamten Laden durchqueren muss.

Wenige Wochen, bevor Koolhaas das Prada-Geschäft in Soho eröffnete, stellte Gensler den größten Spielzeugladen der Welt fertig, ebenfalls in New York. Mit 30 500 Quadratmetern Verkaufsfläche ist der Laden das Flaggschiff von Toys "R" Us. Es gibt keinen Glamour und keine architektonischen Details wie bei Prada, aber der Laden ist viel effizienter, da sich jedes Detail der Verkaufsstrategie unterordnet. Er befindet sich in der Nähe von Portmans Hotel Marriot Marquis, an der Ecke zum Times Square zwischen der 44. Straße und dem Broadway. Gensler imitiert die Umgebung, indem er Werbeanzeigen, Lichter und Bewegung als die entscheidenden Elemente aufnimmt und damit die gesamte Fassade in eine Werbeanzeige verwandelt. Er teilt sie in 165 Elemente auf, wovon jedes für sich ein eigenes Werbeschild ist. Dafür verwendet er ein System mit von hinten beleuchteten Polyesterfolien. Der Effekt ist beeindruckend, da es wirkt, als würden an der Fassade

Werbeplakate ausgetauscht. Außerdem kann man in jedem Fenster über 25 Bilder kombinieren, woraus sich im Gesamten eine riesige Wandmalerei ergibt. Diese verschwindet manchmal und lässt die Auslagen transparent durchscheinen. Es ist beeindruckender als alle großen Videobildschirme in der Umgebung, es wirkt klarer und kann auf Wunsch verschwinden.

Im Ladeninneren warten noch mehr Überraschungen. Den Raum beherrscht ein Riesenrad von 18 Metern Höhe. Die Kinder können in den 14 Kabinen Platz nehmen, die Persönlichkeiten wie Barbie, Buzz Lightyear oder Mr. Monopoly zum Thema haben. Durch dieses Wahrzeichen wirkt das Geschäft noch größer und unterscheidet sich damit klar von seinen Wettbewerbern.

Der Laden ist in unterschiedliche Bereiche eingeteilt: es gibt einen Bereich mit Kuscheltieren, einen für »Barbie« mit einem Haus mit mehreren Stockwerken, Balkonen und Säulengängen, die Lego-Welt mit den typischen Wolkenkratzern der Stadt und Jurassic Park, mit einem Tyrannosaurus Rex, der sich bewegt, brüllen kann und die Kinder erschreckt. All dies zieht Kunden an und versetzt die Kleinen in Begeisterung. Der Besuch des Geschäfts allein ist schon ein Erlebnis und es lohnt sich, den Weg auf sich zu nehmen. Diese Art der kostenlosen Belohnung stärkt wiederum die Marke.

In das Riesenrad von Toys "R" Us zu steigen ist vergleichbar mit dem kostenlosen Abrufen von E-Mails an einem teuren Apple-Monitor, den man sich vielleicht nie wird leisten können. Gensler findet Wege, mit der sich solche Verbindungen herstellen lassen. Dies ist Teil seiner Strategie. Gleichzeitig entwirft er neue Mittel zum Verkauf eines jeden Produkts einer Marke. Außerdem versucht er, jede Ecke eines Ladens indirekt zu verkaufen. Die großen Marken zahlen, um sich in einer individuell gestalteten Kabine im Riesenrad zu präsentieren, um an der Fassade zu erscheinen oder auf über 100 Monitoren, die, im ganzen Laden verteilt, immer wieder zeigen, welch wunderbare Dinge ein bestimmtes Spielzeug vollbringen kann. Schließlich ist es nicht mehr der Laden, der die Produkte präsentiert. Die Marken selbst entscheiden, wie der Raum organisiert und wie die Ware der Öffentlichkeit präsentiert werden soll.

Koolhaas muss bemerkt haben, dass seine Läden außerhalb der Theorie nicht als Muster dienen können. Der im Prada Soho für kulturelle Veranstaltungen vorgesehene Bereich war zu klein, wenn spannende Dinge darin stattfanden, und zu groß, wenn nichts darin passierte. Der Kunde braucht Räume, die sich schneller an seine Bedürfnisse anpassen.

Für Koolhaas ist das Erleben beim Einkaufen die neue Verkaufsmethode. So stellte er 2009 ein neues Konzept vor, bei dem Produkte verkauft werden sollten, ohne sie überhaupt zu zeigen. Für Seoul entwarf er den Prada Transformer, ein Tetraeder, in dem unterschiedliche Aktivitäten angeboten werden können. Das Novum daran ist, dass jede Seite des Tetraeders als Basis für eine Aktivität vorgesehen war. Damit diese stattfinden konnte, musste man ihn buchstäblich auf den Kopf stellen. Dafür sollten vier Kräne den Baukörper drehen und bewegen. Für

Toys "R" Us, New York (2009), Art Gensler: Unterschiedliche Bespielung der Fassade

28 Matussek, Matthias; Kronsbein, Joachim: Das Böse kann auch schön sein. In: Der Spiegel, 27. März 2006

jede der vier Seiten war ein anderes Programm vorgesehen. Es gab die Modi »Präsentation der Kollektion«, »Kino«, »Kunstausstellung« und »Special Event«. Wenn der Pavillon gedreht wird, ergibt sich eine neue Raumwahrnehmung, wodurch die »treuen Kunden« häufiger wiederkommen. Dabei werden nicht einfach nur die Farben der Wände erneuert oder neue Motive eines berühmten Künstlers auftapeziert. Der Baukörper wird buchstäblich umgedreht und seine Nutzung vollkommen verändert.

Luckman erreichte im Aloha Stadion eine ähnliche Wirkung, wobei diese einen tatsächlichen funktionalen Hintergrund hatte (siehe Marketing, S. 42f.). Das Stadion ließ sich durch ein kompliziertes Luftkissensystem umbauen, also die Sitzreihen entsprechend dem Gebrauch anpassen. Es gab die Modi »American Football«, »Baseball« oder »Konzert«.

Im Fall von Prada spielt sich alles in kleineren Dimensionen ab und der Transformer verwandelt sich in ein Spielzeug für Erwachsene, ein Riesenrad, in das große Kinder hineinklettern dürfen, in einen Ort mit vielen Überraschungen. »Die Architektur von heute ist dem Markt und seinen Bedingungen unterworfen. Der Markt hat die Ideologie ersetzt. Architektur ist ein Spektakel geworden, sie muss sich inszenieren und hat nur noch Bedeutung als Wahrzeichen.«[28]

Wir befinden uns in der Zeit der »Show-Architektur«, in der die Architekten das Doppelziel verfolgen, zu verkaufen und gleichzeitig Berühmtheit zu erlangen. Sie versuchen, ein einzigartiges Gebäude zu schaffen, das alle anderen überstrahlt. Und gleichzeitig wird es heutzutage immer schwieriger, das Original von der Kopie zu unterscheiden. Moderne Kommunikationsmedien führen dazu, dass Bilder oder Entwürfe sofort kopiert werden können, manchmal noch bevor sie überhaupt ausgeführt sind. Diesen Wettlauf gewinnt das Bauwerk, das mehr Aufmerksamkeit erregt als alle anderen. Entweder das höchste, das mit den meisten Wohnungen, das größte oder das wandelbarste.

Viele haben versucht, der aufsehenerregenden Lobby von Portman mit all ihren Merkmalen nachzueifern, was bisweilen zu Entwürfen führte, die völlig aus der Kontrolle gerieten. Auch Koolhaas hat diese Dynamik aufgenommen, wenn vielleicht auch nicht bewusst. Der Prada Transformer, radikal bis ins Extrem, ist der Beweis dafür. Wie nie zuvor war er darauf bedacht, dass das Bild des Gebäudes nicht auch nur im Geringsten mit einem anderen Gebäude verwechselt werden könnte. Vielleicht hätte der Transformer als Kubus besser funktioniert, doch dann wären die Einzigartigkeit und Wiedererkennbarkeit, die er unbedingt erreichen wollte, verlorengegangen.

Prada Transformer, Temporärer Pavillon, Seoul (2009), OMA/AMO, Rem Koolhaas: Grundform des Tetraeders für die unterschiedlichen Veranstaltungs-Modis (oben), Drehung des Baukörpers (Mitte und unten)

Kurz nach der Einweihung des Prada Ladens in Soho gewann Koolhaas 2002 den Wettbewerb für das CCTV Projekt, ein Komplex, der sämtliche Bereiche des China Central TV und die Filmstudios der 16 chinesischen Fernsehsender aufnehmen sollte. CCTV wird in einigen Jahren voraussichtlich zu den weltweit führenden

Fernsehkanälen gehören, das Bauwerk würde Koolhaas' Bekanntheit also noch steigern. Die angestrebte Wirkung lässt sich mit der von Pereiras und Luckmans CBS Television City vergleichen, jedoch in ganz anderem Maßstab.

Das Budget betrug 650 Millionen Dollar für Büros, Ateliers, Hörsäle, Bars und sogar eine Aussichtsplattform. Das Grundstück befindet sich im Central Business District (CBD), wo 300 neue Gebäude gebaut werden. Man gewinnt den Eindruck, dass jeder schnellstmöglich mit dem höchsten Gebäude oder dem spitzesten Turm bekannt werden will. Aus diesem Wirrwarr neuer Bauwerke sticht Koolhaas mit seiner neuartigen Gebäudeform heraus. Das CCTV-Gebäude besteht aus zwei Wolkenkratzern mit 234 Metern Höhe, die im oberen Bereich in einem rechten Winkel miteinander verbunden sind, dessen Anblick ein unbeschreibliches Schwindelgefühl erzeugt. Vor Ort, aber selbst in Abbildungen oder an Bildschirmen, kann man die Spannung des Gebäudes förmlich spüren. Die kolossale Auskragung von 70 Metern bestimmt die Struktur – man fürchtet, sie würde herunterfallen. Das Bauwerk zieht die Aufmerksamkeit auf sich, jedoch nicht nur aufgrund seiner Außergewöhnlichkeit, sondern vor allem durch das latente Risiko, das mit ihm verbunden ist, das einen einen zusammenzucken lässt. Und alles nur mit dem einen Ziel, ein Wahrzeichen zu schaffen. Gleichsam ein Fenster, durch das man auf das moderne China blickt.

Das Gebäude wirkt wie ein dreidimensionales chinesisches Schriftzeichen – und genau das macht es einzigartig. Je nachdem, aus welchem Blickwinkel man es betrachtet oder fotografiert, ändert sich die Wahrnehmung des Gebäudes drastisch. Es wird nicht mehr als etwas Flächiges wahrgenommen, sondern gewinnt an Tiefe und Bewegung. Es hat nicht mehr länger nur eine Fassade, sondern zeigt stattdessen Hunderte. Dadurch können alle, kann jeder Einzelne seine persönliche Sicht auf das CCTV haben.

Nur mithilfe komplexer Computerprogramme konnte es so gebaut werden, denn es mussten die unterschiedlichsten Kräfte und Spannungsmomente berechnet werden, die diese Auskragung im Fall eines Hurrikans, Erdbebens oder Flugzeugabsturzes erzeugt. Koolhaas hat ein unverwechselbares Wahrzeichen geschaffen. Dem Gebäude wird die gleiche Beachtung wie seinem Architekten zuteil. Die Schwierigkeit besteht meines Erachtens darin, später zu erreichen, dass die Innenräume funktionieren, dass die unterschiedlichen Säle, Ateliers, die Produktion in einer so komplexen Struktur zugänglich werden. Denn natürlich hat die Funktionalität auch ihre Schattenseiten, auch wenn man uns das Gegenteil glauben machen will. Der berühmte Spruch »form follows function« hat hier keine Bedeutung mehr. Das Bild, das Wahrzeichen, hat Vorrang. Das Marketing, die Öffentlichkeit, die Politik und schließlich wirtschaftliche Interessen, der Welt das Gebäude zu verkaufen, gestalten die Form. An dieser Stelle hat Gensler mit seinem Wahlspruch »function follows strategy« wiederum Recht. Denn hier gibt die Strategie die Richtung vor und die Funktionalität passt sich ihr an. »Ein Bauwerk war nicht mehr eine Frage der Architektur, sondern der Strategie.«[29]

29 »A building was no longer an issue of architecture, but of a strategy.« Vanderbilt, Tom: Chairman Now. In: Artforum, September 2004

CCTV, Beijing (2012), OMA/AMO, Rem Koolhaas

AUSBLICK

VIRTUELL, GRATIS, SOZIAL UND GLOBAL

Nachdem nun die unterschiedlichen Strategien vorgestellt wurden, ist es Zeit für eine vorläufige Bilanz. Die Analyse hat gezeigt, wie wichtig Strategien bei der Entscheidungsfindung im Projektverlauf sind und dass diese auch Überzeugungskraft innerhalb der Gesellschaft bergen. Es gibt allerdings weder eine Zauberformel noch irgendeine Anleitung, die den Erfolg eines Projekts garantieren könnte. Ziel dieses Buchs ist es, die Macht und den Einfluss von Strategien aufzuzeigen, um schließlich festzustellen, dass diese bereits seit den 1950er-Jahren angewendet wurden. Doch erst in der heutigen Zeit wird von einem Architekten erwartet, dass er sie öffentlich macht und erklärt.

Begründungen eines Entwurfs, die aus einem Kontext, von bestimmten Proportionen oder der eigenen Ästhetik abgeleitet wurden, haben anderen Rechtfertigungen, die auf dem Pragmatismus des wirtschaftlichen und sozialen Umfelds basieren, den Weg geebnet. Es entwickelt sich eine Distanz zwischen dem Formellen und dem Informellen, zwischen dem Subjektiven – das der architektonischen Praxis inhärent ist – und dem System. Einigen Architekten dienen Strategien zur Verteidigung einer Konzeptidee gegenüber dem Kunden. Andere wiederum nehmen sie als eine Methode zur Problemlösung. Die aufgeführten Beispiele mögen vielleicht dazu geführt haben, den Zwiespalt zu verdeutlichen, in dem sich der Architekt befindet. Diesen erlebt er sowohl auf der materiellen Ebene beim konkreten Entwurf als auch auf der immateriellen Ebene bei Projekten, bei denen es um eine Marke, eine Beziehung, mithin um etwas Immaterielles geht.

Luckman war der erste, der das Potenzial des Immateriellen erkannte. Dies zeigte sich beim Lever House, das nicht einfach nur zur Nutzung gebaut wurde, sondern zugleich zur Imageverbesserung einer Marke. Die Herangehensweise war neu, es ging darum, Architektur quasi ohne ein begrenztes Budget zu schaffen: Die Baukosten des Gebäudes wurden den Kosten für Werbung gegenübergestellt, wodurch die Architekten ihren eigenmächtigen Entwurf rechtfertigen konnten.

Diese Zeitspanne, die mit dem Beginn der Krise im Jahr 2008 ihren Abschluss fand, dauerte gut 50 Jahre: ein halbes Jahrhundert erbitterter Kämpfe um den Bau des höchsten, größten oder extravagantesten Gebäudes. Doch in dem Maß, wie die Höhe anstieg, ging der Kontakt zum Boden, zur Realität, verloren.

Rückblickend lässt sich über diese Zeit sagen, dass sie den Architekten durch die enormen finanziellen Mittel, die für das Bauen zur Verfügung standen, bei der Entwicklung ihrer Projekte große Freiheiten erlaubt hat. Mithilfe der CAD/CAM-Technologie schließlich konnten sie seit den 1990-er Jahren formale Lösungen vorab tiefgreifend untersuchen und immer komplexere, vorher undenkbare Formen konzipieren. Die computergestützten Entwürfe, die Renderings und Animationen haben dazu geführt, dass viele Politiker, Regierungsberater und/oder Bauherren nun schließlich den Mut hatten, ein ihnen präsentiertes Modell auch bauen zu lassen. Die Gesellschaft zeigte sich empfänglich für viele dieser Entwürfe. Aber die Entscheidungen wurden nicht allein aufgrund des äußeren Erscheinungsbilds getroffen. Die Bauherren verlangten inzwischen wirtschaftliche Rentabilität, und die Architekten mussten auf Verkaufsstrategien zurückgreifen, um zu überzeugen.

Mit dieser Publikation sollte anhand von bestimmten Projekten untersucht werden, wie sich einige Architekten am Markt durchsetzten konnten und wie dabei ihre jeweiligen Ausgangssituationen aussahen. Die Ereignisse wurden allerdings immer aus einer unkonventionellen Perspektive heraus betrachtet, eine Bewertung der Ergebnisse war hierbei zweitrangig.

Die so gewonnenen Informationen können für Architekten bei der Ausübung ihres Berufs hilfreich sein, denn aus ihnen lassen sich Vorschläge ableiten, wie Architekten besser überzeugen und so neue Projekte entwickeln können. Je tiefer man jedoch in die Materie eindringt, umso mehr Indizien entdeckt man dafür, dass Strategien nicht nur als Rechtfertigung für Entscheidungen im Bauprozess dienen, sondern für sich selbst stehen.

Von Rem Koolhaas' (AMO) oder Art Genslers (Gensler Information Solution) Tätigkeitsfeldern ausgehend, zeigt sich, dass wir Architekten auch zu Beratern für eine Vielzahl an Problemen geworden sind, die weit über den Bau eines Gebäudes hinausgehen. Wir sind mittlerweile auch in der Lage, Lösungen für politische, wirtschaftliche und soziale Aufgaben anzubieten. Die Analyse der Wirtschaftskrise ist in die Hände von Wirtschaftswissenschaftlern und Ingenieuren übergegangen, bei denen stets die wirtschaftliche Rentabilität im Fokus steht. Es ist vielleicht der Moment für Architekten gekommen, sich mit ihren Visionen und Werten in die Gesellschaft einzubringen.

Der hier vorgeschlagene Schritt ist gewagt und doch zugleich unumgänglich, damit wir als Architekten im heutigen Umfeld überleben können. Lange Zeit wird der Bau von Gebäuden keine große Rolle mehr spielen, zumindest nicht in unserer nächsten Umgebung. Gebäude zu errichten darf letztendlich nicht das einzige Ziel der Architekten sein. Wir müssen damit aufhören, uns auf das Greifbare zu beschränken, sondern uns mit der Idee anfreunden, auch das Immaterielle zu erbauen: Kontakte, Verknüpfungen, Formen der Raumnutzung und Verbindungen.

WIR ARCHITEKTEN PLANEN KEINE GEBÄUDE MEHR, SONDERN ENTSCHEIDUNGEN. WIE SEHEN DIE ERSTEN SCHRITTE AUS?

Jede Zeit hatte ihr eigenes Werkzeug, das die Entwicklung der Architektur prägte: In der Renaissance wirkte die Entdeckung der Zentralperspektive revolutionierend. Als man anfing, Gebäude mit ihrer Hilfe darzustellen, erwachten die Pläne zum Leben und die Herrschenden verstanden und akzeptierten ein Bauvorhaben sehr viel schneller als zuvor. Ähnliches passierte, als Methoden zur Skalierung entwickelt und dadurch nicht nur eine neue Form der Stadtplanung und städtebaulichen Ordnung möglich wurden. Unter Verwendung der Geometrie und Proportionslehre gestalteten Palladio und auf eine andere Art und Weise auch noch Le Corbusier ihre Gebäude, und in der jüngeren Vergangenheit war der Entwurf für das Guggenheim-Museum möglich, indem Gehry seine realen Modelle scannte und ihre Kurven so in Daten umwandelte.

Zahlreichen Gebäudeentwürfen liegt eine komplexe Kurvengestaltung mithilfe der »Spline«-Funktion zugrunde, mit der man Kurven zeichnen, Werte nachträglich verändern und den Grad der Polymone absenken kann. Ein noch einfacheres Beispiel ist die Ellipse: Bis zu dem Zeitpunkt, als René Descartes die Ellipse definiert hatte, wusste man zwar, dass sie existierte, aber nicht, wie man sie beschreiben sollte. Descartes entwickelte eine Methode der Kurvendiskussion und legte dadurch den Grundstein für die analytische Geometrie.
Wir Architekten nutzen Werkzeuge, durch die wir unsere Projekte im Vorfeld immer detaillierter bearbeiten können. Da sich der Planungsprozess ändert, wird ein neues Werkzeug nötig: BIM (Building Information Modeling).

BIM ist eine Methode, mit der alle Daten eines Gebäudes zusammengetragen werden, die durch Renderings, Zeichnungen usw. entstanden sind. Eine Wand wird nicht nur gezeichnet, es können direkt auch die Elemente, aus denen sie besteht, hinterlegt und so baurelevante Informationen über Materialien, Mengen oder Preise ermittelt werden. BIM ist ein System, mit dem sich bereits während des Entwurfs Informationen generieren lassen. Der Architekt kann damit nun seine Entscheidungen z.B. in Bezug auf Preis, Wärmeeffizienz, Lichtbedingungen treffen oder die Stabilität des Tragwerks überprüfen. Die Werbung will uns weismachen, dass diese Programme den Entwurfsprozess vereinfachen und sich Änderungen besser umsetzen lassen. Doch kritische Stimmen sagen, dass wir es in Wirklichkeit damit dem Rechner überlassen, viele unserer Lösungen zu bestimmen. So, wie wir zeichnen, erhalten wir Daten zu Rentabilität, energetischer Effizienz und Tragwerksstabilität. Planen wir beispielsweise ein Fenster gen Norden ein, um von dieser Seite aus den Ausblick auf die Berge oder einen Fluss zu ermöglichen oder weil wir es für das Projekt einfach nur als sinnvoll erachten, schrillen die Alarmglocken und erinnern uns daran, das Heizungssystem entsprechend auszubauen und ein dickeres Glas einzuplanen. Folglich wird es für den Architekten immer schwieriger, der Norm, dem Standard zu entkommen. Weil eine höhere

BIM-Modell der Blackfriarsstation, London (2012), Sanierung: Jacobs Architecture / Tony Gee & Partners: unterschiedliche Programme wurden während des Entwurfsprozess verwendet

Effizienz im Vordergrund steht, gibt es eine Tendenz zur Homogenisierung der Arbeit eines Architekten.

Dies erscheint uns a priori negativ für unseren Beruf, wird aber Veränderungen mit sich bringen, da durch eine vollständige Parametrisierung Gebäude zu Datenbanken werden. Der erste Vorteil besteht darin, dass das Projekt nun sehr viel besser spezifiziert werden kann, ein unbedeutender Fortschritt jedoch im Vergleich zu dem, was noch vor uns liegt. BIM ist eine Methode zur Erstellung virtueller Modelle, mit denen man Fragen formulieren kann, die sich nicht nur auf den reinen Bau, sondern auch auf seine Funktionsweise, Logistik und Effizienz beziehen. Sie stellt die Gebäudeleistung und die Rentabilität in Bezug auf die Bewohner dar. Wie bei Gensler erhalten die Kunden die Möglichkeit, sich in die Datenbanken einzuloggen, um die Entscheidungsfindung mitzugestalten.

Durch das System kennen wir immer die aktuellen Kosten der Immobilien. Dies erscheint zunächst trivial, doch das Fehlen dieser Informationen, also die Tatsache, nicht über die aktuellen Vermögenswerte der Immobilien zu verfügen, hat mit zur weltweiten Finanzkrise ab dem Jahr 2008 geführt. Entscheidungen werden nun nicht mehr auf Exceltabellen und Formeln basieren, sondern auf der Analyse der virtuellen Modelle.

Gibt jemand beispielsweise den Entwurf eines Krankenhauses in Auftrag, so lässt sich dessen jeweilige Effizienz durch Hinzufügen oder Weglassen verschiedener Parameter immer aktuell ablesen. In Visualisierungen kann man zeigen, wie Zulieferer ins Gebäude gelangen, welche Wege notwendig sind und wie Prozesse optimiert werden können. Letztendlich kann der Bauträger in seinem virtuellen Szenario die Wirklichkeit abbilden und Menschen, Gesunde wie Kranke, in ihrer jeweiligen Rolle berücksichtigen. Das Modell gibt sogar Informationen über das Nutzerverhalten. Wir schaffen virtuell ein Modell zur Effizienzsteigerung, um durch eine schrittweise Optimierung zu erreichen, dass sich die Wirklichkeit dieser virtuellen Utopie so weit wie möglich angleicht. Darüber hinaus erlaubt das virtuelle Modell die Konzentration auf ganz präzise Fragen, beispielsweise ob Container am Ende eines jeden Gangs oder lediglich auf jeder Etage notwendig sind. Durch Simulation der verschiedenen Möglichkeiten nimmt das optimale Modell Gestalt an.

Selbst wenn BIM das Spektrum der Möglichkeiten in der Entwurfsphase eingrenzt, lässt sich auf der anderen Seite die Entscheidungsfindung vorziehen. In Echtzeit erhalten wir aktualisierte Daten zu unserer physischen Umgebung. Wir wissen, was zählt, kennen den Amortisierungsgrad und die Kosten für die Wartung. Gebäude sind, wie es Gensler formuliert, »wie Autos auf der Rennbahn, die wir optimieren müssen, damit sie immer die maximale Fahrleistung erzielen«. Und diese Vorgehensweise ist in der Tat nachhaltig. Denn Nachhaltigkeit bedeutet nicht, einfach Windräder auf leere Gebäude zu setzen oder mit einer entsprechenden Bauart für eine maximale Energieeinsparung zu sorgen, wenn diese Häuser letztendlich keinen Käufer finden. Nachhaltigkeit bedeutet, Ressourcen effizient zu nutzen, zu sparen und nur das zu bauen, was wirklich notwendig ist.

Wir betreten eine Welt, in der man durch die Visualisierung von Problemen ein besseres Verständnis für sie entwickelt. Zu Beginn der Finanzkrise zeigte sich, dass die Regulierungsbehörden nicht in der Lage waren, das von ihnen eingegangene Risiko zu ermessen. Hätten sie die Menge an Hypotheken und die Höhe der Verschuldung genau visualisieren können, hätte sicherlich jemand vorher die Notbremse gezogen. Visualisieren bedeutet, Entscheidungsfindungen zu vereinfachen und die Tragweite von Problemen bewusster zu erfassen.

Dan Roam ist in diesem Zusammenhang ein gutes Beispiel. Zahlreiche seiner Bücher thematisieren die Problemlösung und den Verkauf von Ideen mittels Bildern. Wenn die amerikanische Regierung in nur einem von mehreren Rettungspaketen 785 Milliarden Dollar für die Rettung von Banken bereitstellt, ist dieser Betrag so exorbitant, dass jeglicher Vergleich schwer fällt. Versucht man, diese Größenordnung zu visualisieren, ergeben sich jedoch entsprechende Schlussfolgerungen: Die genaue Mittelverteilung dieser Finanzhilfen wurde in einem ca. 700 Seiten starken Dokument entworfen. Teilt man die Anzahl der Seiten durch die bereitgestellte Geldmenge, ergibt sich ca. eine Milliarde Dollar pro Seite. Kann es ein Budget geben, das bei ordnungsgemäßer Ausarbeitung die Ausgaben von einer Milliarde Dollar auf nur einer Seite erklärt? Das scheint schwer vorstellbar. Und wenn genau dies die Art und Weise ist, wie eine Reform angegangen wird, lässt sich nur schwer vorstellen, dass es überhaupt jemanden gibt, der wirklich weiß, wofür das Geld letztendlich bestimmt ist.

Wir Architekten bestimmen die Maßstäbe, die Budgets, die Perspektiven. Wir sind in der Lage, uns virtuelle Umgebungen auszudenken und Szenarien zu schaffen. Wir sind genau diejenigen, die an der Spitze des Wandels stehen können.

ABER WIE KANN MAN DIE GESELLSCHAFT DAVON ÜBERZEUGEN, DASS SIE UNS DEN FÜHRUNGSANSPRUCH FÜR DIESEN WANDEL ZUGESTEHT?

Genauso wie wir es immer getan haben: gratis. Wir sind eine Gemeinschaft, die sich in Wettbewerben präsentiert, ohne etwas dafür zu bekommen. Wir bieten alle unsere Kenntnisse an und erhalten im Gegenzug die Wertschätzung des anderen.

In der Welt des Internets geht alles in diese Richtung. Für Journalisten wird es beispielsweise immer schwieriger, bezahlte Aufträge zu erhalten, da es so viele Blogger gibt, die ihre Dienste umsonst anbieten. In der virtuellen Welt gibt es immer mehr »Freemium«-Basisdienste. Allgemeine Informationen sind gratis, fachspezifische Details hingegen kostenpflichtig.
Es gelingt uns, in diesem harten Umfeld zu überleben, weil unser Beruf mit den »Gratis«-Angeboten Hand in Hand geht. Wir erstellen kostenlos Modelle, Mobilitätsstudien und alles, was sonst noch notwendig ist, um einen Auftrag zu erhalten, und sind immer bereit, unsere Zuständigkeitsbereiche zu überschreiten. Wir sind imstande, ein Symbol zu entwickeln, das zugleich eine werbewirksame Aussage für ein ganzes Land enthält – wie Bjarke Ingels in Aserbaidschan –, stellen aber letztlich nur einen Vorentwurf in Rechnung, gegen den eine Werbekampagne mit ähnlicher Wirkung um ein Vielfaches teurer gewesen wäre. Wir können Fiktionen schaffen, uns Gestaltungskonzepte ausdenken, wie Jon Jerde, die eine so disperse Fläche wie Los Angeles in eine Stadt und die Olympischen Spiele in ein Geschäftsmodell verwandeln. Dabei berechnen wir lediglich den Entwurf von Wänden und kleinen Infrastrukturanpassungen. Ausgehend von kleinen Aufträgen lassen sich so Lösungen entwerfen, die grundlegende Veränderungen herbeiführen. Ein weiteres Beispiel ist Daniel P. Moynihan: Als er lediglich darum gebeten wurde, eine Auflistung der leeren Büros in Washington, D.C. zu erstellen, legte er in der Folge die »Guiding Principles« fest, grundlegende Entwurfskriterien für öffentliche Gebäude.

Am Anfang verlangen manche Architekten vielleicht nur wenig, doch sobald ein Unternehmen wieder mit einem ähnlichen Auftrag auf sie zukommt, verlangen sie mehr. Um Kunden zu finden, sollten wir den Eigentümer eines Grundstücks, eines Gebäudes, eines Unternehmens suchen und ihm ein Modell vorstellen, mit dem sein Eigentum an Wert gewinnen kann. Wir sollten ihm ein Angebot unterbreiten – am besten bereits mit einem Gebäude inklusive. Dann hat man einen Fuß in der Tür und kann darauf aufbauen. Koolhaas und Gensler haben bereits ihre eigene Unternehmensberatung zur Erstellung von Geschäftsmodellen im Stil von McKinsey ins Leben gerufen. Architekten sollten sich trauen, Vorschläge zu machen und Entscheidungen in vielfältigen Bereichen vorzubereiten, in der Hoffnung, dass die Öffentlichkeit diese akzeptiert.

Ito Morabito (* 1977 in Marseille) ist ein Designer, der unter dem Künstlernamen Ora Ito Gebäude, Objekte und Industrieprodukte entwirft. Trotz seines abgebrochenen Studiums verdient er mehr Geld als viele andere aus seiner Branche. Um seinen Bekanntheitsgrad zu erhöhen, setzte er auf das »Kostenlose«. Er fing damit an, für berühmte Marken wie Gucci, Louis Vuitton, Apple usw. zu entwerfen, ohne dass sie ihn damit beauftragt hätten. Seine Designs stellte er anschließend ins Internet. Durch die Veröffentlichung seiner Arbeiten in verschiedenen Zeitschriften wurden diese Produkte in den Geschäften tatsächlich nachgefragt, obwohl sie in Wirklichkeit nur als ein Rendering existierten. Ora Ito zeigte, dass er in der Lage war, eine Marktnische zu sehen, eine Unternehmensphilosophie zu verstehen und ein Produkt zu entwerfen, das den Vorstellungen der Kunden entsprach. Keines der Unternehmen, für die er Produkte »entwarf«, verklagte ihn, denn die Unternehmen sahen in seinen Entwürfen eine Verbesserung des eigenen Markenimages. Und heute arbeitet er tatsächlich für einige von ihnen.

Wir Architekten müssen anfangen, der Gesellschaft Strategien vorzuschlagen: Wie sollten die Städte, die Krankenhäuser konzipiert sein, wie und wovon wollen wir im Alter leben? Wir verfügen über die Fähigkeit, Dinge neu zu formulieren. Wir sollten Itos Idee ausprobieren und unsere Vorschläge zunächst kostenlos über das Internet verbreiten. Sollte eine Idee dabei sein, die bei den Menschen wirklich auf Interesse stößt, können wir in den Prozess einsteigen. Das Internet ist ein Schaufenster, in dem man alle Ideen, alle Renderings und Strategien vorstellen kann, in dem aber die soziale Komponente stets im Vordergrund steht.

WELCHE STRATEGIEN BETREFFEN UNS ALS GEMEINSCHAFT? WELCHE SOZIALEN UND GLOBALEN STRATEGIEN KÖNNEN WIR ANBIETEN?

Als Architekten sind wir Experten für den öffentlichen Raum, für die Umgebung, für Integration. Anstatt uns darauf zu beschränken, die bauliche Ordnung eines Geländes zu bestimmen, müssen wir der Gemeinschaft dabei helfen, das umzusetzen, was sie wirklich benötigt. Die Technologie hat sich dem Menschen angenähert: Heutzutage sind die Kosten für eine Investition in soziale Netzwerke gering. Alles, was man dazu braucht, ist ein Computer mit Internetanschluss, der einem Großteil der Menschen, der breiten Masse, eine Plattform bietet.

Wir verfügen über so viele Daten wie noch nie zuvor und es liegt in unseren Händen, diese zu interpretieren im Bewusstsein, dass die architektonischen Entscheidungen immer auch grundlegende Auswirkungen auf die Gesellschaft haben. Daniel P. Moynihan wusste das nur zu gut. Er sah die Menschen hinter all den Zahlen und war in der Lage, politische Entscheidungen herbeizuführen, in denen die gebaute Umwelt im Einklang mit der sozialen stand. Er hatte eine große Sensibilität für die Menschen und bot ihnen passende Lösungen an.

Lange Zeit haben Architekten sehr viel mehr auf das äußere Erscheinungsbild eines Gebäudes geachtet als darauf, wie sich der Bewohner darin fühlt. Allmählich wird deutlich, wie wichtig es ist, eine Zielgruppe bei der Projektentwicklung, beim Wertschöpfungsprozess einzubeziehen, damit den Bedürfnissen aller Beteiligten erfolgreich entsprochen werden kann. Es entsteht das Konzept der »Co-creation«: Produktentwicklung ausgehend von der Meinung des Endkonsumenten. Bei dieser simplen Strategie geht es um Dialoge mit den Menschen, denen mittels Workshops, Werkstätten oder Gesprächen der Zugang zu Kenntnissen sowie zu organisatorischen Werkzeugen ermöglicht wird. Um ein Produkt zu entwickeln, das sich an ihre Bedürfnisse anpasst, müssen wir selbst transparent sein, und als Gegenleistung dafür schenken sie uns ihre Zeit.

Der englische Architekt Will Alsop (* 1947 in Northampton) ist mit dieser Vorgehensweise sehr erfolgreich. In New Islington in der Nähe von Manchester versuchte er 2007 ein neues stadtplanerisches Konzept, sein Projekt Tutti Frutti. Es ging dabei um 26 Grundstücke, für deren Bebauung die zukünftigen Eigentümer einen Entwurf einreichen durften. Auf einer Internetseite wurden deshalb Interessierte dazu aufgerufen, Vorschläge für die Bebauung einzureichen, unabhängig davon, ob sie Architekten waren oder nicht. Eine Fachjury, unter ihnen auch Alsop selbst, wählte die interessantesten Ideen aus und fand Möglichkeiten für ihre technische Umsetzung.

Der Architekt wurde so zu einem einfachen Projektverwalter, die Konzeption oblag einem Personenkreis, der nicht aus Fachleuten bestand. Man wollte den Endnutzer als werbewirksames Werkzeug in den Mittelpunkt rücken – es würden sich dann von selbst Geschichten verbreiten und das Interesse geweckt werden. Um Tutti Frutti herum sollten 1700 Wohnungen errichtet werden, darüber hinaus Büros, eine Schule, ein Krankenhaus, Geschäfte, Cafés, ein Kanal und eine Badelandschaft. Der Gesamtentwurf lag in den Händen von Will Alsop.

Auf dem freien Markt ist man zunehmend bereit, den Konsumenten in die Planung einzubinden, vorausgesetzt, er möchte sich beteiligen. Es handelt sich um einen Markt mit mündigen Marktteilnehmern, auf dem es schwierig ist, den Kunden von der Exzellenz eines Produkts zu überzeugen. Es kommt daher zu neuen Herangehensweisen: Anstatt ein Produkt zu entwickeln und zu bewerben, um den Kunden dann vom Kauf zu überzeugen, soll der Konsument nun selbst die Zusammenstellung des Produkts übernehmen.

Im Rahmen des Projekts Tutti Frutti funktionierte dieses Vorgehen wie ein Köder: Man lässt den Kunden im Glauben, er entscheide über die Situation, doch in der Realität ist der Beitrag der Interessenten im Vergleich zum angesetzten Bauvolumen verschwindend gering. Aber es ist bereits ein Schritt in die richtige Richtung. Die Architekten müssen lernen, den Menschen zuzuhören, anstatt ihnen ihre eigenen Kriterien zu diktieren. Sie agieren als Mediatoren, die dem Kunden dabei helfen, nach seinen Wünschen zu leben. Sie helfen ihm auch dabei, sich zu entscheiden.

Folglich müssen sie das Zuhören lernen. Burdett versteht die Städte, indem er sie vermisst und erfasst. Er erstellt Grafiken, vergleicht die Gedrängtheit, immer auf der Suche nach dem Erfolgsrezept. Wenn er Ähnlichkeiten zwischen zwei Orten entdeckt, überträgt er die Lösungsansätze von einem auf den anderen. Er sucht nach dem Muster und visualisiert, wie es funktioniert. Aber vor allem interessiert er sich für ständig expandierende Städte wie Bombay, Shanghai oder Mexiko-Stadt, allesamt nicht gerade Vorbilder für ein geordnetes Wachstum. Dort vollzieht sich der Wandel in einer sehr viel höheren Geschwindigkeit als bei uns, alles ist unvorhersehbar, und genau dorthin müssen wir blicken, um Lösungen für die Zukunft zu finden.

Wir Architekten müssen die ersten sein, die für mehr als 7 Milliarden. Menschen weltweit Planungen auf sozialer Ebene vornehmen. Wenn wir uns auf Wohnräume konzentrieren, die so gestaltet sind, wie wir es an der Universität gelernt haben, wird es niemals genügend finanzielle Mittel zur Realisierung geben. Dieses Modell funktioniert nur für die 500 Millionen Menschen in der westlichen Welt.

Wir sind davon ausgegangen, dass durch die Globalisierung Abermillionen Menschen in die westlichen Länder auswandern würden, ein Großteil von ihnen aus den bevölkerungsreichen Ländern wie China oder Indien und andere aus ressourcenreichen Ländern wie Brasilien, Russland, Kanada, Australien und dem Mittleren Osten. Durch die globale Krise der letzten Jahre können die Massen an Menschen, die unsere Wirtschaft und Gesellschaft weitere Jahrzehnte stützen würden, uns jedoch nicht helfen, was wiederum zur Folge hat, dass der Markt über keine solventen Käufer mehr verfügt. Wir bieten Wohnungen an, die aufgrund fehlender Kaufkraft niemand mehr haben möchte.

Die multinationalen Konzerne sehen sich mit demselben Problem konfrontiert. Einige ihrer Produkte, die schon lange auf dem Markt sind, finden keine Käufer mehr. Deshalb betreiben manche Unternehmen wie General Electric (GE) nun »umgekehrte Innovation«, indem sie die Zentren für Forschung und Entwicklung in Länder wie China oder Indien verlegen, um die Bedürfnisse potenzieller Kunden besser verstehen und erfüllen zu können.
Wenn ein Produkt für eine Käuferschicht konzipiert wurde, die mit großen Einschränkungen konfrontiert ist, kann man es nach erfolgreicher Einführung auf dem einheimischen Markt vielleicht auf der ganzen Welt vertreiben. Ein Beispiel hierfür sind Ultraschallgeräte: GE ist globaler Marktführer in diesem Segment und beliefert den Großteil aller Krankenhäuser weltweit. Die Geräte sind technologisch hochentwickelt und betriebssicher, aber für bestimmte potenzielle Käufer zu teuer. In China hat GE ein tragbares Ultraschallgerät entwickelt, das sich an einen Standard-PC anschließen lässt. Für etwa 15 000 Dollar lassen sich mit diesem Gerät u. a. ektope Schwangerschaften, Geschwüre oder Herzbeutelergüsse feststellen. Natürlich ist die Standardversion der Ausrüstung der Ultraschallgeräte sehr viel präziser, mit über 100 000 Dollar in der Anschaffung aber auch deutlich

teurer. Im Vordergrund steht, dass durch die »tragbare« Ausrüstung eine Ultraschalluntersuchung möglich und zugleich erschwinglich wurde. Zahlreiche Krankenhäuser, die nur wenig finanzielle Mittel zur Verfügung hatten, konnten diese nun anbieten. Der Vorgang an sich ist nicht neu: Produkte werden oft an ihre Umgebung bzw. ihre potenziellen Kunden angepasst. Die Neuerung lag darin, dass genau dieses angepasste Produkt auch in der westlichen Welt zu einem Verkaufsschlager wurde.

Anwendungen und Nutzungsformen unterscheiden sich, aber das Produkt an sich ist gleich. Jetzt verfügen die meisten Krankenhäuser in der Radiologie über eine teure, große Variante, doch das tragbare Ultraschallgerät ist beim Notarzt oder in der Ambulanz immer dabei. Auch private Praxen arbeiten mit diesem Gerät. »Erfolg in Entwicklungsländern ist eine Grundvoraussetzung für anhaltende Dynamik in Industrieländern.«[1]

Die Strategie von GE liegt in der Entwicklung eines Produkts, das über 50 % der ursprünglichen Betriebssicherheit verfügt, aber lediglich 15 % des ursprünglichen Preises kostet.

Führt man sich dieses Verhältnis vor Augen, wird verständlich, worin die Herausforderung für Qingyun Ma besteht, der nach Möglichkeiten sucht, für seine Landsleute Wohnraum zu entwerfen. Er ist sich im Klaren darüber, dass er ein erfolgreiches Modell von China aus in den Rest der Welt exportieren kann. Nachdem der asiatische Riese zunächst Kleidung und technische Einzelteile für den Konsum exportierte, ging er dazu über, eine neue Form des Wohnens, des Lebens, des In-Kontakt-Tretens zu entwickeln. Dieses Modell wird sich meiner Meinung nach deshalb auf globaler Ebene durchsetzen, da bei seiner Entwicklung sehr viel größeren Beschränkungen Rechnung getragen werden musste, als dies in der westlichen Welt der Fall ist.

Wie bei den tragbaren Ultraschallgeräten wird das Konzept dasselbe sein, wir werden es jedoch unterschiedlich nutzen. Sicherlich werden in solchen Wohnhäusern zunächst diejenigen untergebracht, die oft von der Gesellschaft ausgeschlossen sind, wie z. B. Migranten. Dies wiederum wird zu einer Debatte über zumutbare Wohnverhältnisse führen. Später werden Menschen, die sich zwar noch »normalen« Wohnraum leisten könnten, ebenfalls ein Haus »Typ China« bewohnen wollen.

Und ebenso, wie es vor Jahrzehnten unmöglich erschien, dass es Produkte von Eigenmarken gibt, können Gebäude als Handelsmarken bekannt werden. Auf diese Weise werden wir in eine neue Ära eintreten. »Go East«, lehrt uns Koolhaas.

Im Osten liegt die Zukunft und sie wird schneller – »sù dù« – eintreten, als wir es uns vorstellen können. Die Herausforderung liegt in Reichweite derer, die sie annehmen möchten. Architekten sind immer wieder damit konfrontiert, dass es keine Aufträge gibt. Aber wenn wir in Form von Strategien denken, wird es noch viel zu tun geben.

1 »Success in developing countries is a prerequisite for continued vitality in developed ones.« Immelt, Jeffrey R.; Govindarajan, Vijay; Trimble, Chris: How GE is disrupting itself. In: Harvard Business Review, 21. September 2009, S. 3

EPILOG

In der vorgestellten Analyse liegt ein Ansporn zum Handeln. Wir können nicht darauf warten, dass unsere Vorgesetzten uns Aufträge erteilen. Politiker und andere Entscheidungsträger haben die Flucht nach vorn angetreten – um unsere Zukunft werden wir uns selbst kümmern, unsere Ziele selbst festlegen müssen. Wir sollten die Umgebung erforschen, Modelle entwickeln, Strategien schaffen und all dies kostenlos unter die Leute bringen. Lasst uns beweisen, dass es eine neue Weise gibt, der Zukunft ins Auge zu blicken. Schon heute, schon jetzt.

Die Vorschläge dieser Untersuchung sind nicht absurd. Nehmen wir Google als Beispiel: Diese unendliche, kostenlose Datenbank besteht aus Abertausenden von Verlinkungen, bildet und integriert Netzwerke und stellt damit ein Modell dar, dem sowohl die Wirtschaft als auch die Massen applaudieren.

Wenn Le Corbusier die Motorisierung als entscheidenden Beitrag seines Jahrhunderts betrachtete, der die Architektur revolutionieren würde, müssen wir auf Google blicken, um herauszufinden, was wir lernen können, doch dies würde hier zu weit führen. Konzentrieren wir uns daher auf seine Strategie, die Larry Page, neben Sergey Brin einer der Unternehmensgründer, folgendermaßen definiert: »Es gibt wenige Dinge, die man so häufig benutzt wie eine Zahnbürste, mit denen sollten wir uns beschäftigen. E-Mail wird sogar noch häufiger verwendet als Zahnbürsten. Wir versuchen, uns an Dinge zu halten, die die Menschen wirklich betreffen und die wir fundamental verbessern können.«[1]

Das Geschäft von Google dreht sich um ähnlich sinnvolle Dienstleistungen wie die Produktion von Zahnbürsten. Etwas Einfaches und Günstiges, das wir zu einem unerheblichen Preis täglich benutzen. Um beim Bild der Zahnbürste zu bleiben: Architekten haben das Problem, dass sie die letzten 50 Jahre damit verbracht haben, das Design von »Zahnbürsten« so exklusiv wie möglich zu gestalten, auch wenn sie noch so unbequem für den Nutzer wurden. Ihre »Zahnbürsten« waren so formvollendet, zeigten so wunderbare Ausführungen, Auskragungen und Materialien, dass andere derweil die strategischen Aufgaben übernommen haben. Architekten müssen wieder darüber nachdenken, worin der Nutzen einer Zahnbürste besteht. Dabei dürfen sie nicht nur an deren Design denken, sondern auch an die Kosten, die Lebensdauer und dabei nicht vergessen, dass sie erst mit Zahnpasta wirklich effektiv ist.

Der Wert der Zahnpasta wiederum besteht in ihrer Wirksamkeit, in ihrem Geschmack und vor allem in ihrer Marke. Zahnpasta hat keine Form, ganz so wie die Strategien. Erinnern wir uns – es war Luckman, der 20 Jahre bei Unilever gearbeitet hatte, wo er immerhin auch Zahnpasta verkaufte, bevor er ein neues Verständnis davon entwickelte, was Architektur transportieren kann.

Der Zeitpunkt zur Erweiterung unseres Aktionsradius ist gekommen.

Architekten müssen ihren Fähigkeiten zum formalen Design, zum Entwurf von Zahnbürsten (die Gebäude, das Material, das Greifbare), die Fähigkeit, Zahnpasta (die Strategien, die Politik, das Immaterielle) zu entwerfen, hinzufügen.

Oder – um es auf den Punkt zu bringen: Wir müssen uns bei der Beantwortung der Frage einmischen, wie wir in Zukunft leben wollen.

1 »There's not many things you use as much as a toothbrush, so you should be working on those things. Email´s something you use more than a toothbrush. We try to stick to the sorts of things that really matter to people and things we can improve a lot.« Rowan, David: Eric Schmidt, the man with all the answers. In: Wired, 30. Juni 2009

INTERVIEW

EIN GESPRÄCH MIT
ART GENSLER
UND BJARKE INGELS

Das Interview fand im Sommerhaus von
Art Gensler in der Nähe von San Diego am
8. August 2011 statt.

Sancho Pou: Beginnen wir mit Charles Luckman,
der sagte: »Die Kunst des Marketings – für
Produkte, Dienstleistungen, Personen oder
Unternehmen – besteht zunächst darin, ihre
Alleinstellungsmerkmale zu bestimmen und
schließlich zu bewerben. Dabei spielt es keine
Rolle, ob man Zahnpasta, Seife oder ein Architekturbüro vermarktet, die Zielgruppe muss
erkennen, was mich von Mitbewerbern unterscheidet und mich besser macht.« Stimmen
Sie dieser Ansicht zu?

Gensler: Vollkommen. Herrn Luckman bin ich
nie begegnet, aber ich kenne seinen Sohn.
Ich betrachte unsere Arbeit bei Gensler nicht
als Marketing, aber vermutlich ist sie das.
Wir haben ein Unternehmen aufgebaut, das
im Grunde eine unkonventionelle »Marketing-
maschine« ist. Unsere Stärke besteht darin,
zu unseren Kunden eine enge Beziehung aufzubauen und so Aufträge zu bekommen.
Die Grundlage unserer Strategie ist die Bedeutung, die wir dem Design beimessen. Wer
genau auf seine Kunden hört, kann in enger
Zusammenarbeit mit ihnen großartige Gebäude
und Räume gestalten. Wir vermarkten also
keinen Gensler-Stil, sondern einen Ansatz, der

sich eng an den Bedürfnissen und Zielen des Kunden orientiert. Wir motivieren ihn, vermitteln ihm ein Verständnis für Ressourcen und Möglichkeiten und unterstützen ihn, egal in welche Ecke der Welt es ihn zieht. Daher haben wir auch so viele Niederlassungen, denn die meisten Großkunden sind weltweit vertreten. Derzeit arbeiten wir an Tausenden kleinen und großen Projekten auf der ganzen Welt.

Bei uns bedeutet »Marketing«, den Bedarf und die Anforderungen jedes einzelnen Kunden zu analysieren, um so Qualitätsdesign zu liefern. Wir streben hochwertiges und bedarfsorientiertes Design an mit dem Ziel, Umgebungen zu schaffen, die beim jeweiligen Nutzer einen starken Eindruck hinterlassen. Wir fokussieren uns sehr stark darauf, die Erfahrungen der Nutzer mit unserem Design zu stärken – unabhängig davon, ob sie arbeiten, sich entspannen, reisen, einkaufen usw. Das Budget, die Kosten und der Zeitplan spielen dabei eine wichtige Rolle. Im Vordergrund steht allerdings immer, auf den Kunden einzugehen.

Ingels: Normalerweise treffe ich eine recht einfache Unterscheidung im Bereich Architektur, insbesondere in den USA wird dieser Bereich durch zwei Arten der Praxis bestimmt: Für einen Teil, der vielleicht 1% ausmacht, ist eine expressive Art von genialer Architektur mit sehr auffälligen, ausdrucksstarken, sensationellen, sehr teuren und komplizierten, teilweise dysfunktionalen Designs charakteristisch. Sie wissen ja, mit einer bestimmten Handschrift eines genialen Architekten generiert man unglaublich viel Aufmerksamkeit, aber auch eine Menge Probleme (Gensler: Ja, genau). Der andere Teil besteht aus Unternehmensberatern, sogenannten Serviceunternehmen, deren derzeitiger Beitrag verlässlich, aber auch berechenbar, langweilig und kistenartig ist.

Gensler: Ich kann Ihnen in vielen Dingen zustimmen, aber mit einigen bin ich nicht einverstanden. Ich denke, die Welt braucht gerade so viele Gebäude, die zu sagen scheinen »Sieh mich an!« Einige dieser unvergleichlichen Bauwerke sollen den Stil und die Sprache des Architekten wiedergeben. Das Geniale an der Architektur ist doch, dass so viele unterschiedliche Sichtweisen Beachtung finden. Bei Gensler versuchen wir nicht, einen Stil oder ein bestimmtes Image zu verkaufen. Wir wollen in 99,9% der Fälle frische und zeitgenössische Architektur schaffen. Es kommt vor, dass wir den Auftrag erhalten, einem historischen Gebäude einen Neubau anzufügen, und dabei feststellen, dass der Kontext eine entscheidende Rolle für den Erfolg des Projekts spielt. Für Restaurierungsprojekte oder Sanierungen haben wir Fachleute im Büro, die sich um solch spezifische Angelegenheiten kümmern. Ständig das Gleiche zu tun langweilt mich schnell. Ich möchte unseren Kunden unterschiedliche und besondere Lösungen anbieten. Beispielsweise arbeiten wir mit den zehn führenden Banken zusammen, die ja im Grunde alle ganz ähnliche Ziele verfolgen. Doch für jede von ihnen entwickeln wir eine andere Designlösung, denn jede dieser Banken ist ein individueller Kunde für uns. Jede hat einen Vorstand und ein Management mit ganz eigenen Vorstellungen von der Kundenbetreuung. Manchmal werden diese Vorstellungen umgesetzt, manchmal wenden sie sich aber auch an uns, damit wir ihnen helfen, den richtigen Weg zu finden. Unsere Aufgabe ist es also, die Anforderungen jedes Kunden zu deuten und in Zusammenarbeit mit ihm seine Ziele zu erreichen.

Und ich möchte noch ergänzen: Gutes Design ist sehr wichtig. Leider werden viele nicht sonderlich gelungene Gebäude errichtet. Ein Team von Gensler hat bei der Zusammenarbeit mit einem Kunden nicht das Ziel, ein weltbewegendes Design zu schaffen, das vielleicht auf der Titelseite eines Magazins landet. Es geht darum, ein Problem anzupacken und daraus ein gutes Projekt zu entwickeln. Solides Design, das innovativ ist, passend, auf ein Budget zugeschnitten und für den Nutzer, den Bauträger oder jeden anderen Beteiligten funktioniert.

Sancho Pou: Luckman erklärte sich einen Teil seines Erfolgs durch seine Marktforschung, mit der er den Kunden genau verstehen wollte. Betreiben Sie Marktforschung?

Gensler: Ja, wir recherchieren viel. Wir verbringen zu Projektbeginn viel Zeit mit unseren Kunden und arbeiten mit ihnen in einer Art Workshop (visioning session) ihre Vision heraus, das, was sie erreichen wollen. Ich habe hierfür ein interessantes Beispiel: Die bisher größte Aufmerksamkeit und positive Rückmeldung – durch Briefe und Komplimente – bekamen wir anlässlich der Sanierung des Flughafens von San Francisco, die wir gerade fertiggestellt haben. Als wir das Projekt begannen, gab es einige Mitarbeiter vom Flughafen, die sagten: »Das ist doch nur eine Sanierung. Baut schnell und günstig, wir brauchen mehr Gates für die Fluggesellschaften.« Ein Teil von uns meinte jedoch: »Daraus sollten wir mehr machen, da geht noch mehr.« Denn wir waren der Ansicht, dass ein Flughafen die ankommenden Fluggäste willkommen heißen soll. Komisch, dass in der Vergangenheit der Schwerpunkt immer auf dem Ticketverkauf und dem Abflugbereich lag und der Ankunft weniger Aufmerksamkeit galt. Wir wollten den Menschen beim Abflug ein gutes Gefühl geben, sie aber auch besonders willkommen heißen, wenn sie in San Francisco ankommen. Also organisierten wir eine ganztägige Arbeitssitzung. Jeder bekam Moderationskarten und sollte auf Fragen antworten wie: »Was willst

Du? Steht das Budget im Vordergrund? Könnte es auch Gastfreundschaft sein, ein auf San Francisco zugeschnittener Empfang? Oder soll um das Thema »Flugzeug« herum gebaut werden?« Denn ich finde, dass Flughäfen zu sehr wie Flugzeuge und nicht für Menschen gemacht sind. Also notierten alle Teilnehmer der Arbeitssitzung ihre Gedanken auf diesen Moderationskarten. Schließlich kam der Vorschlag: »Es wäre doch einzigartig, wenn wir – wie bei der Lobby eines tollen Hotels – die Gastfreundschaft in den Mittelpunkt stellten.« Wenn man ins Ritz-Carlton oder ins Marriot Hotel kommt, schwirrt die Lobby vor geschäftigem Treiben, ein Ort, an dem man gern ist. Nun, so haben wir auch den Flughafen von San Francisco gebaut, und er kommt bei den Leuten sehr gut an.

Hier bei Gensler gibt es Mitarbeiter, die im Hinblick auf unsere individuellen Praxisbereiche die Kundenseite erforschen und analysieren. Sie finden Lösungen für die aktuellen Fragestellungen unserer Kunden. Das ist großartig, weil es Unternehmen und Nutzern dient, dadurch gutes Design entsteht und das der richtige Weg ist. Solche Projekte begeistern mich. Schaffen die es auch auf die Titelseite von Magazinen oder werden sie in Veröffentlichungen genannt? Wahrscheinlich nicht, obwohl das schon möglich wäre, würde man sich die Mühe machen, die Geschichte dahinter zu recherchieren, statt nur auf die Bilder zu achten. Denn das Projekt ist viel ausdrucksstärker als die Bilder. Mir macht so etwas Freude.

Sancho Pou: Betreiben Sie auch Marktforschung, Herr Ingels?

Ingels: Ich würde das eher »Kommunikation« nennen. Im Architekturdiskurs gibt es recht häufig eine Diskrepanz zwischen dem, was Architekten sagen, und dem, was sie dann machen. Um eine Identität zu erlangen, ist es für Architekten daher am einfachsten, sich auf ein bestimmtes Vokabular zu beschränken, das dann synonym mit ihrem Stil wird. Ich mag die Vorstellung, dass wir als Architekten nicht unbedingt die Schöpfer, sondern eher die »Hebammen« sind, die helfen, ein Projekt zur Welt zu bringen.

Gensler: Das würde ich gern weiter ausführen. Unser Firmenname lautete früher »M. Arthur Gensler Jr. and Associates, Inc.«. Als ich das Büro gründete, war es für Unternehmen üblich, den Namen des Gründers einzufügen, wie bei Frank Lloyd Wright und John Carl Warnecke. Ich dachte, ein Name mit »M. Arthur Gensler« würde bedeutender klingen. Doch das hielt nicht. Keiner wollte den verdammten Titel ausschreiben, obwohl dies der Rechtsname der Firma war. Also änderten wir ihn in »Gensler and Associates, Architects«. Und so blieb er fast 30 Jahre, bis eines Tages unser Leiter für Branding und Grafikdesign kam und sagte: »Art, ich kann uns so nicht vermarkten, denn die Menschen erwarten nicht, dass Architekten solche Arbeit leisten. Wir sollten den Namen ändern und ›Gensler‹ als Oberbegriff nehmen.« Nach vielen Diskussionen änderten wir den Namen in »Gensler«. Doch es machte mich fertig, denn ich bin Architekt und stolz darauf. Ich mag es, wenn der Firmenname das Wort »Architekt« enthält.
Meiner Ansicht nach sind wir tatsächlich etwas Größeres als ein Architekturbüro geworden, nämlich eine Designfirma. Wir entwerfen Beleuchtungssysteme und Möbel sowie Grafik und Kommunikationssysteme. Wir bringen Bücher über Design heraus. Wir gestalten so viel mehr Dinge als nur Gebäude oder Inneneinrichtung, für die wir eigentlich bekannt sind.

Sancho Pou: Ihr Büro heißt BIG für Bjarke Ingels Group. Auch Sie haben Ihren Namen verschwinden lassen, damit es größer wirkt.

Ingels: Wenn man ein Baby bekommt, denkt man neun Monate über den Namen nach und hält ihn für sehr bedeutend. Nach den ersten Lebensmonaten steht der Name jedoch für den Menschen und nicht für das, was einmal mit ihm assoziiert wurde. Am Ende wird es eine Einheit. Ich mag an BIG, dass es ein Adjektiv ist. BIG ist also etwas, das andere Merkmale hervorhebt.

Sancho Pou: Interessant ist allerdings, dass sich Bjarke Ingels mit seiner Architektur positioniert, noch mehr von seiner Architektur oder seinem Stil zeigt, während Art Gensler eher versucht, seinen Stil zu verbergen.

Gensler: Ich habe einen anderen Ansatz. Auch wenn ich nicht der beste Designer der Welt bin, weiß ich, ob etwas passt oder funktioniert. Ich weiß, welche Menschen ich engagieren muss, und kann sie unterstützen. Ich respektiere sie und vertraue ihnen.

Sancho Pou (zu Bjarke Ingels): Ich möchte noch ein anderes Thema ansprechen: Ich denke, ikonische Bauten heben sich von ihrer Umgebung ab. So wird das Gebäude zum Slogan und viele Unternehmen können es als solchen nutzen. Was halten Sie davon? Stimmen Sie dieser Ansicht zu?

Ingels: Zuerst vielleicht zur Definition von Stil, – nur weil unsere Arbeiten häufig eine starke Identität haben, heißt das nicht, dass unser Vokabular begrenzt wäre. Daher denke ich nicht, dass wir uns nur eines Stils bedienen, denn in puncto Sprache sind wir momentan recht promisk. Wir sind bereit, alle Arten von Material oder Formen einzusetzen, die jeweils für einen bestimmten Kontext am produktivsten erscheinen. Was Ikonen anbelangt: Ikonografie interessiert mich nicht hinsichtlich der Hervorhebung, der Merkwürdigkeit oder

Fremdheit. Für mich hat Ikonografie damit zu tun, mit möglichst wenigen Mitteln so viel Wirkung wie möglich zu destillieren. Die Geschichte der Ikonografie zeigt deutlich, dass es darum geht, ein Maximum an Identität, Ausdruck und Wiedererkennbarkeit mit einem Minimum an Pinselstrichen zu erreichen. Wie bei der Entwicklung des Alphabets: Jeder Buchstabe im Alphabet dient als Zeichen für einen Klang. Es entwickelte sich aus Gründen der Sparsamkeit. Wenn ursprünglich jemand »Kuh« schreiben wollte, malte er eine Kuh, fand dann vielleicht einen einfacheren und schnelleren Weg, eine Kuh zu zeichnen, und am Ende brauchte er nur drei Striche. Das Wort »Kuh« schreibt sich viel schneller, als das Tier zu malen. So entwickelte sich allmählich die Idee eines phonetischen Alphabets. Meiner Ansicht nach werden Dinge ikonografisch, wenn man mit den geringsten Mitteln einen maximalen Effekt erreicht. Es gilt, mit möglichst wenig Aufwand ein Maximum an Ausdruck, so viele Merkmale, so viel Vergnügen wie möglich zu erreichen. Beinahe wie eine höhere Form der Einfachheit. Genau das streben wir im Wesentlichen in der Architektur an, und das verleiht manchen unserer Projekte eine bestimmte Ikonografie, die einen sehr eigenen Charakter hat, weil sie so unmittelbar etwas Bestimmtes in einer exakten Situation erreicht und nicht mit überflüssigen Spielereien überfrachtet ist.

Gensler: Ich bin mit vielem einverstanden, was Sie gerade gesagt haben, denn überflüssige Spielereien gefallen mir nicht. Ich tue Dinge nicht gern nur um ihrer selbst willen. Gutes Design braucht hin und wieder eine überraschende Wende, eine Art von Einzigartigkeit. Zu den Besonderheiten unserer Arbeit gehört die Erkenntnis, dass ein Projekt sowohl repetitive als auch besondere, unerwartete Aspekte enthalten muss.

Ingels: Normalerweise würde ich sagen, dass kein Kunde jemals ein Gebäude bekommt, das besser ist als die Fähigkeiten seines Architekten. Wenn der Architekt also »Hebamme« ist, stellt sich die Frage, wie das maximale Potenzial eines Kunden oder einer Situation entfaltet werden kann.

Gensler: Ich nenne das oft »einen Kunden dehnen« – wie ein Gummiband, das gedehnt wird, ohne dass es reißt. Wir Architekten haben die Aufgabe, den Kunden zu »dehnen«, ohne dass das Band reißt. Viele Architekten »dehnen« und »dehnen« und »dehnen« und merken nicht, wann die Verbindung zum Kunden abreißt und sie alles verlieren. Wenn ich mit einem großartigen Kunden arbeiten kann und ihn »dehne« und im Anschluss mit ihm ein anderes Projekt mache, wird er sich diesmal weiter »dehnen«. Genau wie das Gummiband: Es entspannt sich, und jedes Mal lässt es sich ein bisschen weiter ziehen. Ich finde es toll, dass wir bei jedem Projekt immer unser Bestes geben. Immer das Beste, was in diesem Augenblick möglich ist. Wenn wir beim nächsten Mal dieses oder ein ähnliches Projekt bearbeiten, können wir einen Schritt weiter gehen.

Ingels: Da wir über die Vorstellung sprechen, dass der Kunde so weit wie möglich »gedehnt« wird, sich dann wie ein Gummiband entspannt, und beim nächsten Projekt kann man dann weiter gehen – das haben wir mit einem unserer Kunden in einer Art Projekttrilogie erlebt. Beim ersten Projekt, den VM Houses, interessierte uns die Idee der Diversität. Wenn Menschen verschieden sind, weshalb sind dann alle Wohnungen gleich? Aus 220 Einheiten ermittelten wir also 85 verschiedene Typologien, wie Maisonettes oder Wohneinheiten mit drei Etagen, eine unglaubliche Vielfalt. Das nächste Projekt dieses Kunden, The Mountain, war eine Kombi-

nation aus einem Parkplatz und einem Wohn-
block. Beim letzten Projekt, einem Straßen-
block mit 55 800 Quadratmetern Fläche, gingen
wir noch einen Schritt weiter und kombinierten
Läden, Büros, Kindergärten und Wohnungen.
Wir nutzten die unterschiedliche Tiefe der
Geschäfts- und Wohnflächen und schufen eine
Art Wanderweg, der tatsächlich ansteigt und
Möglichkeiten zu spontanen sozialen Begeg-
nungen über den Straßenraum hinaus eröffnet.
Wir hätten das sogenannte 8 House, – es sieht
von oben aus wie eine 8 – nie als erstes Projekt
mit diesem Kunden realisieren können. Doch
weil wir über die vergangene erfolgreiche Zusammenarbeit Vertrauen aufgebaut hatten,
konnten wir uns sukzessive dorthin entwickeln.

Gensler: Ich finde es entmutigend zu sehen,
dass manche Architekten Kunden so lange
bedrängen, bis sie diese verlieren. So etwas
kann ich mir nicht leisten. Ich muss vom guten
Ruf unserer vergangenen Arbeit leben, brauche
Referenzen und Empfehlungen der Kunden.

Sancho Pou: Zum Thema »Massen«: Wenn
Architekten entwerfen, dann haben sie einen
bestimmten Kontext im Kopf. Aber ist es
möglich, massentauglich zu bauen? Nutzen Sie
Modelle, die Sie überall anwenden können?

Ingels: Ich habe mich immer sehr für das
»Populäre« interessiert und zwar in dem Sinn,
dass Architekten niemals Wohnraum für Architekten schaffen. Wir arbeiten im Wesentlichen
immer für Nicht-Architekten. Es wäre so
interessant und wichtig, wenn sich die Leute
allgemein mehr mit Architektur beschäftigen
würden, denn es handelt sich um eine Kunst
und Wissenschaft, die sicherstellt, dass unsere
Städte und Gebäude wirklich zu dem Leben
passen, das wir leben möchten. Daher ist es
unser Anliegen, Nicht-Architekten für Architektur zu interessieren.

Gensler: Mich beunruhigt immer, welch
schwierige Aufgabe auch die Designer lösen
müssen. Tatsächlich denken die meisten
Menschen, dass sie genau wissen, was richtig
ist. Schauen Sie sich ihre Häuser und deren
Inneneinrichtung an, überall sehr traditionelle
Möbel, damit fühlen sie sich wohl. Weshalb
gehen wir also davon aus, dass sie zeitgenössisches Design verstehen?

Ingels: Sie haben Recht, es ist immer alles
»modernes dänisches Design«.

Gensler: Wie bekommen Sie also die breite
Masse, den Durchschnittsbürger, dazu,
sich mehr für Architektur zu interessieren?
Es funktioniert über die Verbesserung des
Shopping-Erlebnisses, durch ein neues
Erleben von Gastfreundschaft und indem
wir inno-vative Wege beim Design für Hotels
oder Restaurants gehen. Allerdings kann
es manchmal schwierig sein, mit neuen
Wegen auf Akzeptanz zu stoßen. Designer,
Architekten und Planer stehen also vor der
großen Herausforderung, Neuland zu beschrei-
ten. Es gibt immer mehr Bauprojekte mit
Mischnutzungskonzept – und das kann viel
heißen –, in denen Menschen gleichzeitig
leben, arbeiten und ihre Freizeit verbringen.
Endlich revidieren wir das Konzept, an einem
Ort Geschäfte und an einem anderen Büros
zu haben, die Menschen leben in der Vorstadt
und pendeln zur Arbeit in die Stadt. Jetzt
füllen wir praktisch die Städte wieder auf, bringen die Menschen zurück in die Stadt, das ist
eine interessante Zeit.

Sancho Pou: Zum Thema »Der Architekt
als Unternehmer«: Er entwirft, indem er die
Rendite eines Gebäudes im Kopf hat. Was
machen Sie, wenn Ihr Kunde einen Entwurf
von Ihnen gern rentabler hätte? Wenn er
weniger oder mehr Details haben möchte.

Gensler: Meine 50-jährige Berufspraxis hat mir viel Einblick ins Geschäft ermöglicht. Erfahrung hilft weiter. Ich weiß jetzt, wie ich einen Geschäftsbericht interpretieren muss. Ich kann den Wirtschaftsbericht eines Kunden verstehen. Ich weiß jetzt, wo und wie der Kunde sein Geld verdient.

Sancho Pou: Wie der Kunde sein Geld verdient?

Gensler: Wenn wir mit einem Kunden sprechen, müssen wir ihn mit Worten erreichen, die zu ihm passen.[1] Jede Branche spricht ihre eigene Sprache, hat ihren eigenen Stil und Ansatz. Der Begriff »RevPar« wird beispielsweise im Hotelgewerbe für den Ertrag pro Einheit entsprechend der Anzahl der Hotelzimmer benutzt. Es kann sein, dass Kunden darüber spekulieren, ob sie auf einer Etage mehr Zimmer bauen, doch sie müssen hierfür alle möglichen Faktoren abwägen. Wenn beispielsweise in Städten das Reinigungspersonal gewerkschaftlich organisiert ist, reinigt es 13 Zimmer pro Tag. In einer Stadt wie San Francisco, die stark gewerkschaftlich organisiert ist, gibt es idealerweise Einheiten mit 13 Zimmern pro Etage. Beim Entwurf eines Hotels müssen wir wissen, wie viele Zimmer auf jeder Etage vorgesehen sind. Wir müssen das Geschäft des Kunden verstehen und auch, wie er Umsatz generiert.

Ingels: Für mich ist ein Projektentwickler nicht anders als irgendein anderer Kunde, da jeder Kunde etwas mit einem Projekt erreichen will. Ein Arzt beispielsweise, der ein Krankenhaus betreibt, muss viele Anforderungen, Parameter, Kriterien erfüllen, die der optimalen Versorgung der Menschen dienen. Und bei einem Hotelbesitzer geht es um die gesamte Logistik der…

Gensler: Die sind für mich auch Projektentwickler. Bei Projektentwicklern denken wir immer an Menschen, die Bürogebäude oder so etwas bauen, aber Hotelunternehmen sind auch Projektentwickler für Hotelgebäude.

Ingels: Ich meine einfach, dass es immer ein bestimmtes Erfolgskriterium gibt. Für mich gehört dies zu den interessanten Dingen bei der Arbeit mit echten Fachleuten, je professioneller und erfahrener sie sind, umso besser kennen sie ihre Kriterien. Und diese können sehr spezifisch sein. Somit stellt sich für den Architekten die Frage, wie er diese Kriterien zur treibenden Kraft des Entwurfs machen kann und nicht zu Hindernissen. Wenn man von einer vorgefassten Idee oder einem Design ausgeht, kollidiert dies möglicherweise mit den Parametern, und das könnte fatal sein.

Gensler: Interessant, dass Sie das sagen, denn ich finde, dass die wirklich Guten sowohl Kunden als auch sich selbst »dehnen« wollen. Egal ob der Projektentwickler ein Unternehmen oder eine Einzelperson ist, es braucht Leute, die genau wissen, was für sie richtig ist. Entscheidend ist aber, dass sie auch wissen, wo ihre Grenzen sind.

Ingels: Zu den Projektentwicklern: Wir arbeiten gerade an einem Projekt in Vancouver. Es liegt an der Granville Bridge, die in die Innenstadt führt. Die Stadt stellte sich hier zwei Türme vor: Einen auf dem Gelände unseres Kunden und den anderen auf dem Nachbargrundstück, sodass sich eine Art Ankunftstor ergibt. Ein weiterer Parameter ist, dass die Immobilienpreise in Vancouver steigen. Eine 80 Quadratmeter Wohnung eine Etage höher kostet 15 000 Dollar mehr. Außerdem gibt es einen

---

1 »We say that when we speak with a client, we have to speak legal-ese, or developer-ese, or hospitality-ese, or whatever.«

Park in der Nähe, in dem nach 10.30 Uhr kein Schatten gewünscht ist. Soweit der Standort; hinzu kommen aber noch mehr Parameter: Es gibt einige Bauauflagen, z. B. an der Brückengabelung darf nicht näher als 30 Meter an den Highway herangebaut werden. Somit kommt das Grundstück, mit Ausnahme einer Ecke, zum Bauen eigentlich nicht in Frage. Und wir möchten im Park keine Schatten werfen. Schließlich bleibt uns ein schlankes Dreieck von 55 000 Quadratmetern, eigentlich zu klein für ein gutes Projekt. Wir haben dem Kunden vorgeschlagen, vom Highway Abstand zu nehmen und das Gebäude in 30 Metern Höhe wieder auskragen zu lassen. So erhalten wir ein Gebäude, das optimal das Grundstück ausfüllt, von einem Dreieck wird es zum Rechteck. Im oberen Bereich ist es doppelt so groß wie unten. Die obere Etage mit 1115 Quadratmeter bringt am meisten ein, der untere Bereich hat nur 558 Quadratmeter.

Gensler: Ich habe ja immer gesagt, dass das Transamerica Building in San Francisco auf dem Kopf steht. Je höher die Stockwerke, umso teurer die Miete.

Ingels: Man könnte sagen, er [der Entwurf für Vancouver] wird im Hinblick auf Werte und Kriterien allen Vorgaben des Kunden gerecht, und diese werden, zusammen mit den Einschränkungen des Standorts zur treibenden Kraft der Architektur.

Sancho Pou: Was macht die Nummer eins aus? Ich habe geschrieben, dass Gensler wirtschaftlich die Nummer eins ist. Und ich vergleiche Sie mit Koolhaas, der akademischen Nummer eins. Sie interessieren sich beide für das Ungebaute. Seit den 1980er-Jahren haben Sie viel Projektmanagement, aber auch viel Beratungsarbeit gemacht. Wie Koolhas, der 2000 damit angefangen hat. Eine meiner Schluss-

folgerungen ist, dass die Architekten, die derzeit keine Arbeit haben, zukünftig als Berater arbeiten, Rat und Lösungen anbieten werden. Ich würde gern Ihre Meinung dazu hören, insbesondere in Bezug auf die derzeitige Krise, in der sich einiges bewegt.

Gensler: Die Antwort darauf ist, dass die Architektur dreidimensionales Denken erfordert. Das kann man entweder, oder man kann es eben nicht. Ich habe lange Zeit Architekturhochschulen beobachtet. Mittlerweile sind ihre Aufnahmekriterien besser geworden. Sie haben verstanden, dass ein Student die Fähigkeit zu dreidimensionalem Denken haben muss, sonst nützt die härteste Schule nichts und er wird nie ein guter Architekt. Wichtig ist dabei auch, wie Sie sagten, dass Charles Luckman Architekt war, aber auch ein Unternehmen führte, Lever Brothers. Es gibt viele ausgebildete Architekten, aus denen sehr erfolgreiche Geschäftsleute geworden sind. Architekturfakultäten bieten ein sehr gutes Denktraining. Immer mehr Menschen, die kreativ arbeiten, haben Architektur und Wirtschaft zugleich studiert. Sie schaffen also die Balance zwischen Design und Wirtschaftlichkeit. Das macht sie zu guten Beratern. Ich hatte immer Angst zuzugeben, dass ich Berater bin, obwohl wir tatsächlich viel Beratung machen. Ich denke, es ist durchaus berechtigt, Architekten als Berater zu bezeichnen. Allerdings muss man klug und redegewandt sein. Glücklicherweise können sich die erfolgreichen Architekten, die ich kenne, sehr gut ausdrücken und ihre Ideen kommunizieren. Sie halten nicht einfach ein Bild hoch und fragen »Wie finden Sie es?« Sie erklären, was sie entwickelt haben, und verwenden kurze, verständliche Worte. Ich betrachte also Beratung als Teil des Berufs.

Ingels: Die Frage ist, was an der Nummer eins interessant ist, falls daran überhaupt etwas

interessant ist. Richtig ist, dass für einen Architekten und auch für jeden, der mit Leidenschaft eine Idee verfolgt, tatsächlich folgendes
interessant ist: Architektur ist eine Kunst und
Wissenschaft davon, wie wir Bauwerke besser
dem Leben anpassen, das wir tatsächlich leben
möchten. In diesem Sinn können Architekten
unterschiedlich Einfluss auf die Welt nehmen,
wenn sie wie wir daran glauben, dass wir mit
Ideen und konkreten Beispielen dazu beitragen
können, sich ändernde Lebensumstände in
eine veränderte Stadtplanung zu übersetzen.
Architekten können einerseits Wege finden,
nicht locker zu lassen und keine Anstrengung
zu scheuen, bis dreitausend andere dasselbe
tun wie sie. Glaubhafter für ein Unternehmen
wie das unsrige oder einen Architekten wie
mich ist es allerdings, sich auf Ideen zu konzentrieren, die einen bestimmten innovativen
Charakter haben, und eine vorsichtige Analyse
zu wagen, was Leben ist, oder wie der Markt,
die Medizin oder das Lernen funktionieren.
Es entstehen so Vorgehensweisen, deren konzeptionelle Durchbrüche oder Ideen so
einfach sind, dass sie kopiert werden können.
Nicht meine Handschrift macht unsere Arbeit
charakteristisch oder bedeutend. Es geht
darum, dass mit jedem Projekt eine Reihe
Parameter erfüllt und daraus Konsequenzen
abzuleiten sind, die tatsächlich reproduzierbar
sind. Ich denke, wenn man so Beispiele generiert, die tatsächlich kopiert oder um- oder
abgewandelt werden können, ohne dass man
sich selbst übernimmt, dann können die
ausgelösten Wellen wirklich eine Eigendynamik
entwickeln.

Gensler: Ich könnte es nicht besser ausdrücken.
Das Schöne an der Architektur oder an
ähnlichen Berufen ist, dass es kein Richtig oder
Falsch gibt. Ich bin nicht der Ansicht, dass
es eine Nummer eins gibt. Hinsichtlich Firmen-
größe oder Umsätzen in Dollar oder bebauter

Fläche sind wir sicherlich das größte Unternehmen. Aber damit sind wir weder die Besten
noch die Schlechtesten, das ist nur eine Art,
ein Unternehmen zu qualifizieren. Es geht auch
darum, welchen Architekten die Architektur-
studenten am meisten bewundern oder
was die Öffentlichkeit denkt. Ich kann mich
nicht erinnern, aber ich denke, das beliebteste
Bauwerk war das Kapitol in Washington.
Ein zeitgenössisches Gebäude stand, kaum
auffindbar, ganz unten auf der Liste.

Ingels: Jørn Utzon schaffte es, das Gebäude
mit dem größten Wiedererkennungswert
der Welt zu bauen. Es handelt sich weder um
den Eiffelturm noch um die Pyramiden, sondern um die Oper von Sydney, ein zeitgenössisches Bauwerk.

Gensler: Ich glaube sehr stark an Wahlmöglich-
keiten. Jeder Mensch möchte auswählen,
wo er seine Fähigkeiten am besten einsetzen
kann. Natürlich machen sie alle eine schöne,
wunderbare, spannende Arbeit. Ich habe
Designer, die das auch tun. Aber ich habe auch
Mitarbeiter, die am liebsten komplizierte Projekte managen. Wir haben gerade das City
Center, ein Sieben-Milliarden-Dollar-Projekt in
Las Vegas, fertiggestellt. Die Gesamtleitung
lag in unseren Händen, aber wir haben auch
einen Teil davon entworfen.

Sancho Pou: Aber Sie hatten dort auch andere
Architekten beauftragt.

Gensler: Ja, sieben andere Architekten – Foster,
Pelli, Libeskind, Kohn Pedersen. Es war toll.
Ich konnte sie kennenlernen und wir arbeiteten
alle zusammen. Wir machten von Anfang an
deutlich, dass wir nicht streiten würden. Es gab
keine Grundstücksgrenzen, obwohl alle auf
einem Gebiet von 22,5 Hektar arbeiteten. Alle
Versorgungsleistungen, Infrastruktur, die gesam-

ten unterirdischen Parkplätze mussten funktionieren. Und dennoch gab es nur einen Auftragnehmer und ausführenden Architekten, nämlich
Gensler. Wir leiteten das gesamte Projekt.
Es gab drei Architekten für die Gesamtaufsicht.

Ingels: Ich finde es interessant, dass das
themenorientierte Casino nun die urbane
Erfahrung zum Thema macht.

Gensler: Viele Menschen fanden, dass wir den
Verstand verloren hatten, weil alles so modern
war. Das Thema war weder eine Pyramide noch
venezianische Gondeln, ein Zirkus oder Ähnliches, sondern zeitgenössische Architektur. Es
beinhaltete eine 50-Millonen-Dollar-Privat-
sammlung mit Skulpturen von Henry Moore
und Ähnlichem.

Ingels: Ich denke, wenn irgendjemand in
einem Buch über architektonische Strategien
fehlt, dann wäre es Le Corbusier, der »Lehrer«.
Eduard wollte sich nicht auf einem überfüllten,

bereits erforschten Terrain bewegen. (Sancho
Pou: Genau.) Hinsichtlich dieser Nummer-eins-
Geschichte schreibt Le Corbusier in einem
seiner ersten Bücher, dass die wichtigste Herausforderung für Architekten darin besteht,
neue Typologien zu erarbeiten, die für Wettbewerb und Verbesserungen genutzt werden
können. Wird eine neue Typologie erfunden,
übernehmen andere Architekten diese. Daraus
wird dann allmählich ein verbessertes Produkt.
Er sagte in seinem letzten Essay »Nothing is
Transmissible« but Thought, dass Architekten
nicht notwendigerweise Bauwerke hinterlassen,
denn diese können bombardiert werden oder
einstürzen. Was sie vielmehr hinterlassen, sind
Ideen oder Gedanken.

LITERATUR

EINFÜHRUNG

Amis, Martin: Visitando a Mrs. Nabokov y otras excursiones. Barcelona 1995

Arden, Paul: It's not how good you are, it's how good you want to be. London 2003

Ballesteros, Mario: Verb Crisis. Barcelona 2008

Bayrle, Thomas: Diria que ja no som a Kansas. Ausstellungs-katalog Barcelona 2009

Beigbeder, Frédéric: 13,99 Euros. Barcelona 2001

Crimson: Profession Architect: de Architekten Cie. Rotterdam 2002

Echevarria, Ignacio: The Paris Review. Barcelona 2007

Eco, Umberto: Cómo se hace una tesis. Barcelona 1997

Feld72: Urbanism – for sale. New York 2007

Fernández Güell, José Miguel: Planificación estratégica de ciudades. Barcelona 1997

Ferré, Albert u.a.: Verb Connection. Barcelona 2004

Ferré, Albert u.a.: Verb Matters. Barcelona 2004

Ferré, Albert u.a.: Verb Conditioning. Barcelona 2005

Golzen, Godfrey: How Architects Get Work: Interviews With Architects, Clients, and Intermediaries. London 1984

Hollein, Max; Grunenberg, Christoph (Hrsg.): Shopping. Ausstellungskatalog Frankfurt 2002

Inaba, Jeffrey; C-Lab: World of giving. Baden 2010

Kim, W. Chan; Mauborgne, Reneé: La estrategia del océano azul. Barcelona 2005

Kwinter, Sanford: Far from Equilibrium. Barcelona 2008

Larson, Erik: El diablo en la ciudad blanca. Barcelona 2005

Mau, Bruce: Massive Change. London 2004

Miessen, Markus; Basar, Shumon: Did someone say participate? MIT Cambridge, 2006

Moneo, José Rafael: Inquietud teórica y estrategia proyectual. Barcelona 2004

MVRDV: Farmax: excursions on density. Rotterdam 1998

MVRDV: Costa Ibérica. Barcelona 2000

Neumeier, Marty: The brand gap. Indianapolis 2003

Obrist, Hanspeter: Hans Ulrich Obrist, Interviews. Berlin 2003

Patteeuw, Véronique u.a.: Reading MVRDV. Rotterdam 2003

Peripheriques: Customize. In-ex 02. Basel 2002

Piven, Joshua; Borgenicht, David: The worst-case scenario, survival handbook. San Francisco 1999

Reiser, Jesse; Umemoto, Nanako: Atlas of novel tectonics. New York 2006

Ridderstråle, Jonas; Nordström, Kjell A.: Karaoke capitalism. Stockholm 2003

Ruedi Baur & Ass.: Constructions: Design Intégral Ruedi Baur & Associés. Zürich 1998

Sagmeister, Stefan: Things I have learned in my life so far. New York 2008

Spice Girls: Girl Power! Barcelona 1997

The Harbus: 65 successful Harvard Business School application essays. New York 2004

Thornton, Sarah: Siete días en el mundo del arte. Buenos Aires / Barcelona 2009

Venhuizen, Hans (Hrsg.): Amphibious living. Rotterdam 2001

Weston, Antony: Las claves de la argumentación. Barcelona 1998

Winslow, Don: El poder del perro. Barcelona 2009

Wolfe, Tom: ¿Quién teme al Bauhaus feroz? Barcelona 1983

ARTIKEL

Byrne, David: David Byrne's Survival Strategies for Emerging Artists – and Megastars. In: Wired, 18. Dezember 2007: http://www.wired.com/entertainment/music/magazine/16-01/ff_byrne?currentPage=all

Fernández-Galiano, Luis: ¿Por qué me siento mal? In: El País, 5. Februar 2005: http://elpais.com/diario/2005/02/05/babelia/1107561967_850215.html

Frey, Darcy: Crowded House. The Architecture Issue. In: New York Times Magazine, 8. Juni 2008: http://www.nytimes.com/2008/06/08/magazine/08mvrdv-t.html?pagewanted=all&_r=0

Lacayo, Richard: Damien Hirst: Bad Boy Makes Good. In: Time, 15. September 2008: http://www.time.com/time/magazine/article/0,9171,1838750,00.html

Pérez Arroyo, Salvador: Alejandro Zaera-Polo. La Arquitectura no siempre puede ser crítica porque también es cómplice. In: El Cultural, 27. November 2003: http://www.elcultural.es/articulo_imp.aspx?id=8341

Schumacher, Patrik: The Dialectic of the Pragmatic and the Aesthetic – remarks on the aesthetics of data-scapes. Vortrag bei der Architectural Association: http://www.patrikschumacher.com/Texts/aesthetics.htm

KAPITEL 1 – MARKETING

Bouman, Ole (Hrsg.): The architecture of Power. Part 1. Volume 5/2005

Bouman, Ole (Hrsg.): Power building, Architecture of Power. Part 2. Volume 6/2006

Bouman, Ole (Hrsg.): Power logic, Architecture of Power. Part 3. Volume 7/2006

Dunlop, Beth: Building a dream: the art of Disney architecture. New York 1996

García Muñoz, Gonzalo: Marketing para arquitectos. Colegio Oficial de Arquitectos de Madrid. Madrid 2000

Hardingham, Samantha: Cedric Price Opera. Chichester 2003

Harrigan, John E.; Neel, Paul R.: The executive architect. New York 1996

Luckman, Charles: Twice in a lifetime. From soap to skyscrapers. New York/London 1988

Mastenbroek, Bjarne (Hrsg.): SeARCH. Barcelona 2006

Nash, Eric P.: Manhattan Skyscrapers. Princeton 1999

Obrist, Hans Ulrich (Hrsg.): Re:CP by Cedric Price. Basel 2003

Remaury, Bruno: Marques et récits. Paris 2004

ARTIKEL

A New Garden MSG. In: Time, 14. November 1960: http://www.time.com/time/magazine/article/0,9171,711979,00.html

Arenas. In: Time, 5. Januar 1968: http://www.time.com/time/magazine/article/0,9171,712095,00.html

City in the Sky. In: Time, 9. März 1970: http://www.time.com/time/magazine/article/0,9171,878815,00.html

Clock: Business. In: Time, 19. Oktober 1953: http://www.time.com/time/magazine/article/0,9171,823098,00.html

Exit the Old Master. In: Time, 9. Juni 1952: http://www.time.com/time/magazine/article/0,9171,806484,00.html

Fun in New York. In: Time, 1.Mai 1964: http://www.time.com/time/magazine/article/0,9171,870963,00.html

Luckman has bought out Pereira. In: Time, 8. Dezember 1958

Madison Square Garden: the building the people love to hate. In: Everderame, 25. Januar 2008: http://everderame.blogspot.de/2008/01/madison-square-garden-building-people.html

Moving Day. Real Estate. In: Time, 17. Oktober 1949: http://www.time.com/time/magazine/article/0,9171,853984,00.html

Muere Charles Luckman. In: Abc, 29. Januar 1999: http://hemeroteca.abc.es/nav/Navigate.exe/hemeroteca/madrid/abc/1999/01/29/060.html

New Boss for Lever. In: Time, 15. Mai 1950: http://www.time.com/time/magazine/article/0,9171,820616,00.html

Of Fat Cats and Other Angels. In: Time, 29. November 1971: http://www.time.com/time/magazine/article/0,9171,877421,00.html

Old Empire, New Prince. In: Time, 10. Juni 1946: http://www.time.com/time/magazine/article/0,9171,793010,00.html

Progress Report. In: Time, 8. Februar 1963: http://www.time.com/time/magazine/article/0,9171,829839,00.html

Ready to Soar. In: Time, 28. April 1952: http://www.time.com/time/magazine/article/0,9171,816383,00.html

Reunion in Los Angeles. In: Time, 21. August 1950: http://www.time.com/time/magazine/article/0,9171,813036,00.html

Safeguarding a Symbol. In: Time, 25. April 1969: http://www.time.com/time/magazine/article/0,9171,840096,00.html

Sliding on Air. In: Time, 22. September 1975: http://www.time.com/time/magazine/article/0,9171,917886,00.html

Soap Opera. In: Time, 30. Januar 1950: http://www.time.com/time/magazine/article/0,9171,856536,00.html

The Circle & the T Square. In: Time, 21. September 1962: http://www.time.com/time/magazine/article/0,9171,827556,00.html

The conglomerates war to reshape industry. In: Time, 7. März 1969: http://www.time.com/time/magazine/article/0,9171,827556,00.html

The Garden Grows Again. In: Time, 4. August 1961: http://www.time.com/time/magazine/article/0,9171,895530,00.html

The Man with the Plan. In: Time, 6. September 1963: http://www.time.com/time/magazine/article/0,9171,870487,00.html

The Second Time Around. In: Time, 30. März 1962: http://www.time.com/time/magazine/article/0,9171,895997,00.html

The World of Already. In: Time, 5. Juni 1964: http://www.time.com/time/magazine/article/0,9171,938607,00.html

Town-Gown Triumph. In: Time, 2. Februar 1962: http://www.time.com/time/magazine/article/0,9171,828987,00.html

Unilever corporation. In: Newsweek, 6. Juni 1949

Western Approach. In: Time, 24. November 1952: http://www.time.com/time/magazine/article/0,9171,817394,00.html

Wonder Boy Makes Good. In: Time, 27. Februar 1956: http://www.time.com/time/magazine/article/0,9171,866825,00.html

Field, Marcus: Modernist homes in Palm Springs. In: The Independent, 18. Juni 2006

Meller, James: Cedric Price: Whatever happened to the systems approach? In: Architectural design, Mai 1976

Rappolt, Mark: The Power 100. In: Art Review, November 2008: http://www.artreview100.com/power-100-lists-from-2002-through-2008/

Von Eckardt, Wolf: Saving the Unfashionable Past. In: Time, 21. Februar 1983: http://www.time.com/time/magazine/article/0,9171,925920,00.html

KAPITEL 2 – BILDER

Baudrillard, Jean; Nouvel, Jean: Les objets singuliers. Paris 2000

Boyer Sagert, Kelly: The 1970s. Westport 2007

Hughes, Robert: A toda crítica. Barcelona 1990

Ingels, Bjarke: Yes is more. Köln 2009

Oosterman, Arjen: Ambition. Volume 13/2007

Smedt, Julien de: Agenda. Barcelona 2009

Steele, James (Hrsg.): William Pereira. Los Angeles 2002

ARTIKEL

Art: Mellowing Modernism. In: Time, 21. August 1944: http://www.time.com/time/magazine/article/0,9171,932709,00.html

Bold, Beautiful, BIG. In: Designbuild, 22. Mai 2008: http://www.designbuild-network.com/features/feature1976

Julien de Smedt. Interview. In: Designboom, 3. Juli 2009: http://www.designboom.com/interviews/julien-de-smedt-designboom-interview/

Luckman has bought out Pereira. In: Time, 8. Dezember 1958

Reunion in Los Angeles. In: Time, 21. August 1950: http://www.time.com/time/magazine/article/0,9171,813036,00.html

The Man with the Plan. In: Time, 6. September 1963: http://www.time.com/time/magazine/article/0,9171,870487,00.html

WhATA Interviews Bjarke Ingels from BIG. In: WhATA, 20. März 2009: http://whata.org/blog-en/whata-interviewes-bjarke-ingels-from-big

William L. Pereira. In: IMDbPro 2009: http://www.imdb.com/name/nm0673233/

Aurele, Ricard: Bob, the lost dog building for shanghai 2010. In: Designboom, 8. Januar 2009: http://www.designboom.com/architecture/bob-the-lost-dog-building-for-shanghai-2010-by-aurele/

Ferrari, Felipe de: Bjarke Ingels interview. 0300tv, Oktober 2007: http://blip.tv/0300tv/entrevista-bjarke ingels-1-2-05-10-07-594104

Inaba, Jeffrey: Inaba rooftop. In: Designboom, 25. Juni 2009: http://www.designboom.com/architecture/inaba-inaba-rooftop/

Ingels, Bjarke: The Denmark™ Organization. In: Archinect, 2. Oktober 2007: http://archinect.com/features/article/65415/the-denmark-organization-bjarke-ingels-group

Johnson, Scott: William Pereira. Los Angeles Forum for architecture and urban design 2007: http://laforum.org/content/articles/william-pereira-by-scott-johnson

Kurzweil, Ray; Punset, Eduard: El futuro: la fusión del alma y la tecnología. Redes. TVE2, 23. Juni 2008: http://www.redesparalaciencia.com/80/redes/redes-10-el-futuro-la-fusion-del-alma-y-la-tecnologia

Ohtake, Miyoko: Bjarke Ingels of BIG. Dwell, 23. Juli 2009

PLOT; Mau, Bruce: Too perfect, seven new Denmarks. Denmark's Official Contribution to the 9th International Architecture Bienale. Venedig 2004

Riley, Terence: This will kill that: architecture and the media. In: Hunch 10 – Mediators. The Berlage Institute report. Rotterdam 2006

Seiler, Michael: Pereira, architect whose works typify L.A. In: Los Angeles Times, 14. November 1985: http://articles.latimes.com/1985-11-14/news/mn-2250_1_master-plan/2

Westerstad, Elsa: Can you be young and good-looking – and successful? In: Forum Aid, Februar 2008

Zaera-Polo, Alejandro: La ola de Hokusai. In: Quaderns 245/2005

KAPITEL 3 – POLITIK

Burdett, Ricky (Hrsg.): The Endless city. London 2007

Dean, Penelope (Hrsg.): Hunch 10 – Mediators. The Berlage Institute report. nº 10. Rotterdam 2006

Easterling, Keller: Enduring innocence: global architecture and its political masquerades. Cambridge, MIT 2005

General Service Administration: Vision+Voice, Design Excellence in Federal Architecture: Building a legacy. Dezember 2002

Glazer, Nathan: From a cause to a style: modernist architecture's encounter with the American City. Princeton 2007

Jacobs, Jane: The death and life of great American cities. New York 1961

Katzmann, Robert A.: Daniel Patrick Moynihan: the Intellectual in Public Life. Washington/Baltimore 2004

MacLean, Alex S.: Alex S. MacLean: La fotografía del territorio. Ausstellungskatalog Barcelona 2003

Moore, Rowan: Building Tate Modern. London 2000

Strachan, Hew: Carl von Clausewitz's on War. London 2007

ARTIKEL

A fighting irishman at the U.N. In: Time, 26. Januar 1976: http://www.time.com/time/magazine/article/0,9171,913933,00.html

Brief encounter: Ricky Burdett. In: Riba Journal 112, August 2005: http://www.building.co.uk/brief-encounter-ricky-burdett/3055396.article

Light in the Frightening Corners. In: Time, 28. Juli 1967: http://www.time.com/time/magazine/article/0,9171,837080,00.html

Sir Stuart Lipton. In: The Guardian, 21. Dezember 2001: http://www.guardian.co.uk/society/2001/dec/21/2

To Cherish Rather than Destroy. In: Time, 2. August 1968: http://www.time.com/time/magazine/article/0,9171,838498,00.html

Baillieu, Amanda: Design is at the heart of what we are doing here. In: bdonline, 1. Dezember 2006: http://www.bdonline.co.uk/news/%E2%80%98design-is-at-the-heart-of-what-we-are-doing-here%E2%80%99/3078218.article

Blitz, Roger: Prescott challenged on high-density living. In: Financial Times, 11. Januar 2005: http://www.ft.com/cms/s/0/0eb19484-6375-11d9-bec2-00000e2511c8.html

Brûlé, Tyler: New designs on diplomacy. Monocle 18, November 2008: http://monocle.com/film/design/new-designs-on-diplomacy/

Crawford, Leslie: Guggenheim, Bilbao and the hot banana. In: Financial Times, 4. September 2001

Diamond, Ros: Tracing 9H. In: Architectural Research Quarterly, September 2005, S. 304–306

Fairs, Marcus: Ricky Burdett. In: Icon 29, November 2005: http://www.iconeye.com/read-previous-issues/icon-029-|-november-2005/ricky-burdett-|-icon-029-|-november-2005

Finch, Paul: Mysteries of the organizer. In: Architect's Journal, 3. November 1994

Forgey, Benjamin: Senator of Design. In: Metropolis, Dezember 2000: http://www.metropolismag.com/html/content_1200/moy.htm

Forgey, Benjamin: The Senator Who Paved the Way. In: The Washington Post, 27. März 2003

Foster, Phin: Let the games begin. In: Designbuild, 1. August 2007: http://www.designbuild-network.com/features/feature1199

Gonzalez-Foerster, Dominique: Which Tate Modern Turbine Hall installation gets your vote? In: The Guardian, 13. Oktober 2008: http://www.guardian.co.uk/artanddesign/poll/2008/oct/13/tate-modern-turbine-hall

Hamilton, William L.: A Global Look at Urban Planning In: New York Times, 12. Januar 2006: http://www.nytimes.com/2006/01/12/garden/12venice.html?pagewanted=print&_r=0

Heathcote, Edwin: Living for the modern city. In: Financial Times, 21. August 2006: http://www.ft.com/intl/cms/s/0/ef35cb1a-30b0-11db-9156-0000779e2340.html#axzz2S3XJsHAL

Helfand, Margaret: Sex and the City Part 1: Field Notes from the 10th Venice Architecture Biennale. In: ArchNewsNow, 12. September 2006: http://www.archnewsnow.com/features/Feature204.htm

Kanal, Chris: Urban Sprawl. In: Designbuild, 14. Juli 2008: http://www.designbuild-network.com/features/feature2100

MacLeod, Scott: Mohammed bin Rashid al-Maktoum. In: Time, 30. April 2006: http://www.time.com/time/specials/packages/article/0,28804,1975813_1976769_1977374,00.html

Meryman, Richard: Daniel Patrick Moynihan Interview. In: Playboy, September 1998, S. 51–64

Moynihan, Daniel Patrick: Introducion, 8. Act P.L. 102–204. ISTEA – Intermodal Surface Transportation 1991

Moynihan, Daniel Patrick: New roads and urban chaos. In: The Reporter, 14. April 1960, S. 13–20

Muschamp, Herbert: In This Dream Station Future and Past Collide. In: New York Times, 20. Juni 1993: http://www.nytimes.com/1993/06/20/arts/architecture-view-in-this-dream-station-future-and-past-collide.html?pagewanted=all&src=pm

Nayeri, Farah: Olympian Task: Can Burdett turn a London Gump into Barcelona. In: Bloomberg, 15. Juni 2005: http://www.bloomberg.com/apps/news?pid=newsarchive&sid=aOU9MZbvTQiM

O'Connor, Mickey: The view from the Hill. In: Architecture, Juli 2000

Sudjic, Deyan: Power point. In: The Guardian, 1. Mai 2005: http://www.guardian.co.uk/artanddesign/2005/may/01/art1

KAPITEL 4 – ANDRANG

Beck, Ulrich: Risikogesellschaft. Frankfurt 1986

Bouman, Ole (Hrsg.): Ubiquitous China. Volume 8/2006

Fernández-Galiano, Luis: China Boom: growth unlimited. Madrid 2004

Jian, Shi: Commune by the great Wall. Tianjin 2002

Koolhaas, Rem; Bouman, Ole; Khoubrou, Mitra (Hrsg.): Al Manakh. Volume 12/2007

Qingshuiwan, Xuhui: Shangai Elite Propierties. Kesum 2004

ARTIKEL

Interview between Xintiandi architect Ben Wood and Ma Qingyun talk. Shanghai Art Chase, 12. Dezember 2006: http://shanghaichase.blogspot.de/2006/12/architects-ben-wood-and-ma-qingyun-talk.html

Liang Sicheng. Wikipedia, April 2008

McKinsey and Company: Preparing for China's urban billion. März 2008

Red China's economic planner Li Fu-Chun. Time, 1. Dezember 1961

Anderton, Frances: The Wild West Meets the Wild East. Radiosendung KCRW, 17. Juli 2007: http://www.kcrw.com/etc/programs/de/de070717the_wild_west_meets_

Goldberger, Paul: Shanghai Surprise. The radical quaintness of the Xintiandi district. In: The New Yorker, 26. Dezember 2005: http://www.newyorker.com/archive/2005/12/26/051226crsk_skyline

Jeevanjee, Ali: Qingyun Ma: The Idea Behind s.p.a.m. In: Archinect, 10. Dezember 2007: http://archinect.com/features/article/68561/qingyun-ma-part-i-the-idea-behind-s-p-a-m

Keune, Eric: Qingyun Ma: Accommodating Resistance. 2007

Knott, Simon: The Architects Show 147. Critical Visions, 15. April 2008

Lacayo, Richard: Lacayo, Richard: Suburban Legend William Levitt. In: Time, 7. Dezember 1998: http://www.time.com/time/magazine/article/0,9171,989781,00.html

Lee, Don: Global as a matter of course. In: Los Angeles Times, 28. Januar 2007: http://articles.latimes.com/2007/jan/28/entertainment/ca-ma28

Leibowitz, Ed: The Great Mall of China. In: Time, 26. April 2004: http://www.time.com/time/magazine/article/0,9171,629436,00.html

Manaugh, Geoff: Dean's List. In: Dwell, Juni 2008: http://www.dwell.com/house-tours/article/deans-list

Miranda, Carolina A.: Asian Designers Are Schooling American Architects – Here's How. In: Fastcompany, 25. November 2008: http://www.fastcompany.com/1093669/asian-designers-are-schooling-american-architects-heres-how

Muynck, Bert de: Architect in China. An interview with Qingyun Ma of MADA s.p.a.m. In: Ubiquitous China. Volume 8/2006

O'Dell, Jason: Qingyun Ma. Fastcompany, 25. November 2008

Rodriguez, Gregory: A City Built on Impermanence – And That's OK. In: Los Angeles Times, 4. August 2008: http://articles.latimes.com/2008/aug/04/opinion/oe-rodriguez4

Rowe, Peter: The Chinese City in the East Asian Context. FUIUF Conference Shanghai, November 2006

Serra, Catalina: El joven arquitecto de Xi'an. In: El Pais, 14. Juni 2004: http://elpais.com/diario/2004/06/14/cultura/1087164003_850215.html

Wilson, Lizette: The art of architecture. In: San Francisco Business Times, 28. Oktober 2005: http://www.bizjournals.com/sanfrancisco/stories/2005/10/31/focus1.html?page=all

KAPITEL 5 – UNTERNEHMER

Bulfinch, Ellen Susan (Hrsg.): The life and letters of Charles Bulfinch, architect. Boston 1896

Fajardo, Julio (Hrsg.): Mega malls: centros comerciales. Barcelona 2009
Jerde, Jon A.: The Jerde Partnership International. Visceral reality. Mailand 1998

Mansbridge, Michael: John Nash: a complete catalogue. London 1991

Ocaña, Manuel: Manuel Ocaña, risky business. Excepto18. Madrid 2008

Oosterman, Arjen (Hrsg.): Unsolicited architecture. Volume 14/2007

Portman, John; Barnett, Jonathan: The architect as developer. New York 1976

Rothman, David J.: The Discovery of the Asylum: Social Order and Disorder in the New Republic. Boston 1971

The Jerde Partnership: Jerde Partnership, reinventing the communal experience. Tokio 1992

Venturi, Robert; Scott Brown, Denise; Izenour, Steven: Aprendiendo de las Vegas. Barcelona 1978

Wolfe, Tom: Die Helden der Nation. Hamburg 1983

ARTIKEL

Building Fantasies for Travelers. In: Time, 8. März 1976: http://www.time.com/time/magazine/article/0,9171,879632,00.html

Gateway to greatness. In: San Francisco Examiner and Chronicle, 11. Mai 1969

James W. Rouse. Earth Movers and Shakers. In: Time, 1. Oktober 1973: http://www.time.com/time/magazine/article/0,9171,942726,00.html

Rockefeller Center West. In: Time, 24. Februar 1967: http://www.time.com/time/magazine/article/0,9171,899449,00.html

Villages in the Sky. In: Time, 15. März 1968: http://www.time.com/time/magazine/article/0,9171,838037,00.html

Anderton, Frances: At home with: Jon Jerde; The Global Village Goes Pop Baroque. In: New York Times, 8. Oktober 1998: http://www.nytimes.com/1998/10/08/garden/at-home-with-jon-jerde-the-global-village-goes-pop-baroque.html?pagewanted=all&src=pm

Boyer, Paul S.: Charles Bulfinch. The Oxford Companion to United States History 2001

Campbell, Robert; Vanderwarker, Peter: Tontine Crescent. In: The Boston Globe, 22. Juli 2001

Carrier, Lynne: A 20th Anniversary Tribute To Horton Plaza And Ernest Hahn. San Diego Daily Transcript, August 2005

Cullen, John: GM Renaissance Center. Hines 2006

Gale, Thomson: Charles Bulfinch. In: Encyclopedia of World Biography 2004

Goldberger, Paul: The Portman Formula in Miniature. In: New York Times, 10. Januar 1988: http://www.nytimes.com/1988/01/10/travel/the-portman-formula-in-miniature.html?pagewanted=all&src=pm

Heathcote, Edwin: A luxurious space that's out of place. In: Financial Times, 15. Januar 2004

Heathcote, Edwin: When good things come in mall packages. In: Financial Times, 20. August 2001

Hughes, Robert: White Gods and Cringing Natives. In: Time, 19. Oktober 1981: http://www.time.com/time/magazine/article/0,9171,924965,00.html

Latham, Aaron: Walking The Walk In L.A. In: New York Times, 11. September 1994: http://www.nytimes.com/1994/09/11/travel/walking-the-walk-in-la.html?pagewanted=all&src=pm

Leitner, Bernhard: John Portman: Architecture Is Not a Building. In: Architecture 1973

McLendon, Sandy: The beginning of now. Jetsetmodern, April 2007

Meda, Maria Grazia: Rem Koolhaas. In: L'Uomo Vogue 390, 2008

Muschamp, Herbert: The Thrill of Outer Space for Earthbound Lives. In: New York Times, 20. September 1992: http://www.nytimes.com/1992/09/20/arts/architecture-view-the-thrill-of-outer-space-for-earthbound-lives.html

Muschamp, Herbert: Who Should Define A City? In: New York Times, 15. August 1993: http://www.nytimes.com/1993/08/15/arts/architecture-view-who-should-define-a-city.html

Ouroussoff, Nicolai: Fantasies of a City High on a Hill. In: Los Angeles Times, 9. April 2000: http://articles.latimes.com/2000/apr/09/entertainment/ca-17467

Ramirez, Anthony: Jay Pritzker, Billionaire Who Founded the Hyatt Hotel Chain, Is Dead at 76. In: New York Times, 24. Januar 1999: http://www.nytimes.com/1999/01/24/us/jay-pritzker-billionaire-who-founded-the-hyatt-hotel-chain-is-dead-at-76.html

Rybczynski, Witold: The Pasteboard Past. In: New York Times, 6. April 1997: http://www.nytimes.com/1997/04/06/books/the-pasteboard-past.html?pagewanted=all&src=pm

Sancho Pou, Eduard: Pin-ups, Racetracks and Baby Elephants, or How to Develop an Artificial Island Strategy. San Rocco 1, März 2011

Schipper, Henry: Christopher Reeve. In: Playgirl, Dezember 1982: http://www.chrisreevehomepage.com/sp-playgirl1982interview.html

Silver, Allison: Jon Jerde. In: Los Angeles Times, 20. Dezember 1998: http://articles.latimes.com/1998/dec/20/opinion/op-55888

Von Eckardt, Wolf: A Festive Moment, Not an Epic. In: Time, 6. August 1984: http://www.time.com/time/magazine/article/0,9171,921760,00.html

Wilson, Mark R.: George A. Fuller Co. In: Encyclopedia's Dictionary of Leading Chicago Businesses 1820–2000 (2004)

KAPITEL 6 – N° 1

AMO; Koolhaas, Rem: Post-occupancy. Mailand 2006

Arnell, Peter; Bickford, Ted: Frank Gehry: Buildings and projects. New York 1985

Colenbrander, Bernard: Referentie: OMA. Rotterdam 1995

Gargiani, Roberto: Rem Koolhaas, OMA: The construction of Merveilles. London 2008

Harrigan, John E.; Neel, Paul R.: The executive architect. New York 1996

Koolhaas, Rem: Projectes urbans 1985–1990. Barcelona 1990

Koolhaas, Rem; Mau, Bruce: S,M,L,XL. New York 1995

Koolhaas, Rem (Hrsg.); OMA/AMO: Projects for Prada Part 1. Mailand 2001

Koolhaas, Rem; Chung, Chuihua Judy (Hrsg.): Great leap forward, Project on the city 1. Köln 2001

Koolhaas, Rem; Chung, Chuihua Judy (Hrsg.): Harvard Design School Guide to shopping, Project on the city 2. Köln 2001

Koolhaas, Rem (Hrsg.); OMA/AMO: Content. Köln 2004

Patteeuw, Véronique (Hrsg.): What is OMA, considering Rem Koolhaas and the office for Metropolitan Architecture. Rotterdam 2003

Saunders, William S. (Hrsg.): Commodification and Spectacle in Architecture. A Harvard Design Magazine Reader. Minneapolis/Bristol 2005

ARTIKEL

Age executive. In: Chain Store, 2001

Apple has a list of 100 Potential Store Sites. ifoAppleStore April 2004: http://www.ifoapplestore.com/stores/risd_johnson.html

Breaking out of the box. In: Success, 1. November 2008

What's in store for the future? WWD, 29. März 2002

Capps, Ronald: Flying with Eagles. In: SMPS Marketer, August 1999

Frantz, Joe B.: U. T. Oral History Project 76-5. General Service Administration National Archives and records service, März 1970

Jopson, Barney: New dog, old tricks. In: Financial Times, 13. April 2013

Lohr, Steve: Apple a success at stores. In: New York Times, 19. Mai 2006: http://www.nytimes.com/2006/05/19/technology/19apple.html?pagewanted=all&_r=0&gwh=CAC6B4A636AA6CC824F4ECAFA7E26C70

Matussek, Matthias; Kronsbein, Joachim: Das Böse kann auch schön sein. In: Der Spiegel, 27. März 2006: http://www.spiegel.de/spiegel/print/d-46421577.html

McGregor, Jena: The Architect of a Different Kind of Organization. In: Fast Company, 1. Juni 2005: http://www.fastcompany.com/52933/architect-different-kind-organization

OMA / AMO; Koolhaas, Rem: Rem Koolhaas in conversation with Beatriz Colomina In: El Croquis 134/135, 2007

Sigler, Jennifer: Rem Koolhaas. In: Index Magazine 2000: http://www.indexmagazine.com/interviews/rem_koolhaas.shtml

Slavid, Ruth: Leader of the pack. In: Building Design, Januar 2009

Stross, Randall: Apple lesson for Sony's Stores: just connect. In: New York Times, 27. Mai 2007: http://www.nytimes.com/2007/05/27/business/yourmoney/27digi.html?pagewanted=all?pagewanted=all

Tischler, Linda: Target Practice. In: Fast Company, 1. August 2004: http://www.fastcompany.com/50058/target-practice

Vanderbilt, Tom: Chairman Now. In: Artforum, September 2004: http://www.mutualart.com/OpenArticle/CHAIRMAN-NOW/02FBC8547B1B5AD1

Wilson, Lizette: The art of architecture. In: San Francisco Business Times, 28. Oktober 2005: http://www.bizjournals.com/sanfrancisco/stories/2005/10/31/focus1.html?page=all

Wolf, Gary: Exploring the unmaterial World. In: Wired, Juni 2000: http://www.wired.com/wired/archive/8.06/koolhaas.html

AUSBLICK

Abalos, Iñaki: La buena vida. Barcelona 2000

Casavella, Francisco: Elevación, Elegancia y entusiasmo. Barcelona 2009

Castells, Manuel: Communication Power. Oxford 2009

Davies, Mike: Ciudad de cuarzo, arqueología del futuro en los Ángeles. Madrid 1990
Friedman, George: The next 100 years. New York 2009

Gausa, Manuel: OPOP!: optimismo operativo en arquitectura. Barcelona 2005

Houellebecq, Michel: El mapa y el territorio. Barcelona 2011

Ibáñez, Mike: Ultrabrutal, una novela tabloide. Barcelona 2009

Kwinter, Sanford: Requiem: For the City at the End of the Millennium. Barcelona 2010

Martin, Reinhold; Baxi, Kadambari: Multi-national city, Architectural Itineraries. Barcelona 2007

Mozas, Javier: Hybrids II, híbridos horizontales. Vitoria 2008

Price, Richard: La vida fácil. Barcelona 2010

Till, Jeremy: Architecture depends. Cambridge, MIT 2009

Vanstiphout, Wouter; Provoost, Michelle: WiMBY! Hoogvilet: The Future, Past and Present of a Satellite Town. Rotterdam 2007

Verdú, Vicente: El capitalismo funeral, la crisis o la tercera guerra mundial. Barcelona 2009

Yoshida, Nobuyuki (Hrsg.): Architectural transformations via BIM. Tokio 2007

ARTIKEL

McKinsey and Company: Preparing for China's urban billion. März 2008

Anderson, Chris: Free. In: Wired, August 2009

Collis, David J.; Rukstad, Michael G.: Can you say what your strategy is? In: Harvard Business Review, 1. April 2008: http://hbr.org/2008/04/can-you-say-what-your-strategy-is/ar/

Immelt, Jeffrey R.; Govindarajan, Vijay; Trimble, Chris: How GE is disrupting itself. In: Harvard Business Review, 21. September 2009, S. 3

Mann, Charles C.: Beyond Detroit: On the Road to Recovery, Let the Little Guys Drive. In: Wired, Mai 2009: http://www.wired.com/culture/culturereviews/magazine/17-06/nep_auto?currentPage=all

Rowe, Peter: The Chinese City in the East Asian Context. FUIUF Conference Shanghai, November 2006

Viladas, Pilar: Advertisements for Myself. In: New York Times, 19. September 2004: http://www.nytimes.com/2004/09/19/style/tmagazine/MAN4.html?_r=0

Woodman, Ellis: Alsop's 20-flavour housing. In: Building Design, 28. September 2007: http://www.bdonline.co.uk/news/alsop%E2%80%99s-20-flavour-housing/3096247.article

EPILOG

Rowan, David: Eric Schmidt, the man with all the answers. In: Wired, 30. Juni 2009: http://www.wired.co.uk/magazine/archive/2009/08/features/the-unstoppable-google

Alle Titel aus dem Internet wurden im März und April 2013 überprüft.

REGISTER

ABBILDUNGEN

COVERFOTO

John Loengard/Getty Images

EINLEITUNG

Seite 10: Sean Gallup/Getty Images
Seite 11: Bloomberg/Getty Images
Seite 12 oben: Hotel Puerta América, Madrid
Seite 12 Mitte, 12 unten, 13: diephoto-designer.de
Seite 15: Richard Wareham Fotografie/Getty Images
Seite 17: Herzog & de Meuron, Basel

KAPITEL 1

Seite 23: TIME Magazine
Seite 24: Mai 2013: http://gogd.tjs-labs.com/show-picture?id=1170279742&size=FULL
Seite 25: Ghirardo, Diane: SOM journal 4, Ostfildern 2006, S.148
Seite 29: J. R. Eyerman/Getty Images
Seite 32: CBS/Getty Images
Seite 38: Beth Dunlop: Building a Dream: The Art of Disney Architecture. Disney Editions 2011
Seite 42: Andrew G. Clem
Seite 44 oben: Seymour B. Durst Old York Library Collection, Avery Architectural & Fine Arts Library, Columbia University
Seite 44 Mitte: Courtesy of the Pennsylvania State Archives
Seite 44 unten: Detroit Photographic/Detroit Publishing collection at the Library of Congress
Seite 45: Courtesy of nyc-architecture.com

KAPITEL 2

Seite 49: Forrer, Matthi: Hokusai. München 2010
Seite 50: Satoru Mishima, Tokio
Seite 51: TIME Magazine
Seite 55 oben: Getty Images
Seite 55 unten links: Warner Bros./Getty Images
Seite 55 unten rechts: Michael Zara
Seite 57: Steele, James (Hrsg.): William Pereira, Los Angeles 2002
Seite 58: Alan Becker/Getty Images
Seite 60: OMA, Rotterdam
Seite 63: Mai 2013: http://www.big.dk, BIG – Bjarke Ingels Group
Seite 64, 65: PLOT, Kopenhagen
Seite 66: BIG – Bjarke Ingels Group: Yes is More. An Archicomic on Architectural Evolution. Köln 2010, S.178ff.
Seite 68: Jens Markus Lindhe, Kopenhagen

KAPITEL 3

Seite 73: Diller & Scofidio, New York
Seite 74, 1. von oben: Jean Nouvel, Paris
Seite 74, 2. von oben: Coop

Himmelb(l)au, Wien
Seite 74, 3. von oben: Architektenteam Multipack, Neuenburg
Seite 74 unten: TIME Magazine
Seite 77 links: Carol McKinney Highsmith, Leaksville, North Carolina
Seite 77 rechts: United States Geological Survey (USGS)
Seite 78: TIME Magazine
Seite 79: Ltljltlj/Wikimedia
Seite 82: Friends of Moynihan Station
Seite 86: Philipp Ruault, Nantes
Seite 89 oben: Frank Kaltenbach, München
Seite 89 unten: Christian Schittich, München
Seite 91: London Organising Comittee of the Olympic and Paralympic Games

KAPITEL 4

Seite 95: Margaret Bourke-White/Getty Images
Seite 96: TIME Magazine
Seite 97: Tony Linck/Getty Images
Seite 98: Architectural Forum, New York, April 1949
Seite 99 links: Joseph Scherschel/Getty Images
Seite 99 rechts: ssguy/shutterstock
Seite 102: MADA s.p.a.m.
Seite 104 oben: Jin Zhan
Seite 104 Mitte: MADA s.p.a.m.
Seite 104 unten: MADA s.p.a.m.
Seite 107: Pavol Kmeto/Shutterstock.com
Seite 108: MADA s.p.a.m.

KAPITEL 5

Seite 114: Mansbridge, Michael: John Nash: A Complete Catalogue. New York 1991, Seite 220, 221
Seite 116: Portman, John Calvin; Barnett, Jonathan: The architect as developer. New York 1976
Seite 118: Mai 2013: http://hammond-cast.files.wordpress.com/2013/01/p1100197.jpg
Seite 119: Mai 2013: http://forum.skyscraperpage.com/showthread.php?t=150970
Seite 120 links: Postkarte Düsseldorf, 1960
Seite 120 rechts: de Young, M.H.: The San Francisco Examiner and Chronicle, 11.Mai 1969
Seite 122: spirit of america/Shutterstock.com
Seite 123: HolidayCheck
Seite 125: Jon Jerde, 1984
Seite 126: TIME Magazine
Seite 128: Jon Jerde, 1988
Seite 129: The Jerde Partnership, Inc.
Seite 130, 131, 132 oben: Jerde, Jon Adam (Hrsg.): The Jerde Partnership International. Visceral reality, Mailand 1998

EDUARD SANCHO POU

Jahrgang 1974
Studium der Architektur und des Bauingenieurwesens an der ESARQ
und ETSEB; Promotion an der Universitat Politècnica de Catalunya
(Originaltitel der Arbeit: Estrategias de comercialización en la arquitec-
tura: marqueting, icono, política, masa, »developer«); Stipendium der
Graham Foundation in Chicago; Forscher im Arbeitskreis der Universitat
Politèchnica de Catalunya, Cercle d'Arquitectura Reserch Group (UPC),
Dozent im Fach Strategie und Methode in der Architektur

seit 2002 Architekt und Strategieberater; Gründer/Direktor des Barcelona
Centre Arquitectura; Berater für die Holcim Foundation for Sustainable
Construction, Zürich (Projekt: Holcim Awards für nachhaltige Architektur)

DANK

Diese Arbeit habe ich mit der Unterstützung vieler Personen geschrieben –
sie haben dazu beigetragen, dass ich die Möglichkeit und die Zeit hatte,
sie zu verfassen. Dr. Eduard Bru möchte ich dafür danken, dass er an das
Buch geglaubt und mich eine so untypische Doktorarbeit hat schreiben
lassen. Dr. Ricardo Devesa, der mir mit der Fragestellung geholfen und ihr
Wertigkeit gegeben hat. Maricruz Arroyas, die Sprachfluss und Stil in die
Arbeit gebracht hat.
Qingyun Ma, Bjarke Ingels und Art Gensler dafür, dass sie ihr Wissen und
ihre Strategien in der Architektur mit mir geteilt haben. Der Graham
Foundation und der Leiterin Sarah Herda für einen Zuschuss zur Verbrei-
tung der ersten englischen Version der ursprünglichen Arbeit. Der Jury
der Preise »Fad de Teoria y Critica« und deren Vorsitzenden Dr. Manuel
Gausa für die Anerkennung. Dr. Xavier Costa und Martha Thorne für die
Einladung zur ACSA International Conference und die Präsentation meiner
Ideen. Lidia Sarda und Irene Garcia dafür, dass sie eine Doktorarbeit
zu einem Buch gemacht haben und für ihre Hilfe, es zu verkaufen. Dem
DETAIL Verlag, München – hierbei vor allem Cornelia Hellstern und
Dr. Katinka Johanning – für ihre Professionalität und Sorgfalt. Noemi
Quesada und Irene Medina, die mir so oft die Flucht aus dem Büro
ermöglicht haben, um mein Arbeits- und mein akademisches Leben unter
einen Hut zu bringen.

Meinen Eltern für die vielen Bücher, die sie mir kauften, für all die Ausstellungen, in die sich mich mitnahmen und vor allem dafür, dass sie mir das
Gefühl gaben, dass jedes Vorhaben möglich ist. Dank auch an Isabel, die
mir gezeigt hat, dass es ein Leben abseits der Architektur und der Bücher
gibt. Danke für die Gesellschaft auf diesem Weg mit den vielen schlaflo-
sen Nächten.

Danke Lola, danke Clara, dieses Buch gehört euch.

Eduard Sancho Pou
Im Mai 2013

Die Doktorarbeit wurde unterstützt von der Graham Foundation, Chicago,
der Universitat Politècnica de Catalunyaund der Cercle d'Arquitectura
Research Group (UPC)